区 域 国 别 史 丛 书

区域国别史丛书

印度洋史

〔澳〕肯尼斯·麦克弗森 著

耿引曾 施诚 李隆国 译

商務印書館
创于1897　The Commercial Press

Kenneth McPherson

THE INDIAN OCEAN

A History of People and The Sea

© Oxford University Press 1993

根据牛津大学出版社 1993 年版译出

区域国别史丛书
出版说明

　　立足本土，放眼寰宇，沟通中外，启智学人，始终是我馆坚守不变的出版天职。其中的一个出版方向，即世界各国历史。二十世纪二三十年代，我馆出版了《史地小丛书》《新时代史地丛书》，系统介绍世界各国历史与地理。二十世纪六七十年代，我馆集中翻译出版了四十余种国别史图书，为学界提供了重要的参考文献。进入二十一世纪，我馆参与《世界历史文库》出版工作，广受好评。

　　当代中国正全方位融入全球发展的大潮之中，全社会认识了解世界各国各地区历史的需求更为全面、迫切。因此才有了这套《区域国别史丛书》的创设。丛书的出版宗旨可以用"兼收并蓄，权威规范"来概括。就选目而言，既收录单一国家的国别史，也收录重要政治、经济、文化地区的区域史；既收录研究性的专史，也收录通识性的简史；既收录本国人写的本国史，也收录他国人写的异国史以及中国人写的世界史。不论哪一类历史著作，都力求权威可靠，规范可读，可以信从，可供征引。希望学界同人鼎力支持，帮助我们编好这套丛书。

商务印书馆编辑部

2023 年 10 月

译者前言

　　肯尼斯·麦克弗森的《印度洋史》是 1993 年秋我受印度历史研究会邀请在印度访问时购得。我在国内似乎还未见到过有关印度洋史的著述。归来后慢慢读来，一方面觉得这是一本深入浅出、有其特点、可读性强的好书，应该把它介绍给中国读者；另一方面又认为书中虽多处提到中国，但对自古以来中国人在印度洋上的活动以及对印度洋的认识与了解反映得远远不够。因此我想，除了将此书译成中文外，还应写点文章或书之类，介绍中国人与印度洋的关系。我曾经编辑过《中国载籍中南亚史料汇编（上、下）》（上海古籍出版社 1994 年），知道汉文载籍中有关印度洋的记述还是很多的，自觉责无旁贷地应把它们集录成书。后来如愿以偿，小书《中国人与印度洋》（河南大象出版社 1997 年）已问世。剩下的只是把书译成中文的问题了。非常幸运的是，我得到了商务印书馆的大力支持，终于使美好的愿望能够实现。

　　由于印度洋处在亚洲、大洋洲、非洲和南极洲之间，是沟通亚洲、非洲、大洋洲的交通要道，所以作者把它写成一本跨国界、洲际的区域史书。作者借鉴了费尔南·布罗代尔的《菲利普二世时代的地中海和地中海世界》，但该书的时空跨度又超过了后者，以不长的篇幅阐述了整个印度洋世界的前天、昨天和今天。全书由"印度洋的早期海上贸易""商业帝国主义""商业时代：1450—1700"以及"从商业到工业资本主义"四个章节组成，把从远古到 20 世纪 90 年代人类与印度洋之间关系的发展史、环印度洋各国之间的贸易史以及殖民主义侵略印度洋史都概括了进去。读了这些篇章，读者可以了解到：印度洋是世界各大洋中最早的海运中心，印度洋区域又是世界第一个城市文明的故乡，在公元后的几个世纪里，跨印度洋的海上贸易网络和文明有过惊人的繁荣；15 世纪前已形成包括东非、中东、南亚和东南亚在内的一个穆斯林占统治地位的商业体系，它是一个自我完善的经济制度，欧洲人的到来起初只不过在传统贸易世界中取得一席之地，19 世纪欧洲资本主义在印度洋地区建立了欧洲领土帝国，从而破坏了印度洋区域人民的传统贸易联系；20 世纪随着世界政治形势和经济状况的发展变化，赋予印度洋区域人民的是新的使命和新的作为。通过这些叙述，读者会对印度洋世界有较系统的认识。

全书不仅构架得当，而且还主题突出。作者牢牢抓住海上贸易这一主渠道，来描绘千百年来印度洋区域的发展变化。

他首先使我们领悟到人类与海洋的关系。海洋是周边人民赖以生存的物质基础，人类可以驾驭海洋，利用它，开发它，使海洋为人类服务。印度洋周边的人民正是如此操作的。作者在其篇目中列有"渔民、水手和商人""以海为生者""水手、商人和港口"等章节，用以说明是这些劳动者开拓和维系了海上贸易的网络。正是这些劳动者发现了印度洋特有的季风规律，并在航行中进一步运用它。还是这些劳动者创造了一个包容一系列经济和文化实体的自给自足的印度洋世界。之后欧洲人的到来破坏了它的平衡。

其次，作者用更多的笔墨强调了海洋对人类的重大作用，即海上贸易与文化交流之相互影响的关系。作者认为，海上贸易是印度洋地区各种本土文化的交流手段和触媒，是海上贸易给予了前近代印度洋世界独特的人类特征。早在 5000 年之前，运输奢侈品的海上贸易就连接了世界上早期的两河流域和印度河流域的城市文明。后来，海上贸易跨越印度洋，把亚、非两洲紧密联系起来，促进了文化与技术的传播和交流。而海上贸易的更大功能还在于使无形货物——思想——跨越印度洋，印度教、佛教、耆那教、伊斯兰教和基督教正是伴随着海上贸易向各方传播，向印度洋沿岸的本土文化渗透，导致了各种文化形态的混合，形成了从东非到西太平洋沿岸的各种文明的复合体。这一切促进了世界性的文明在亚非的成长。但从 16 世纪开始，殖民国家的介入破坏了印度洋古代经济的平衡和自给自足，以海上贸易为基础的文化联系逐渐消失。

此外，作者独特的见解、鲜明的历史观点也深深地吸引着我。他在导言中指出，过去的 200 年中，历史的写作受到欧洲学者的巨大影响，存在着一种认为欧洲历史是近代世界历史中心和动力的偏见，把亚、非、大洋、美各洲的历史分为欧洲人到来之前和之后两部分，由此引发出"他们"（被征服者）和"我们"（征服者）之区别。对于这种世界历史的二分法和欧洲决定论的年代学，作者持否定态度，并且把它贯穿到实际写作中。

他认为，千百年来发展起来的自成一体的印度洋海上世界，到 18 世纪前明显是自我满足的。葡萄牙人虽在 1498 年侵入，17 世纪其他欧洲人也参加进来，但欧洲人的贸易还是主要结合在印度洋的传统网络中；欧洲人要和当地商人合作，以运输传统的货物为基础，这促成了欧洲商业企业在从东非到东南亚的印度洋区域的成功。18 世纪，印度洋开始与世界地缘政治舞台相结合，英、法、荷在这里争夺，并出现了以南亚为中心的不列颠领土帝国，完成了欧洲人在政治和商业上对这一地区的统治。19 世纪英国的贸易统治发展为英国的资本统治，结果使印度洋的经济服从于欧洲工业经济的核心。从这些论述中不难看出作者对欧洲帝国在印度洋兴起的独特见解，即欧洲殖民地的增长不能简单被归为欧洲资本主义的胜利和当地经济企业的摧毁，而是以古代人类经济的继续为基础的。作者还引用了世代从事阿拉伯海上贸易的印度信地家族

成员所撰的《塞思·内奥莫尔·霍奇安德回忆录：1804—1878 年》来
实证他的这种见解，使其立论更言之有理。在这种观点的支配下，也就
无从区分什么"他们"和"我们"了。作者的这种独特见解，不能不说
代表了一种东方人的观念。东方人自己来谈自己的过去，当然比西方人
更贴切。我作为一个东方学人，对这种新观点表示赞同。

最后，就书中涉及的中国人与印度洋之事略做补充。

书中多次出现中国、中国人，在第二章中又单辟一节"伊斯兰帝
国与中华帝国的影响"，其中提到 8 至 15 世纪，处于亚洲东、西两方
的这两大帝国的繁荣刺激了印度洋海上贸易的兴旺和扩展，并改变了
海上贸易的节奏。但译者认为，本书对中国人认识、利用、征服印度
洋的作为反映得还不够。早在公元前 2 世纪中期，中国人就开辟了从
雷州半岛出发、沿岸航行的印度洋远洋路线，这时中国人已参与了印
度洋贸易，中国使臣随之也到达了印度洋中的斯里兰卡。1 世纪后，
中国人已了解到，从波斯湾出发，由海上可以直通埃及。5 世纪时，
僧人法显巡礼印度归来写下的《佛国记》一书，是远航西太平洋与北
印度洋的纪实性文献。此时已经有了从广州直达阿拉伯海和波斯湾的
远洋航线，中国的帆船已越过了印度半岛。7 世纪后，中国的远洋船
队可以直航阿拉伯海与波斯湾。这说明中国人已开始洲际航行，不过
航行仍是沿海岸进行，只是越过暹罗湾口和孟加拉湾口。11 世纪，又
开辟了离开海岸远航的印度洋航线。这种远离陆岸、越洋致远的航行
具有划时代意义，标志着中国人航海技能的熟练和造船工艺的高超，
并因此造就 15 世纪的"郑和下西洋"，在印度洋上威武雄壮的一幕。

中国人很早就介入了印度洋的海上贸易，中国文化与印度洋区
域文化的交流和融合是很多的。遗憾的是，作者认为这种文化交流
是有限的。由于中国文化有其高度自足性，中国人从外部吸收甚
少。译者拟就这一论点谈些看法。

　　在此，暂且不说世人皆知的诞生于南亚的佛教传入中国后，中国人如何把它吸收、融合到中国的传统文化中，仅就伊斯兰教传入中国，穆斯林来华，带来了大量的阿拉伯文化，中国人吸收、容纳的情况介绍一二。如元代朝廷专门设立了管理伊斯兰教的机构"回回掌教哈的所"，并设立了回回国子学，收揽了许多伊斯兰学者。如天文学家扎马鲁丁向忽必烈进呈《万年历》，同时他还制造了7种阿拉伯的天文仪器，并与当时的大科学家郭守敬会晤，进行交流。至于阿拉伯文化传入的踪迹，现在仍可在广州、泉州、扬州等许多地方见到。就以我的故乡扬州而论，那里如今还保存着一个回回堂。堂由清真寺与墓园两组建筑群体组成。墓园中集中了宋、元、明三代伊斯兰教传教士的坟墓和墓碑，其中有穆罕默德第16世裔孙普哈丁。就在墓园南面，筑有明代抵扬的阿拉伯穆斯林马哈德和法纳等人的墓亭与墓塔。墓亭的外形为中国传统的亭阁建筑，内部的结构与塔基完全是阿拉伯伊斯兰教的传统形式，明显地给人以中阿文化交融的感受。像这样的历史见证在中国各地还可举出许多。周一良先生主编的《中外文化交流史》（河南人民出版社1987年），其中不少篇章是涉及印度洋区域的。这是当今文化交流史领域的上乘之作，读者不妨去细细咀嚼。

　　在此，译者要特别提到中国元代的民间航海家汪大渊及其著作《岛夷志略》。

　　汪大渊一生两次浮海远航。第一次是1330（至顺元年）至1334年（元统二年），航行所到之地以印度洋区域为主。第二次是1337（至元三年）至1339年（至元五年），航海范围在南洋一带。在两次出航中，他把亲身所见所闻均如实记下，归来后经过整理，于1349年（至正九年）成书《岛夷志略》。全书不分卷，共列100条，其中99条是他本人访问过的地方。涉及地域以印度洋为中心，远至阿拉伯世界以至欧洲。这本书为研究14世纪的印度洋提供了第一手材料。

书中除记山川、民情外，特别写下了由马六甲海峡以西到非洲东海岸包括孟加拉湾、阿拉伯海的整个印度洋航区的贸易兴旺气象，还记述了各地贸易的商品、使用的货币以及税收等。有关中国人在印度洋的贸易情况，汪大渊也有许多描述。这里仅将最突出的介绍一二。

在"土塔"条中，汪大渊记下他亲见的一座高数丈的土砖甃塔，从塔砖上可看到"咸淳三年八月毕工"的汉字。咸淳是南宋度宗的年号，咸淳三年即 1267 年。塔的所在地是今天印度泰米尔纳德邦东岸的坦焦尔以东约 48 英里的讷加帕塔姆。该地是中世纪印度半岛上繁荣的国际大港，也是印度南部的佛教中心。在这个地方建造一座中国塔，足以说明到印度半岛的中国商人之多，中国人参与印度洋贸易的程度当然可想而知了。这座塔在 1846 年还残存三层，高 30 米，有砖檐相隔，内部空荡无物，直通顶部。遗憾的是，1867 年，讷加帕塔姆的耶稣会传教士得到英印政府的同意，将这座土塔拆毁，破坏了这一中印文化交流的宝贵文物。

在"乌爹"条中，汪大渊还写下，元代的中统钞在印度洋地区能兑换。其兑换率为"每个银钱重二钱八分，准中统钞一十两，易趴子计一万一千五百二十有余，折钱使用"。这说明了，当时的中国人不仅以丰富的商品，还以充足的资金来参与印度洋贸易。

《岛夷志略》自 19 世纪起即引起西方汉学家的注意，20 世纪 60 年代，日本学者对该书做进一步探讨。1981 年中华书局出版了苏继顾更为详尽的校释本。译者在此再次提出该书，其目的是让国内外学者知晓，编写印度洋史书，除了郑和事迹外，还不应忘记汪大渊及其《岛夷志略》的重大价值。

耿引曾

1998 年 5 月 1 日写于北大中关园

目　　录

序

　　这本书是我在西澳大利亚科廷大学 15 年来为大学生讲授"南亚
和印度洋史"课程而逐渐产生的。那些体验形成了本书的框架，但我
之所以对这一领域感兴趣，是因为我生活在印度洋沿岸以及我的家庭
与印度的关系。

　　直到现在，事实上，在澳大利亚，人们对印度洋区域并不感兴
趣。教授印度洋史对我提出了许多问题，如如何建立印度洋区域的
概念，以及使澳大利亚人感到它是他们的世界中的一部分。有关现
实条件的问题也很多，并不只是没有一本论述整个区域的合适教科
书。我的学生们阅读的课本包含这个区域的组成部分（东非、中
东、南亚、东南亚和澳大利亚）的有关著作，这些著作都围绕把分
散的本地区历史组织起来这一主题。

　　最近几年中，印度洋史的老师和学生们的任务已由于下列历史
学家的著作变得较为容易，这些历史学家包括霍尔登·弗伯、查
理·博克瑟、阿辛·达斯·笈多、塔潘·雷乔杜里、奥姆·普拉卡
什、迈克尔·皮尔逊、K. N. 乔杜里、辛纳普·阿拉萨拉特纳姆、
桑贾伊·苏布拉巴尼亚姆，等等。他们的著作开启了研究印度洋沿
岸各个部分之间联系的曲折过程。此外，我还受到艾伦·维莱尔著
作的强烈影响，他对于有生命力的印度洋海上世界的研究，坚定了
我对人民与海洋的故事的迷恋。这本书是奠基在他们的和许多其他
人的著作之上的，是一本介绍印度洋区域人类历史的综合性、分析

性著作。我写的不是百科全书式的综览，是力图对整个印度洋区域
x 而不是它的各部分做一个概括分析。当然，各部分值得更详细的讨
论，这是一本书的体量无法提供的。不过，把各部分的研究成果放
置于该区域之内，强调其共同性和相互影响，揭示人类历史的另外
一面的这样一本综览，也是有其价值的。

　　一些研究印度洋区域各组成部分的历史的历史专家无疑将对我
选择的事件和趋向提出质疑。这一选择反映出一个想达到完美的客
观性而未完成之企图，我希望他们能够宽恕我。这部历史就像一张
大胆的印象派绘画，用一块大画布、用一种新的手法表现组成印度
洋人类史的各族人民。

　　许多朋友为这部历史做了贡献。我的家庭与休和特里·欧文一道
把南亚史介绍给我；玛格丽特·史蒂文、杰弗里·博尔顿、阿辛·达
斯·笈多和拉温德·库马尔可能都忘记了，是他们点燃了我对"印度
洋区域"的兴趣，而彼得·里夫斯更是一个经常的和积极的评论家与
灵感的源泉。苏珊·毛莎尔、桑贾伊·苏布拉巴尼亚姆、琼·沃德罗
普、弗兰克·布勒泽、洛蒂卡·瓦拉达拉詹、布雷恩·斯托达特、斯
科特·麦克·威廉、约翰·麦奎尔、威尔·克里斯坦森、菲尔·穆
尔、杰夫·凯、鲍勃·波克兰，以及我的学生们为部分或全部的手稿
提出意见和支持。特里·理查兹和彼得·加兹登把文字处理的秘密介
绍给我，维乌·福布斯和格雷格·巴克斯特则准备了地图。

　　我的母亲和她的家庭继承了我的被放逐的外祖父从他的少年时
代和他的祖先得来的足以自豪地夸耀渲染的印度传说。他们以及我
的水手父亲则最终使我形成对浪漫的印度洋史的迷恋。

印度洋和平研究中心

肯尼斯·麦克弗森

珀斯，1992 年 10 月

导　言

宗　旨

这是一本关于印度洋区域的书，该区域的界限和历史是被为运 载人民、货物和思想提供了大道的水域所决定的。印度洋使它的沿岸人民共享一个把他们和环地中海、大西洋、太平洋区域人民分隔开的文化价值和经济活动区域。地中海像印度洋一样千百年来将它的沿岸人民连接在一个共同的经济文化网中；而直到 16 世纪以前，大西洋和太平洋两岸的人民是被不能经常跨越的大洋所分隔的。

任何一本印度洋区域史，如若它确实想成为一部区域史而不是分隔的人民、文明和民族的历史汇编，都必须集中于利用过海洋的人民以及影响他们形成与海洋的亲密关系的力量上。印度洋区域是世界第一个城市文明的故乡和第一个富有经验的商业和海上活动的中心。这个海洋区域——作为食品和原料的源泉和通道——有一种活跃的力量，在它的沿岸人民有文字记录之前，它已塑造了许多的社会。

这本书的中心主张是，只有考察现代世界的历史的各个组成部分，而不是把人类历史划分成"他们"和"我们"来研究，它才能被理解。这种历史的观点主张，区域性的历史是全球史的基础，并且提供了一种手段，来发现我们的祖先如何相互影响并形成他们的生活世界。

这种历史的写法明显受一批历史学家的影响，其中最著名的是
法国的地中海史学家费尔南·布罗代尔，他创造了一个探索区域历
史的新方法；以及印度洋区域的历史学家霍尔登·弗伯、奥古斯
特·图森特和 K. N. 乔杜里。

布罗代尔剖析历史的不同层面，努力掌握地中海区域的陆上和
海上特色以及世界文明和资本主义的兴起等，对我自己的探索有着
深刻的影响。[1]他对人类与自然环境的相互影响之认识，以及短时期
的人类和自然事件对更悠久的人类活动（如食物生产和社会及文化
组织）的影响之认识，是这本书遵循的模式。当然，我不敢奢望达
到他的洞察的广度和深度。

弗伯、图森特和乔杜里预示着，我现在写的这本历史著作要考
察各个时代影响印度洋人类活动的形成的各种力量。[2]弗伯带我进入
激动人心的、复杂的印度洋经济史，那是欧洲人为海上贸易相互争
夺也与当地人争夺的时代；图森特和乔杜里在一幅广阔的画面上描
绘印度洋区域史。他们也使我认识到，他们的研究中有一些遗漏，
也有一些需要扩充。

弗伯的观念本质上是欧洲中心主义，他限定其著作开始于 1498
年葡萄牙人到达印度洋世界的时期，并集中在欧洲的贸易公司的历
史上。图森特和乔杜里钻研这一事件以前的世纪。然而，图森特对
形成印度洋世界的力量只草拟了一个大致的提纲，而乔杜里在其最
近的著作（1990 年）中主要涉及 "从伊斯兰兴起到 18 世纪中叶印
度洋区域的比较史的研究"。[3]

1　Fernand Braudel, 1972, 1973 & 1986.

2　Holden Furber, 1948 & 1976; Auguste Toussaint, 1968; K. N. Chaudhuri, 1978, 1985 & 1990.

3　K. N. Chaudhuri, 1990, 19.

除了基本的经济现实具有共同性外，没有历史学家能成功地主张印度洋区域是一个实体，即使它的外部形式因文明的不同而不同，它的经济现实仍是普遍一致的。直到 18 世纪海上贸易发生很大变化之前，印度洋世界的最根本的一致是由长距离的海上贸易起伏所决定的。正是这种贸易使得人和思想能够跨越印度洋，导致三大世界宗教——印度教、佛教和伊斯兰教——的传播，以及世界性的文明在亚非的成长，而它是从印度洋沿岸的一系列文化中吸收其灵感的。

弗伯、图森特和乔杜里也都没有对理解人民和海洋历史的另一个至关重要的议题有所论及，即海上贸易与文化传播及其相互作用过程之间的关系。通常认为，海上贸易与文化的相互作用是相关的；这个过程的机制对我们理解经济活动与社会变化如何发生关系是中心问题，但对此还缺乏充分的研究。

有关印度洋区域各部分的历史有大量著作。历史学家、经济学家、人类学家和其他学者就有关印度洋区域的各个部分已写出大量的研究成果，但迄今为止还没有人试图考察是否有一个独立的印度洋区域或世界。有许多东非、中东、南亚、东南亚和澳大利亚的历史，然而这些历史没有被整合成一部以连接印度洋各地的人类活动为基础的区域史。从这些片断出发构建一部更能揭示人的努力与人类的联系特征的区域史，以反驳许多现代欧洲中心主义的著作，还是很有价值的。

涉及范围

本书的特定目的是提供从史前到现代利用印度洋的人们生活和经验的新图景，他们是促成现代世界的丰富多彩和生气勃勃的历史

4 参与者。在 16 世纪欧洲人到来与他们有直接和频繁的接触之前，他们发展了一个与其他世界（如地中海和东亚世界）有显著区别的自给自足的经济和文化世界。印度洋世界有它自己的人类与自然的变化周期，它支配着人类活动的模式。它自身有着随时而移的自然和起伏的人类边界，直到 15 世纪它才明显地自成一体。到 18 世纪，这个世界的边界崩溃，在物质和经济上被欧洲的商人和士兵所压倒。

虽然我使用"印度洋世界"来描述被直接接触印度洋的各文明所利用的一个场所，但它不是一个一元的文化地区。该地区包括一系列文化和经济实体，被其独有的海上贸易制度所维系和限定。这个海上贸易制度又给了那个世界的人民以一个经济整体和某种文化共同性，使他们和邻接世界的人民如地中海和东亚的人民不一样。这种文化共同性由贸易连接而成，它促成了宗教和文化制度如印度教、佛教和伊斯兰教跨越印度洋的传播。

在世界的大海洋之中，印度洋有它特殊的地理范围。与从南极直到北极横跨南北半球的大西洋和太平洋不同，它的北部以亚洲的大片陆地和将海洋与中亚气候隔断的大山脉为界。这种特殊地理构造的主要后果是，它的季节性的季风系统决定了雨量、风向和洋流的模式。当季节交替时，从相反方向吹来的风主宰着亚洲农业和海上活动的周期。历经数千年，海上活动沿着从东南非和马达加斯加直到东南亚和北澳大利亚的广阔弧形带展开，保证人们能在海上航行，使得各种文化、种族、宗教和贸易物品持久混合。沿海的陆

5 地拥有丰富的原料供给，在前现代的世界中出产许多令人惊讶的产品。贸易者旅行的距离可能是令人害怕的，但是他所取得的财富又使旅行是值得的。

印度洋提供了一条连接极其不同的各种民族、文化和经济的大

道。它形成了非洲大陆的东部边界；通过红海几乎连接着地中海；
经过波斯湾伸入中东的中部陆地；涤荡着印度次大陆的两岸；跨越
孟加拉湾连接着南中国海，海的那边就是太平洋。埃及、阿拉伯、
美索不达米亚、波斯高原、印度次大陆与陆地和海岛东南亚的古代
文明都欣然进入印度洋，利用它来发展它们最初的海上贸易联系。
这些海路反过来又连接陆上贸易路线，使海洋和陆地结成紧密的经
济关系，其中农业生活的周期与季风周期的相互作用决定着海上活
动的节奏。

　　跨越印度洋的贸易是由布罗代尔所谓"长周期长时段"或者自
然和人类环境所决定的。在短期内，偶然的政治和自然事件影响着
人类活动的周期，但是主要的周期由决定衣、食、住、商等基本社
会活动的气候和农业的长期条件所制约。欧洲人到达之前，印度洋
的文化和经济在印度洋地理界限之内基本上是自给的，从长时段说
仅在边缘上受到区域外面的影响。在这方面可以这样认为，直到它
在18、19世纪被并入全球经济之前，印度洋区域的民族、文化和
经济形成了一个独特的世界。

　　这个印度洋世界的边界线很少是固定不变的。当然，它有一个
被海洋限定的固定地理边界。但就人类和经济条件而言，这是一个
可渗透的边界。印度洋世界人类和经济的界限由于人类在陆上、海
上的活动模式的变化而时常起伏。我使用通常的说法——东非、中
东、南亚、东南亚——主要是为了方便起见，但这些区域的每一条　6
边界线都常有改变。举两个例子足以说明这一点。

　　在本书中，"东非"一词在历史早期是指现在被索马里覆盖的地
区直到现在的埃塞俄比亚，可是在以后的几个世纪里，它的边界线
扩展到沿非洲海岸线往南包括现代的莫桑比克的地方。不管在前现
代时期的哪一个阶段，海岸的特定文化和经济活动都不能伸展到很

远的内陆。在一条狭长的海岸线之外，东非的民族、文化和经济被许多不同的地理环境、经济活动所分隔，只是和海岸有松散的联系。也有一些短时段的例子——如 12 至 13 世纪富有的绍纳人王国的建立，津巴布韦的城市与它的巨大建筑之创立[1]——可以被用来主张，内陆和海岸人民之间经济联系的暂时加强会把内陆人民吸引到印度洋世界中。但总体上说，长时段的周期表现是，他们彼此相对孤立。

使用习惯的"中东"一词甚至更有问题。在早期，"中东"的意思单指美索不达米亚和尼罗河谷的早期文明，有时也涉及阿拉伯半岛的某些部分。到公元之初（从基督教历法的开端算起），这一名词包括从埃及到波斯以及向北到里海的整块大陆。从公元前 4 世纪亚历山大大帝时期起至 7 世纪伊斯兰教的兴起，这个地区的中心是红海、阿拉伯和波斯湾的各港口，通过商队路线以连接地中海的港口。

但是，7 至 19 世纪，这个可渗透的边界仍然时有起伏。7 至 13 世纪，在伊斯兰帝国或者基拉法特制度下，它以美索不达米亚的伟大城市巴格达为中心，与中亚和非洲的联系加强，与地中海的联系有所削弱；13 至 16 世纪，中东内部经济和政治混乱，分裂成地方经济的系统，本书所述的中东变成主要是埃及和波斯，再加上连接地中海的黎凡特；从 16 世纪起，中东的经济和政治命运有所复苏，导致了奥斯曼帝国和萨非帝国与印度洋贸易联系的复兴。但即使有了这些改变，埃及降为经济停滞之地，萨非帝国的财富和文化在 17 世纪达到最高点，到中亚的大商路已经崩溃，使包含红海和波斯湾港口的内陆降为地理上只连接衰落中的奥斯曼帝国和萨非帝国的有限市场。

1　D. N. Beach, 1980.

以上讨论未涉及澳大利亚。从很早时起，澳大利亚人与印度洋已经有了边缘性的接触。直到 19 世纪，大洋洲大陆的西部似乎很少有外来者访问，而且它的原住民也很少远离海水的浅滩去冒险。

在整个历史时期，印度洋陆地受地中海和东亚文明的影响。波斯人、希腊人、罗马人和阿拉伯人所统治的帝国从地中海一直延伸到印度洋。但在 18 世纪新的联系出现之前，两片海域之间的联系是短期的，其影响也是边缘性的。更紧密和广大的经济联系确实存在于印度洋陆地和东亚（尤其是伟大的中华帝国）之间，但这种联系的强度起伏甚大。它对东亚的经济从来不重要，也并未因经济交流而导致各文明间显著的文化影响。

从意识形态方面来看，印度洋世界的边界也由文化和宗教的联系决定。15 世纪时，伊斯兰教跨越印度洋从东非来到海岛东南亚，给印度洋世界内部提供了另一条整合的纽带。可是，伊斯兰教也扩展到中亚、地中海和非洲往西远到大西洋的地域。印度洋世界的穆斯林对世界的认识超越了狭窄的地理和经济边界，包括了大部分亚 8 洲和非洲地区以及部分欧洲地区。佛教也与之相仿，东面远及日本。15 世纪下半叶欧洲人到达之前少数居住在印度洋世界的基督教徒和犹太教徒也有这种认识。

随着欧洲人的到来，印度洋世界的经济界限有所延伸，包含了与欧洲和美洲市场的直接联系。可是，在 17 世纪下半叶之前，这些超区域的联系基本上没有改变印度洋世界生活的长周期。但从 18 世纪起，欧洲人的资本主义（首先是商业资本主义，后来是工业资本主义）开始急剧改变本土的经济、文化和政治生活模式。形成印度洋世界历史和文化的各种本地的、悠久的力量被征服，印度洋区域作为一个地区被整合到全球系统之中，这一系统的文化、经济的长周期频率基本上是受欧洲和北美工业国家影响的。

把印度洋区域作为一个分隔的世界来研究，可以使我们更多地了解超过一个特定文化和国家的狭窄界限的民众的历史，了解文化传播和适应的一般后果以及商业、帝国主义和资本主义的发展。现代世界是 18 世纪加速发展的一系列文化和经济整合的产物。要了解这个世界，只研究现代国家的各个组成部分还是不够的。我们更需要探索存在于欧洲之外的、最终被整合到一个全球的资本主义制度中的各个经济和文化的网络系统。

环　　境

印度洋区域包含着适合各种生活方式的不同地理环境。但有一个特殊的自然情况，把环印度洋四周的许多陆地连接成一个独特的环境：季风。

9　从阿拉伯海岸跨过孟加拉湾到南中国海有两股独特的季风。一年中有六个月，这种风向东北方向吹，另外六个月向西南方向吹。阿拉伯人首先用"茂西姆"（mausim）意指季风。在有季风的亚洲地区，这两股独特的季风也和降雨量以及农业的周期相一致。季风季节的转变意味着从印度北部到东南亚的干旱和潮湿季节的交替。在汽轮时代之前，季风利于跨越阿拉伯海、孟加拉湾和南中国海的航船的季节性运动。

季风虽然规定了跨越热带和赤道的大部分亚洲地区的基本生活周期，但是它对中东、东非、澳大利亚的广大地带没有影响。印度洋区域的土地呈现出一系列的气候、地形、动植物，为人类生存和人类社会的发展提供了一系列环境。

季风雨维持了从印度河谷的半干旱平原到海岛东南亚的赤道地带之间的农业。该区域之内的降雨模式既是季节性的又是不定的，由此形成了一些小块旱地，紧邻着亚热带、热带和赤道的灌木林地带和森林。除赤道带之外，降雨是非常季节性的，所以即使在季风正常来临的区域内也有一个漫长的干旱季节，那时的农业仅能用贮存在水塘和水坝中的水来维持。在季风带的某些地方，在南亚和东南亚大陆，大河流提供了干旱季节的另一个水源。但要维持农业，还必须通过灌溉系统来转换河水流向。

印度洋的其他部分没有受到季风的影响。澳大利亚（除了它的北部海岸之外）是世界上最干旱的大陆。在前现代世界，它的大部分区域不宜于农业，而是一块最早居住于此的狩猎采集者的富饶土地。东非有飘忽不定的雨量，促使其土生土长的居民发展由狩猎采集、游牧和农业组成的混合经济。埃塞俄比亚高原的雨量更丰富且 14更有规律，然而更南的海岸地带通常是干旱的，仅有分散的沿着津巴布韦山脉的河水资源以及海岸和海面岛屿上的井水资源。

中东的降雨量也是一个问题。除了阿拉伯半岛的西南和东南角之外，它几乎不受季风的影响。在这些区域之外，在从今以色列到伊朗（前波斯）形成的新月状山脉地带，雨量不足以维持大量的人类居住。在南阿拉伯山脉和新月状山脉到北部之间，地形包括从完全干旱的沙漠到最宜于畜牧的被半干旱灌木覆盖着的土地。水并不是完全没有。整个阿拉伯半岛散布着绿洲，伟大的底格里斯河和幼发拉底河流入伊拉克的半干旱陆地，即古代的美索不达米亚。绿洲支撑着有限的农业，并为牧人及其骆驼、绵羊、山羊等提供水泉。另外从古代起，底格里斯河和幼发拉底河就保持着巨大的灌溉系统。同样的情况也存在于伊朗，在那里，山间溪流和地下水流曾维持了美索不达米亚和印度河流域之间的半干旱平原和山脉之间的农业。

印度洋中，岛屿星罗棋布。最大的——如马达加斯加岛和斯里兰卡——能支持一个小环境体系，较小的像马斯卡林群岛（留尼汪、毛里求斯和塞舌尔）、马尔代夫和科科斯（基林）群岛的环状珊瑚礁，以及由孤立的露出海面的岩石形成的爪哇南面的圣诞岛。其中许多岛屿自古即有人居住，但是马达加斯加、马斯卡林群岛、科科斯群岛和圣诞岛较晚时才有人居住：马达加斯加是在公元初，其余的则是18世纪欧洲人活动的结果。

这个区域的自然产品，像它的气候和地形一样，也是多种多样的。20世纪之前，热带和赤道地带不宜于驯养牛羊，但生长着茂密的林木，并且是棉花、甘蔗、水稻、胡椒、香料、猪和鸡，还有其他许多动植物的天然故乡；半干旱的亚热带大草原维持了大的野生动物群，如已在有季风的亚洲、非洲和中东发现的象以及被驯化的牛羊；本区域内还有丰富的矿产，从宝石和黄金到锡和铁矿砂。有些矿产——如紫铜、金、银——供应不足（在19世纪之前还没有适合的技术可利用南非和澳大利亚的金矿），商人们为寻找这些矿产去了那些他们更愿去的远方。河流和海洋也有丰厚的回报。河里和岸边的水中有大量的鱼，海洋的有些地方有珍贵稀有的产品，如龙涎香、珍珠、贝类和珊瑚。

印度洋的陆地为史前时期的人类提供了一系列的居住环境。充满了猎物和植物的广阔热带大草原对狩猎采集者和牧人来说是理想之地；被大河分开的干旱平原是聚居村社的农民发展灌溉技术的故乡；在亚洲季风区，当农业社会兴起时，大量的季节雨刺激了类似的技术发展。在全部区域，除干旱的澳大利亚（狩猎采集者的独占领地）外，人类随着不同的经济活动在相互可及的空间内共处：在中东和南亚，牧人和定居的农民共处；在东南亚，牧民、狩猎采集者和农民共存。印度洋边的所有这些不同的职业集团形成了一个被海洋共有的大道联系在一起的人类世界。

第一章

印度洋的早期海上贸易

概　　览

几千年以前，许多地方的水手和商人开始到印度洋旅行，他们 创造了第一个海上联系的网络。在随后的世纪里，这一网络把印度洋各民族凝聚成一个主要是自给自足的世界。

现代交通技术出现之前，穿越公海和陆地的贸易是生活在印度洋沿岸各民族之间接触的主要方式。海船、驮畜、水手和贸易者是无形的货物，如思想、文化和技术等的运送者，这些思想、文化和技术把不同的民族和文化团结成一个独特的印度洋世界。如果没有贸易，人类交往的范围将受到很大限制，同样也难有促进许多辉煌文化繁荣的思想的相互交流。即使只有有限的贸易，文化一样能够逐渐形成，例如原住澳大利亚人的混合文化。如果贸易范围广阔和复杂多样，那就定会有促使世界上某些最伟大文明兴起的文化交流的明显例子。

公元的开始时期，从埃及、红海、波斯湾和南亚来的商人与水手挤满了从非洲之角到印度西海岸的阿拉伯海沿岸港口的地带；另一些人还通过非洲角航行南达坦桑尼亚海岸（如若我们承认腓尼基人的主张，则他们已经越过了好望角）。对季风风向的掌握为旅行者提供了穿越阿拉伯海的正常通道，使奠基在地中海、中东的肥沃内地与南亚的大国增长着的繁荣和富裕之上的国际贸易网络系统的发展成为可能。

17   以孟加拉湾为中心的印度洋东半部，是来自南亚和东南亚的商人与水手的独占领地。南亚的海船和大的叉架艇载运着东南亚和中国的商品来到沿孟加拉湾的市场以及印度南部和斯里兰卡的货栈。在那里，他们的货物被转换到阿拉伯和波斯的船舶上，运到波斯湾、阿拉伯和红海的港口。

南亚的商人和水手在东方活动的标志是南亚的文化和宗教被传播到东南亚。从缅甸的伊洛瓦底江河谷到越南沿海的整个地区，正在兴起更为复杂的社会经济组织的各地农村社区都采纳了南亚的宗教和文化形态。

海上技术和贸易的起源

要理解印度洋的海上贸易网络，也就是要了解印度洋沿岸的大部分前现代社会是如何集合成一个独特的世界的。要做到这一点，我们需要考察使它成为可能的条件，包括海上技术的发展以及贸易对其所连接的各社会的影响。

使海上贸易成为可能的条件是很多的：造船和航海技术已经有了发展和改善；对风向模式、洋流流向以及星象的观测。此外，为使海洋成为交通干线，一定要有需求外国产品的市场。这些就是海上贸易的普遍前提。而同时必须承认，它们之中的每一项都是受特殊的地理、气候、生态和经济条件约束的。印度洋也不例外。

有些地区较之其他地区和海洋有更大程度的天然亲密关系。例如，海洋中的岛屿和海洋连接在一起的状况是大陆的大片陆地所不具备的。然而还有另外一些地方，地理条件激励了人类对海洋的早期利用。在南中国海海岸和东南亚群岛周围，从苏门答腊延伸到吕 18 宋岛，从很早的时候起，海就是一个共同的大道。它是食品和物质资料的主要源泉，以及形成经济和文化模式的强有力因素。

在东非，崎岖的地势——以及经常发生干旱和疾病横行的内地——激励最初居住于海岸的人们为了地方交通而利用海洋。从肯尼亚到索马里的近海岛屿是一份赠礼，它为出入大海和海岸之间的船只提供了庇护的走廊。

浸入中东大片陆地的红海和波斯湾连接了海洋与人口稠密的肥沃新月带。它从埃及和巴勒斯坦通过叙利亚伸展为一条大的曲线，包围了美索不达米亚和扎格罗斯山脉。在别处，为山脉所包围的狭长海岸平原上的居民被海洋所吸引的力量通常要大于被陆地所吸引的力量，例如被高止山脉和次大陆其余部分隔开的印度西南喀拉拉丰饶的热带海边、阿曼和哈德拉毛的沿海陆地以及缅甸的狭长海岸平原。

在善于以海洋作为生活资料和交通工具资源的地区，海运技术的发展就较早。对于它们的居民来说，海洋是食品的主要来源，为其资源劳作就像农夫在陆地上劳作一样。然而，在一定条件下，海洋还回报了另外的恩惠，为物品的交换提供了一条交通干线。因此，海洋能促进交通和经济的发展。捕鱼提供了一些报偿，贸易则提供了另外一些。

如若人类历史是一件无缝的外套，那么我们要探讨人类海运兴趣的起源，就必须远溯沿海人民最早的在本地海岸的航行。远洋贸易要求的技能不会突然出现在古代航海者的头脑中，而是他们在地方的捕鱼场所学习到的。经过多少世代，根据地方经济和环境的需要，他们对海洋的认识才不断提高，因而没有形成一种环印度洋的

19 航海的传统和技能。代替单一航海遗产的是一系列的地方传统与历史、一系列的地方工程技术，每一项都适合于一种特定的航海环境和一种人类需要。

这种伟大的航海冒险，开始于印度洋海岸以及流入印度洋的大河岸上捕鱼人的小村社。从美索不达米亚到东南亚，当时的一些捕鱼人仍然是季节性的牧人，另一些人则形成了最早定居的人类居留地，利用海陆两方以求生存，特别是在那些陆地资源有限的地方。"耕海"与耕地并行成为一种定居行业，导致了最早的永久人类居住地的产生，时间约在 1.2 万年前。海洋的季节常较支配农业生产的变幻莫测的气候更为可靠，并且能较陆地而言为许多早期公社提供一个更可靠的食物来源。

在印度洋沿岸有着多少种不同的物质环境，便会对生存需求的刺激发生多少种不同的反应。在某些区域（最显著的是海岛东南亚、东非沿岸和波斯湾这些地方），海的恩赐大大超过陆地，人和海洋之间的联系成熟得很早。而在诸如澳大利亚地区最早出现海上居民点后，海洋资源的开发和航行技术的发展仍相当有限。大陆上的陆地、河边和岸边的资源足够维持大多数人口的生存，对海洋资源就不太需要。这可与被浅滩包围的海岛东南亚做比较，那里对人类的生存来说，陆地与海洋差不多是不可分割的。在 1.2 万年前，那里的海运技术有一个较早和迅速的发展。当时，海平面上升，冰盖退缩，在过去是大块陆地的地方，产生无数海岛。这一地区海运技术的早期发展不仅被操澳亚语系语言的人穿过东南亚、之后进入太平洋和跨越印度洋到达马达加斯加的大规模海上迁移所证明，而且还被直到 19 世纪东南亚沿海之内诸如雅贡人（马六甲海峡的海上吉卜赛人）和苏拉威西的布吉人连续不断的迁移所证明。

20 在东非、肥沃新月带，还有南亚和东南亚，各自的社会需求和资源规定了最初的对海的探索方式，包括海船的设计。过了几个世纪，技术的革新以及与其他海上技术的接触导致设计和使用物资日益精致，然而早期不同的基础成分反映在东非、中东、南亚和东南亚的独特航海技术上。那些沿印度洋发展起来的不同航海技能的多样化，是对不同环境和社会秩序的反映。那么，早期海上贸易的特征是什么呢？

如在东非和东南亚群岛，许多公社为了生存致力于渔业和不定期的海上物物交换与交易（因为他们从农耕中得到的收获太少）。他们的货物包括日用品（如粮食和原料）以及稀有的物品（如东南亚许多地方用于制造腕镯的马蹄螺壳和各类宝石），用以与一些海岸和岛上的公社交换本地缺乏的产品。相比之下，越过阿拉伯海的北部，海上贸易的最早发展则反映的是埃及、美索不达米亚和印度河流域城市文明的发展，这些文明生产出手工制品，如布和金属器皿，用以交换统治这些文明的武士集团和祭司需求的奢侈品。

至少在 5000 年以前，综合文明在尼罗河、底格里斯河—幼发拉底河和印度河流域已经发展起来了。城市、书写文字、数学和工程技术、精制陶器和纺织技术、冶金术和一系列的手工业活动兴旺起来了。所有这些发展都奠基在一个由于治理河水才实现的巨大农业系统之上。在这些地区，武士和祭司统治集团从农民的耕作劳动中吸取财富，并利用这些财富发展出一种带着对外来进口原料和奢侈品的贪得无厌欲望的综合城市文明。在尼罗河、印度河流域和美索不达米亚平原，大城市、寺庙复合体和宫殿的成长刺激了以陆海两方为基础的贸易以及支撑这些贸易的技术的发展。

城市文明和贸易增长的结果是，围绕着商业中心建立起诸如商 21 人、水手、艺人和放债人的职业集团。这些人及时建立了广泛的陆上和海上接触，以联系印度洋的各种不同的经济和文化。

各地区的差异

如上所述，环绕印度洋的海上贸易发展是不一致的。它开始于比陆地更有吸引力的交通路线——海洋。在东南亚群岛，海是连接数千个岛屿的唯一交通干线。即使在东南亚大陆，许多南北向的山脉阻碍着大河流域间的陆上运输，而利于顺流而下和穿越河流口岸的运输。在东南亚大陆——像在南亚、美索不达米亚和埃及一样——大的可航行河流的存在，刺激了航行技术的早期发展，使后者率先成为一种迅捷与正规的交通手段。

大约在 10 万年前，人类跨过分隔开东南亚的浅海滩。作为狩猎采集者，他们在现在的印度尼西亚、新几内亚和澳大利亚定居下来，是本地区历史上人类和海洋之间紧密关系的最早表现。在随后的数千年中，不同的民族团体通过东南亚大陆和东南亚群岛迁徙，在对付分隔本地区的海洋时，他们发展了自己的航海技术。这些航海族中最有名的毫无疑问是操澳亚语系语言的马来亚-波利尼西亚人，他们的后代的定居地最远到达东非海岸外的马达加斯加和太平洋东缘的复活节岛。这些民族团体经由东南亚迁徙时交叉往来于南中国海，将该区域的海洋利用为连接印度洋与太平洋中部和西部水域的一条大走廊。

至少从公元前 3 千纪起，在长距离航行中使用单体或双体桨架
22 船和木板船在东南亚变得日渐普遍。[1]这样的航海已不单是运送乘客，把贸易作为主要目的的航行很可能同样重要。最初，这种航行运送的货物大概包括粮食等，特别是米、鱼和盐。东南亚不同地区的雨量和土质肥沃度常有很大不同，所以水稻仅在某些地区有剩

1　I. C. Glover, 1990.

余。这导致东南亚不同地区之间以海运交换大米发展较早。发酵了的鱼酱是对大米这一传统食品的补充。这两样是供给东南亚大陆和群岛众多居民的主要食物。这保证了陆地和海洋资源之间的持久关系，以及对航海技术的长期依赖。[1]

这些最初的长距离航行大概联系了东南亚富饶的三角洲区域。伊洛瓦底江下游和湄南河、湄公河流域，即现在的缅甸、泰国和柬埔寨，以及爪哇、婆罗洲和苏门答腊较小的河流系统是东南亚农业活动和海上贸易的早期地点。依靠从农业和贸易两方面得到财富，这些地点滋养了东南亚的早期文明。

东南亚历史上所具有的陆地和海洋之间的亲密关系，在东非历史上多不具备，除了其一条狭窄的沿海陆地外。东非海岸的物质环境与印度洋的大部分亚洲海岸有显著差别，除了赞比西河南部河段之外，没有可航行的河流将海洋连接到内陆。沿岸大多的海滨也没有前现代时期的精耕细作农业理想所需的紧邻的内地，以支持连接海岸和内陆的复杂贸易网络。从索马里到蒙巴萨，沿海陆地构成了一个与内地分开的独特生态带：起初是尼卡焦干的旷野，此后是干旱的热带大草原乡村以及更南边的红树沼泽地边缘。由于以上的缘故，强有力的贸易交换联系早期并未在东西向的海岸与内陆之间 23 发展起来，却在南北向的可供密集人群居住的小片土地之间发展起来。海岸边的浅滩和有岛屿保护的水路为分散的海岸农业公社提供了一条理想的交通道路。从索马里到莫桑比克伸展开的珊瑚礁和一系列群岛，形成了一个有保护的海岸边通道。有利的洋流和吹向肯尼亚南部海岸有规律的风，更进一步鼓励人们优先定期利用海岸通道，而非任何陆路。

1　P. Y. Manguin, 1986.

与东南亚相比，东非沿岸人民的海上贸易发展成广阔体系的进程是缓慢的，虽然在其沿海岸的小块水浇地上有早期农业活动的丰富证据。从莫桑比克到索马里的早期人类居住遗迹表明，当分散的农业村社开始对陆海资源进行双重开发时[1]，地方海运技术在2000—3000年以前已开始发展。虽然一本大约2000年前由无名氏作者编纂的埃及的罗马—希腊商人必备的西印度洋指南《红海回航记》论述了该海岸贸易的网络，但直到15、16世纪，我们对支撑这一贸易的民族和经济仍知之甚少。

同时，《红海回航记》还写了非洲之角南部的对外海上贸易，一种被原住民收集的奇异物品（主要为原材料），被用以与偶尔到来的外国贸易者进行物物交换。在沿索马里海岸的小市场上，在其酋长的领导下，原住民以各种野生香料、奴隶和龟甲换取埃及的布和从古吉拉特的布罗奇（巴利加札）港口来的印度食品，诸如麦、米、酥油和芝麻油。在更南边，沿现在的坦桑尼亚和肯尼亚海岸越过孤立的农业和渔业居民点以及海盗，还有更多的海岸市场。其中最大的是拉普塔（可能在鲁菲吉河三角洲），阿拉伯人经常访问该地，其贸易是以金属武器、玻璃器皿、酒和谷物换回象牙、犀牛角以及椰子果。

24　　持续的和有重大影响的东非海上贸易的起源毫无疑问是与约2000年前冶铁术传播到东非，以及操澳亚语系语言的马拉加什人的祖先从东南亚来到这里联系在一起的。他们作为贸易者于公元前1千纪在东非出现，然后，在公元后的最初几个世纪里的某一时刻定居下来。

冶铁技术从西北非进入东非是随操班图语系语言的民族由西非

1　G. W. B. Huntingford (ed.), 1980; A. M. Sheriff, 1981, 554–556.

和中非向东迁徙传开的，使用铁器可以让人更容易地砍伐森林，为农业开垦土地。操澳亚语系语言者乘大桨架船从印度尼西亚海岛航行而来，带来了东南亚的一系列新食品（面包果、芋头根、椰子和香蕉），增加了沿海岸的农业活动。稻米和蔗糖是后来加入这一目录中的，很可能是从南亚来的。

在《红海回航记》编纂时，东非的海上贸易只是一种和少数外国来往者进行的交易，几乎没有有关沿东非海岸非洲人之间的贸易的证据。然而，冶铁技术的传播和农业多种经营的增强提供了这种贸易增长的条件。

在《红海回航记》编纂后的几个世纪里，农业传遍整个东非，同时远至南边的莫桑比克、科摩罗和马达加斯加，重要的沿海岸居民点的数目有所增加。日渐增多的居民点不仅生产出多余的食品，又增加了一些当地的特产——象牙、龟甲和原木。它们奠定了海岸和内陆之间早期贸易的基础，并支持了同红海、阿拉伯、波斯湾和印度北部之间增长着的海上贸易。

在肥沃新月带和南亚，开发海洋对当地社会的生存都不重要。捕鱼和海上贸易是重要的，但除了在波斯湾和红海的干旱海岸、拉克沙群岛和马尔代夫的一系列岛屿外，它们仅是农业的附属物。总的来看，以陆地为基地的贸易网络在中东和南亚较之在东南亚或东非沿岸在产品分配上扮演了一个更有生命力的角色。而东非沿岸的 25 大多数社会，经常是由于双重利用陆海资源而形成的。

在南亚，至少在 5000 年以前，印度河流域和美索不达米亚的城市文明之间已有频繁的沿海贸易。[1]

在印度河流域，像在尼罗河和美索不达米亚一样，在公元前 3

1　Nayanjot Lahiri, 1990.

千纪已存在一个其财富来自大河灌溉的农业土地的繁荣文明。大的综合城市中心（如摩亨佐达罗和哈拉巴）围绕大寺庙综合体建成，其繁荣程度如沿阿曼湾的苏特卡根角和坎贝湾的洛塔尔之间1000多公里海岸线上的一系列商港一样。这些商港由紧邻内地的肥沃的印度河流域供应，也由连接着印度河流域和提供木料、金属和宝石的俾路支斯坦、阿富汗和印度中部的陆上商路供应。

当时，印度河流域的某些出卖品可能包含未加工的材料如木材、半宝石和象牙，出口的产品也包含手工业制品。印度河流域是棉布纺织的先锋，从那里的城市来的贸易者在美索不达米亚的市场上出售棉布、加工的琉璃制品以及贝壳珠，又乘坐海岸船只取道阿曼和迪勒孟（巴林），从那里获得紫铜和珍珠。返回的船货可能包括了依赖底格里斯河和幼发拉底河河水生存的许多城市艺人制作的羊毛织品和同样易坏的产品。[1]

两大河流系统也由陆路连接着，然而这些陆路要跨越艰险的山脉和沙漠，沿着这些陆路运送的产品很难与海上的相匹敌。3500年前印度河流域文明瓦解后，根据被保留到后来的文学著作中的口头传说，以及操印欧语系语言的人从印度北部迁移到斯里兰卡和马尔代夫的证据，航海技术仍然被保留下来。无疑，在南亚别的地方，水产食物资源的开发有助于改善河里和岸边的捕鱼术、航海技巧和造船术。在北方，印度河和恒河水系为人提供了学习造船术的场所。然而在次大陆的其他地方和斯里兰卡，山地使大部分河流不适合航行，这促成了其早期着重于沿岸航行。

南亚和中东之间最早的贸易没有导致任何明显的文化传播和相互影响。在一个非常高级的层次上，可能存在艺术形式和技术工艺

---

1 S. Ratnagar, 1981; M. K. Dhavalikar, 1991.

程序上的某些相互借鉴。然而，由于宗教和主要文化形式的缘故，除了它们同样依赖大河流域的农业之外，美索不达米亚文明和印度河流域文明保持着明显的不同。

贸易联系在美索不达米亚文明和埃及文明之间更为密切。地理上的邻近导致连通富产紫铜的西奈半岛、巴勒斯坦和叙利亚的陆上商路很早即有发展。当埃及和美索不达米亚的各王朝为控制这些资源富裕的区域而斗争时，沿此路线也行进着庞大的军队。埃及的尼罗河以它每年一次的泛滥，维持了那里的一个综合文明。它的外部特征虽然在许多方面是独特的，但它却吸收了美索不达米亚的许多技术。相邻较近和通过贸易与战争有了更密切的物质上的接触，促进了埃及和美索不达米亚之间（较之美索不达米亚和印度河流域之间）更亲密的文化相互影响。

然而，在埃及和美索不达米亚接触的早期阶段，没有连接红海和波斯湾的海运贸易的证明。埃及人沿红海而下的贸易，虽然和美索不达米亚与印度河流域之间的贸易一样古老，但只限于同埃塞俄比亚、索马里和也门沿海的不太老练的人们进行接触。这种贸易是以在临时的海滩市场上，用埃及人的手工艺品交换奴隶和出口原料（如野生香料和松脂）的方式展开的。它虽然延续了数千年，但直至公元前 1 千纪之前只是稀稀拉拉地进行，也没有导致各民族间明显的文化相互影响。

波斯湾的海上贸易至少在 7000 年前就开始了，它奠基于南美 27 索不达米亚乌拜因的前城市文化和东阿拉伯人之间的联系，当时阿拉伯半岛处于日益干旱的时期，而这一区域相对多雨。当海上贸易在海湾发展时，重要的港口沿着海湾西岸的迪勒孟和费莱凯岛等地成长，它们起初是被阿曼丰富的铜矿所支持的。同享一种共同的柏柏尔文化的这些港口居民为阿拉伯和美索不达米亚内地服务，巴林则是美索不达米亚—阿曼—印度贸易的中转站和珍珠及珊瑚的产地。[1]古代美索不达米亚国家苏美尔、乌尔、拉加什和亚述——以及邻近国家如与伊朗高原接壤的伊拉姆——以粮食、银和手工制品供给海湾港口，支持了供给他们在当地不可能得到的贵重原材料和外来奢侈品的海上贸易。

当连接海湾和南亚的早期贸易形成时，红海海上贸易的发展与之完全分离。也门为红海贸易中心，它出产芳香的树脂，如乳香和没药，后者为东方和地中海的宗教仪式所充分利用；富产象牙、树脂和黄金的埃塞俄比亚和索马里也是红海贸易的中心。最初，这些区域位于中东海上事业的南缘；当贸易网络扩展后，它们发展为重要的贸易集散地，甚至服务于更远的区域，如东非最北边的海岸和南亚。

在红海，公元前4千纪时，埃及第五王朝（约公元前3100年）的法老开创了国家的贸易航线，沿红海而下，到达从埃塞俄比亚延伸到索马里诱人的蓬特。他们的船载着手工业品，如紫铜器皿、彩釉陶器、玻璃珠和加工过的雪花石膏。在海岸市场上，这些货物被拿来交换黄金、象牙、木材、奴隶、稀有动物，以及为寺庙和王室宫殿所用的乳香和没药树。这种官方的贸易接触断断续续地维持了2000多年。在3000年前埃及的第十二王朝时期，以色列人和腓尼基人加入红海的埃及航海者中。当时，以色列初出茅庐的国家统治者所罗门联合腓尼基提尔港口的海勒姆，从红海港口塔尔什（以旬迦别）派遣远征队到达俄斐（印度？）和东非。《旧约·列王纪》记载，他的船只"装载金银、象牙、猿猴、孔雀回来"。

与印度河流域和美索不达米亚之间的海上贸易相比，这些远征

---

1 Henry Innes Macadam, 1990.

没有预示一种强盛和正规的海上贸易联系的开始。它们中的大多数仅是不定期地劫掠偏僻地方的河滩市场，用其物品交换装饰埃及人的王宫寺庙的奇珍异宝。这些埃及人的远征持续了 1000 年或者更长的时间，他们从未以正规的市场为依据。当征服以各种物品和金银填满法老和寺庙的库房时，它在埃及历史上的不同时期曾到达顶点。

这种海上贸易的强度不能成为蓬特人民的主要职业，因而对他们的传统生活方式也少有影响。同埃及航海者不定期的接触不能刺激港口居民点的发展或促进持续的经济活动，而这类活动才可能带来综合的社会组织以及对复杂的埃及文化价值的适应。

从很早的时候起，中东内部的陆基贸易网络较海上贸易网络发展得更快。挤满了商队的陆路把肥沃的新月城市同矿产丰富的伊朗和土耳其连接起来。而中东商人和水手从阿拉伯海去往南亚的则很少。这种陆上商路助长了跨越中东的宏大的经济和文化一体化，导致了美索不达米亚文化技术和从地中海沿岸到土耳其与伊朗山脉的地方文化的混合。为控制这些道路展开的竞争，也引来了埃及和美索不达米亚统治者之间从公元前 2 千纪开始的无休止战争。两大文明的边缘在黎凡特和叙利亚重合，双方的统治者为控制肥沃的农业土地和东地中海的海上贸易而战。然而到了公元前 2 千纪，沿红海的连接埃及、也门、埃塞俄比亚和南亚的更广泛和持久的海上贸易 29 也已经发展起来了。

在也门，奠基于综合灌溉的农业系统和获利颇丰的乳香和没药出口的高度精致的国家已经产生了。最初，埃及是该地昂贵树脂的主要客户，其联系靠海维持。然而，在乘骑骆驼约在 4000 年前被驯养后，这些芳香的树脂也沿着陆路向北出口到埃及和中东的另一些国家，在那里，它们被当作宗教仪式的重要组成部分。中东许多王室的贪婪目光转向远方也门的富饶土地，而也门由于有阿拉伯半岛的荒原做屏障，仍维持了它的独立。

公元前1千纪，当红海和印度北部间已经建立起海上贸易时，也门国家形成的步伐加快了。除了树脂外，还有来自埃塞俄比亚、索马里和印度的富饶奢侈品，通过征收税款，横跨商路的农业国家和部落的财富增长了。小国为控制主要的贸易道路和港口相互争战，但鼓励贸易日益被看作较海盗混抢和劫掠商队更为有利。港口如亚丁和加纳尔（"埃迪蒙阿拉伯半岛"和《红海回航记》中的"凯恩"）逐渐成为中转站，长距离贸易是它们的命脉。到公元前5世纪的晚期，萨巴王国统治了也门的大部分，它为寻求贸易商品诸如黄金和象牙，跨过红海在埃塞俄比亚（现代的厄立特里亚）海岸上建立起一个贸易殖民地。在那里与当地人民的相互影响，促进了阿克苏姆国家以及尼罗河南岸第一个非洲城市文明的发展。

这一移民点与红海建立了更广泛的联系，形成了埃塞俄比亚的古代文明。在建筑和宗教形式上，这个文明展现出一种混合的非洲和亚洲传统，并和中东保持着紧密的联系。这导致其在5世纪皈依基督教。一个重要的犹太社团保存下来，直到20世纪。而7世纪起又有了伊斯兰教的渗入。在也门和埃塞俄比亚，当精耕农业更为扩展和定期的对外贸易进一步发展时，城市中心更加繁荣。从美索不达米亚和埃及来的复杂技术首先被也门文明而后被埃塞俄比亚文明借鉴和吸收。也门和埃塞俄比亚富饶的农业土地和有价值的出口商品支持了经济和社会组织的新形式以及兴旺的城市中心。

在也门，萨巴的权力首先是被加泰拜王国，在继后的几个世纪里又被一些对商队和海上贸易有确定利益的国家所代替。埃塞俄比亚的阿克苏姆王国在红海的阿杜利斯建立起自己的一个很大的货栈，把象牙和黄金直接出口到埃及的港口（如伯奈克和阿尔西诺伊），把纺织品、香料和半宝石从印度坎贝湾的布罗奇港口输入。阿杜利斯的建立削弱了也门港口对埃及和印度的贸易专利，加剧了激烈的竞争，导致了 3 至 7 世纪的破坏性战争。

沿波斯湾的海上贸易之所以在约公元前 1500 至前 800 年间出现衰退，是由于印度文明的瓦解和美索不达米亚的政治分裂，这两个区域当时都遭遇到了游牧民族的强有力的入侵。波斯湾贸易的复苏约在公元前 800 年发生，同新帝国亚述在肥沃新月带的兴起，以及横跨印度河—恒河平原的城市和政治生活的复苏连在一起。

游牧民族的入侵引起了整个中东的政治混乱和它的对外贸易的衰退，然而城市文明并没有被毁灭。入侵者终于和旧的居民融合在一起，但这是在他们吸收了新思想、新技术，使自己的政治军事生活恢复元气，从而为新的强权国家的兴起奠定基础之后完成的。相反，在印度河流域，中亚和波斯入侵者的到来与城市文明的衰退恰好同时发生。当时的环境变迁和战争导致城市毁灭和被遗弃，以及高级经济活动的瓦解。城市文明被乡村文明所取代，但基本手工艺和民众的宗教思想被保留下来。新的统治者们都是部落牧人，他们缓慢地吸收被孤立的农业公社保存下来的旧文明残迹。当城市生活 31 和贸易开始扩展到从印度河流域到孟加拉的印度河—恒河平原，新的南亚文明重又出现时，1000 年的时间已经过去了。

造船技术

正像印度洋区域的文化、经济、地理和气候环境有很大的区别一样，帆船时代的造船技术在早期也各具特色。那时没有单一的或者是占统治地位的航海技术；相反，各区域的技术传统是由于地方习惯以及有选择地吸收其他技术而形成的。

地方的物质环境条件，沿岸水的深度、风的强度、洋流的方向以及最普通的货船重量和容量等，是影响环印度洋帆船航行技术的全部因素。政治和战争在刺激新的航海技术上可能是另外的因素。

总的说来，印度洋区域的造船技术分布在四个地带：东非、中东、南亚和东南亚。这些地带各自发展了自己独特的造船技术。然而这些技术并不分立，相反，海上接触帮助它们从一个分区传播到另一个分区。随着时间的推移，它们的相同性有所发展。

地区性的变化暂且不说，构成印度洋的各种造船技术在一定程度上是有共同性的，例如从东非到东南亚的最早工艺所造的似乎都是独木舟和木筏状的船，后者的材料则包括从肥沃新月带河上的纸草芦苇到东南亚的竹捆。在有些地方，独木舟代表了进步的发展。而在另一些地方，原始的木板船则属进一步的发展阶段。总的说来，独木舟和木筏主要用于沿岸航行，而更复杂的船则为在岛屿间或类似的路线上航行设计。然而，除了这些共同性外，地方的自发和需要发展出了基本类型的无数变体。

最早的中东造船技术是由定期往返于尼罗河和美索不达米亚河流的芦苇造的筏子发展起来的。该工艺用沥青防水，适合在红海和波斯湾的浅水边航行，以及公元前 3 千纪沿着波斯湾南边的海岸到印度河上的靠岸掠夺。4000 年前，缝制木板的船在波斯湾和远至东边的印度河已被使用；2000 年前，东非的沿岸也已有其踪迹。

公元前 1 千纪，随着对季风的识别，印度洋的造船技术无疑有了一个很大的变化。强劲的风和深海航行要求更牢固的船体结构、大的船壳和更复杂的帆缆，诸如三角帆之类。在阿拉伯海，缝制的装有三角帆的木板船——普遍存在的独桅三角帆船的祖先——成为主要的船型，而横跨孟加拉湾的伸出舷外的双框架独木舟技术已发展到能制造更大的船，这种船能直接航行在印度东海岸以及斯里兰卡之间，直达马来半岛、苏门答腊和爪哇。

直到最近，中东造船技术——集中体现为独桅三角帆船，被欧洲人称为"dhow"——被描绘为曾在印度洋占统治地位，正如中东商人被认为是主要的商家，较小的本地商人群体围绕他们运转。然而在航海贸易中，南亚和东南亚人至少与作为他们的对手的中东人一样重要。在造船技术方面同样如此。

厚木板缝制的独桅三角帆船从 7 世纪起被建造时有时也使用铁钉，这代表了西印度洋造船技术的统治型式样。但是，它们的形式多有不同，大到两个桅杆的巴格拉（baghla），小到两个人便很容易抬上岸的沙鲁克（zaruk）。这些变化反映了技术的子系统受地方环境条件、建造材料的可用性和地方贸易的需要支配。在一些航线上，需要大的深海独桅三角帆船以应付阿拉伯海的强劲季风，而更 33 小的吃水浅的船只则较适应于海岸航线和浅滩。

中东的船舶展示出与东非和南亚船舶的类似之处，但并未把地方的船舶特色排除在外。不清楚的是，这种技术相似性是由技术从东到西或从西到东的传播导致的，或者单纯是受同样的规则推动的独立思考的结果。在所有这些区域，伸出舷外的双框架独木舟和原木工艺技术表明了地方需要和创造力的影响，以及可能是来自东南亚群岛浅海的水手技术的影响。

沿东非海岸，至少在 2000 年前，《红海回航记》的作者记录下了一个本土的缝制木板的造船传统，后者最终发展为独特的缝合船（mtepe），这种船直到 20 世纪仍在东非海岸被建造。小船是为捕鱼和在浅滩、小港入口以及海岸的航行而设计的。在随后的几个世纪里，东南亚的伸出舷外的双框架独木舟技术和中东吃水浅的独桅三角帆船影响着广大的地方船只的设计。但东非小的本土缝合船的技术事实上仍被保留下来，特别是在沿海岸的捕鱼村社中。

南亚的海岸环境变化导致发展了一系列精巧程度不同的船只技术的发明。另外，可航行的河流系统（最主要是印度河和恒河）为船舶的发展提供了一个早期的试验场所，正如尼罗河和美索不达米亚的河流之于中东早期阶段的船舶技术一样。后来的技术创新表明，中东影响到了印度的西海岸和拉克沙群岛，东南亚影响到了马尔代夫、斯里兰卡和印度的东海岸。东南亚造船技术的特殊才能来自海岸与河流捕鱼和航行的需要，而它的深海技术则来自为发展长距离海上贸易所选择的各种适合的外来技术。

34 南亚船只技术的混合起源能够在保存至 20 世纪的各种式样的航行小船中看到。这在印度的西北和南方两地都是如此。近 2000 年前，在古吉拉特，《红海回航记》描写的称为塔帕格（trappaga）和考图巴（kotumba）的"完全由人操控的长船"，就是现代的考提阿（kotia）：双桅船同阿拉伯的船具有类似之处，并被描写为"印度小船的海洋步行者"。[1] 与南亚的其他地区相比，印度南部与斯里兰卡在船只技术上有较大的差异：此处船的式样，包括从为浅水渔业设计的粗制木排，到远海捕鱼和长距离贸易两用的独特的深海双桅多尼（dhoni）艇。[2]

真正的捆扎筏（kattumaram）是用椰子纤维把几根原木绑成一捆组成木筏，并非今天通用的双体独木舟，是印度南部和斯里兰卡传统的捕鱼船。独木舟大概产生于捆扎筏之后。有些独木舟，像南泰米尔纳德和北斯里兰卡的帕达夫（padavu）和帕鲁（paru），已经得到了改进，加上了帆、划手座、肋材等；另外一些独木舟则配以伸出舷外的框架，使其具有更大的稳定性。像斯里兰卡的奥鲁

1　G. W. B. Huntingford, 1980, 162−163.

2　V. Vitharana, 1992.

（oru）船，它们可能源自本地，也可能受印度尼西亚伸出舷外的双框架独木舟技术的影响。《红海回航记》中提到了印度南部的桑格拉（sangara），它是由岸边原木捆绑而成的小船，可能和东南亚的伸出舷外的框架船有关。《红海回航记》还记录了航行海洋的双桅考兰多冯塔（kolandiophonta，可能装有结实的伸出舷外的框架）的存在，它在科罗曼德尔海岸、孟加拉和缅甸之间航行；后来在斯里兰卡，它演变为厚木缝制的亚拉多尼（yathra dhoni）艇，后者航行在斯里兰卡、印度南部和马尔代夫的水域中，载运着稻米、腌鱼、棉布、椰子壳做的粗纤维产品（如绳子）和草席。

在南亚别的地方，印度南部和斯里兰卡的帕达（pedar）、拉克沙群岛的奥达曼（odam），以及科罗曼德尔海岸的马苏拉（masula）船似乎代表了在阿拉伯造船技术跨阿拉伯海传播之前，当地缝制木板船的发展。这些船舶源自少有的天然港口的海岸，它们转运离岸抛锚的大船上的物品和乘客。本地区的大船舶——贡根海岸的帕塔马（pattamar）以及马拉巴尔海岸和斯里兰卡的几种多尼艇——像 35 是中东独桅三角帆船的地方变种，而帆具和船壳的设计适应非常特别的地方条件。

东南亚的造船技术有它自己的被地方条件和需要所规定的独特性。至少在 1.2 万年前，人们从中国南部和东南亚内部经海迁徙，刺激了航海技能和技术的一种过早的发展。区域内丰富的竹子提供了一种轻便、坚韧和有拉力的造船材料，理想地适用于跨越东南亚多风暴的浅海的小船。在 5000 年前可能载运过第一批澳大利亚人的这种最早的小船，大概是一些简单的筏子。

在印度洋的其他地方，也有一个独木舟筏子的发展过程。看上去似乎是把竹筏与独木舟相结合形成了最早的伸出舷外的双框架独木舟，在公元后 1 千纪，该技术和东南亚移民一起横跨印度洋到达西边的马达加斯加和科摩罗群岛。类似的技术被另外一些东南亚移民带到太平洋。在印度尼西亚的伸出舷外框架的独木舟上的改善装置，诸如舵支撑的桅杆和固定的帆，暗示着东西方技术的相互影响，并说明了在公元后1千纪，当海上贸易联系发展起来后，技术的相互影响很可能就出现了。然而，缝制厚木板技术似乎是在东南亚群岛独立发展起来的，那里的有伸出舷外框架的独木舟发展成了一种单船壳的有伸出舷外框架的厚木板缝制的船，在苏拉威西的科拉科拉和摩鹿加群岛达到它的最高级形式，可以装载300个战士。

正如欧洲人把"dhow"杜撰为中东海上航行船只的集体名词一样，他们用杜撰的"prahu"［普劳］来形容东南亚全部的传统船只。然而，正如"dhow"不能代表中东船只的形式和变化一样，"prahu"一词也仅只是"一只船"的意思，它模糊了东南亚船舶形式的多样性。

东南亚船舶技术是浅海、强风和频繁的岛屿间的交通以及海洋
36 较陆路更有吸引力的产物。在运送人员和物质上，不同的需要产生了不同类型的造船技术，包括从以原木为基础的伸出舷外的双框架独木舟，到各种式样的缝制厚木板船，还有爪哇婆罗浮屠石碑所描绘的8世纪时大的适合海洋航行的东南亚船。它的后来的式样綜（jong）有用木制榫钉接合的木板外壳、残留的木板缝合结构以及从船头到船尾的帆。正像在南亚一样，这些各种式样的造船技术同时存在了好几个世纪。例如，沿马来亚海岸，至少有三种为当地海滩和海洋的条件决定的独特的传统造船技术，这些条件包括东部沿海的开阔海滩和波涛汹涌的海浪，以及西部沿海的有屏障的海滩和浅海。[1]

1　G. L. Kesteven, 1949.

与艍的发展同时，13 至 15 世纪，中国人和他们巨大的多桅杆平底船、巨型远洋船出现在南中国海，不久也来到印度洋。中国人造船技术的标志是广泛利用铁钉。沿阿拉伯海地区建造船舶也用铁钉，然而 16 世纪之前这通常仅发生在印度西海岸。[1] 这种技术可以建造大的多甲板船，在 17 世纪的西班牙马尼拉大帆船出现之前，它可能是世界上最大的船了。

在所有这些非常广泛的技术传统中，船舶的大小有很大的不同。小船最适合较小的锚地，然而大船得用携带或拖曳小船以装卸货物和乘客来解决这一问题。在某些航线上，由于乘客往来相当重要，人们决定用大船。朝圣的航路尤其如此。5 世纪时，川流不息的佛教香客在中国、马六甲海峡和南亚来往，直到 12、13 世纪印度北部的伟大佛教遗迹被穆斯林毁灭为止。更为壮观的是从古吉拉特到红海的朝圣。16 世纪时，数以千计的虔诚穆斯林每年到阿拉伯的伊斯兰教圣城朝拜。

货物的性质也决定船舶的形式和尺寸。航行中运载的货物多为 37 木材、金属、谷物、椰枣、廉价布和陶瓷制品，其总吨位较之陆路运输的少量昂贵物品（如黄金和象牙）要高得多，获得的报酬也较高。

在有统治集团卷入海上贸易和战争的地方，其标志是会出现一些 800 到 1000 吨的大船。同样，某些商业巨头会拥有大船，但总的来说，很少有商人具有足够的资本投入造船中；或者由于海上贸易有巨大风险，很少有商人倾向于对此进行投资。但是，无论有多少地方资本可以被用于造船，技术的采用总是反映了地方的需要。

正如我们看到的，从很早的时候起，整个印度洋发展了不同的

1　Jeremy Green, 1990.

造船技术。晚到 18 世纪，大多数建造的船舶重量不超过 1000 吨。
随着长距离贸易的发展，在长距离航行船只的建造技术上，有相当
多的技术上的相互影响和适应，反映了在阿拉伯海和孟加拉湾两地
占统治地位的季风有关一般航行的条件和要求。

帝国、政府和季风

在公元前 1 千纪期间，横跨印度洋的客运和海上贸易正在加快。
某种程度上，这部分是由于被南亚和中东心腹地带美索不达米亚的大
规模农业体系所支持的新国家和新帝国的建立。另一个重要原因则是
贸易品生产在政治上较不复杂的印度洋世界的其他地方的兴起。

南亚和中东的政治巩固与经济活动和技术发明的增长同步进
行。约在公元前 1500 至前 800 年，中东的心腹地带是一个政治分
裂、中亚入侵以及长距离贸易全面衰退的地方。这一时期之末，亚
述人建立了包括从埃及到伊朗的中东大国，给了地方和国际贸易一
个刺激。同样在南亚，可与亚述人在中东取得的权力相媲美的是印
度北部平原城市生活和大国的再现，以及次大陆西海岸从古吉拉特
到马拉巴尔海岸的港口发展，更远至斯里兰卡，再一次把南亚和中
东连接起来。

冶铁技术在中东和南亚的传播保证了廉价和不易磨损的农业装
备的丰富供给，从而可使更多的土地得到开垦，地犁得更深，生产
出更多的谷物。更大规模和更精细的农耕活动带来了更多的人口和
农业剩余，它使新的统治阶级可将其用来建设城市、宫殿和庙宇，
以及供养用以保卫和侵略的军队。城市生活的扩展与贸易的扩展紧
密联系，它打破了地方经济之间的界限，形成了更大的由数目日益
增加的流动商人联系着的地方市场的联合。

在南亚和中东，流动商人对城市生活的扩展极其重要；他们不仅履行一种充满活力的经济职能，而且当他们从一地迁往另一地时，还带来新的思想、技术、风尚和宗教。商人是任何一个前现代社会中最活跃和最具世界性的成员，他们的活动对任何一个国家的繁荣都是至为重要的。然而，这些新技术和新经济发展的影响远及扩展中的核心文明的边界之外。那时，扩展着的海上贸易激励着集中在腹地和海岸市场的城市生活，使之传播到中东和南亚的伟大文明的边缘。

然而，巨大的国家和市场的产生，并不能充分阐明公元前夕海上贸易迅速扩大的原因。第三个和决定性的因素是人们突破了季风的规则。这一突破保证水手和商人摆脱了沿岸贸易的约束，可以从事跨公海的定期长距离航行。对季风的掌握——这可能是一个需要刺激了对知识的获取的例子——与农业活动和城市生活的增长正好相一致。这些情况保证了公社数目的增长。一旦得到了适用于横渡大洋航行的航海技术，它们就可利用海洋为其产品取得数量更多的正常输出途径。在南亚，与正常的外部海上贸易中断联系 1000 年后，随着印度文明的崩溃，海上贸易的复苏发生在恒河流域和北斯里兰卡的干燥区，与定居农业的扩展和城市生活的发展并行。约在公元前 500 年，稻米作物和冶铁技术的传播导致了恒河流域以及次大陆和斯里兰卡的一些小块地区的农业增产。随着陆上和海上贸易的兴旺，市场、城市和港口重新出现。在这些市场里，人们出售农产品以及通过狩猎采集和矿业活动而得的产品，换取进口商品。

约公元前 7 世纪，小的王国和共和国开始在印度北部恒河流域和喜马拉雅山麓形成。在随后的一个世纪里，这些小国联合起来成为马哈扬帕答斯，即大界域；后来经过一系列的战争，形成了单独的摩揭陀王国，以横跨恒河贸易大路的战略要冲华氏城（巴特那）

为首都。与这些政治发展相伴，印度北部的宗教和社会思想南传到印度中部和南部，在印度北部更复杂的政治世界的影响下，该地开始出现一些小国。摩揭陀和其先驱以其外部接触为条件，坚定地朝向中东的综合文明，那里在亚述人的统治下，再次成为南亚出口的主要市场。

南亚是一个商人乐园，地形上的多种多样包含着一系列不同的经济，生产出使人惊讶的多种原料和制成品，商人们在从马尔代夫到喜马拉雅山的高山山谷急切寻找市场。约在公元前 1 千纪中期，印度半岛、斯里兰卡和马尔代夫连接成为一个广泛的沿海岸贸易网。

40

南亚市场的扩张不仅导致经济活动步伐的加快，也促进了技术与文化实践的传播。在整个南亚，各统治集团都吸收和改造了重新出现在恒河流域的城市文明的某些方面。地区文化的多样性依然是南亚文明的一个特色，但是在公元前 1 千纪期间，全南亚地区城市化了的集团都采用了源于公元前 2 千纪的印欧定居者的宗教习惯。这种习惯中最显著的是等级性的种姓制度，它包括了仪式化的社会组织思想，以及被广泛采用的反映次大陆早期印度教的普遍形式。印度教源自后来出现在印度河平原的印欧入侵者的信仰和习惯与旧的本土社会宗教形式的结合。当公元前 1 千纪，贸易开始削弱以前孤立公社的偏僻状态时，它扩展到整个南亚并同地方传统精巧地结合起来。

与南亚城市生活的再现和扩展并行的，是整个中东政治、经济一体化的加速过程。肥沃新月带的城市文明中心区域相继被一些巨大帝国占领。这些古代城邦和小王国合并成为一个大规模的领土国家，既加强了内部的商业联系，又扩大了中东和地中海以及印度洋世界的接触。

中东的这种大帝国首先是由北美索不达米亚的亚述人建立的，时为他们于公元前 1 千纪控制了底格里斯—幼发拉底平原之后。亚述人毁灭性地削弱了作为东地中海和黎凡特的一个大国的埃及，创立了第一个其边界和定居农业的自然界限相一致的包括尼罗河、安纳托利亚山脉、阿拉伯半干旱平原和沿伊朗高原的扎格罗斯山脉的帝国。虽然帝国官方对波斯湾贸易没有什么直接兴趣，但这种贸易仍然再次伸出寻找珍稀物品的触手以财富报答帝国。取道南波斯的莫克兰海岸与俾路支斯坦同印度建立了有规律的联系，沿红海海岸的贸易也加强了，埃及与埃塞俄比亚市场的联系更为密切了。 41

　　海上贸易扩张的一个主要刺激是象牙。在公元前 8 世纪中东的象被捕猎灭绝后，象牙从印度西部和北非输入，以满足亚述贵族和西至亚平宁半岛的地中海显贵对象牙珠宝、装饰品、镶嵌家具的贪得无厌的要求。

　　当公元前 1 千纪，中东和印度洋世界的其他部分之间的海上联系缓慢成长时，亚述帝国内部的陆上贸易却迅速兴起。商人来自美索不达米亚、埃及、腓尼基和帝国的许多地方，从一个帝国城市到另一个帝国城市沿着大道移动，在地中海和美索不达米亚之间、在整个阿拉伯海扩展贸易边界，建立密切的经济接触。

　　在亚述统治的数个世纪中，密切的贸易联系在中东和地中海迅速增长的海上系统之间也建立起来，并西及伊比利亚半岛。在东面，亚述帝国的贸易之路连接了较小国家的经济，它们从扎格罗斯山伸延到伊朗高原，并远至印度河—恒河平原和中亚草原的边缘。

　　没有统治者能对由提倡贸易而得到的经济报偿保持冷淡，或者无视商人的重要性。任何一个社会的商人经常都是唯一接触资本的成员，这些资本通常是贵金属，用以代表他们获取的利益，而这些利益经常被统治者攫取为他们的国家和军队的财源。无疑，商人既是放债人又是银行家，没有统治者能够忽视其利益。可是，陆上贸易普遍而言对统治阶级有其重要性，海上贸易却没有。一方面，内陆市场经常是统治者所关心的；另一方面，当港口市场的经济活动对统治阶级的利益而言不重要时，就会产生一段盛衰无常的历史。而当某港口市场对统治阶级是重要的时，他们就采取相当的手段保护商人的利益。外国商人集团常被允许按照他们自己的传统来管理自己。商人和手工业行会成员在国家会议中发挥了重要作用，他们严密管辖市场以保证度量衡的统一，以严格规范管理货币的质量和含量。

当亚述人统治下的中东陆上和海上贸易扩展到西方和东方时，贸易为日益增加的人口提供了一项不同于农业的生计。

中东最杰出的海上民族是东地中海的腓尼基人，他们创立了一个从大西洋上的加的斯直到黎凡特沿岸的西顿和推罗的重商主义帝国，他们可能已做过绕非洲的航行。他们的海上帝国被环地中海的一连串贸易殖民地支持着，其中最著名的是迦太基。类似的组织在波斯湾、阿曼沿海和哈德拉毛的阿拉伯人和波斯人中发展着，他们扮演了中东、南亚和沿东非的北部海岸之间扩展海上贸易的中间人。

亚述的经济遗产是中东经济的巨大一体化，它的贸易扩展连接着地中海大部和亚洲世界。其结果是波斯湾和南亚之间海上贸易的复兴，以及在红海、南亚和东非之间更有规律的贸易的发展。波斯湾的古代港口中，最有名的是迪勒孟，可能还有费莱凯岛或者至少在同一地区的港口。例如，在底格里斯河—幼发拉底河三角洲上的巴西奴卡拉克斯和阿波洛戈都复兴了，它们与古吉拉特海岸及坎贝湾（连接印度北部和中部正在拓展的农业前沿）新出现的港口联系起来。在红海，埃及的水手和贸易者同跨红海与印度洋主要地带汇合处的陆地建立了更有规律的联系。苏伊士湾的埃及港口如阿尔西诺伊和克利斯马，红海沿岸港口如摩斯霍尔摩斯和伯奈克，红海阿拉伯海岸的卢斯科姆，以及埃塞俄比亚、也门、索马里和哈德拉毛海岸的新兴港口之间，有更规律的贸易。这些中东边缘地区的小港口（如亚丁）在随后的世纪里发展为红海、东非和南亚之间的海上贸易的大转运站。

可能在亚述人统治的没落年代的某些时候，或者在他们的继承者伊朗高原的波斯民族的统治早期，印度洋的季风系统的秘密被了解清楚了。这极大地扩展了人类横跨印度洋的活动范围，并至少从公元前 7 世纪起，使中东、南亚和东南亚之间的直接联系的增加成为可能。南亚的经商迁居者的增加、流散到如阿拉伯海索科特拉岛等地，以及南亚和东南亚之间最早的规律性的海上贸易接触，都是这一认识使人们对红海和波斯湾之外的地中海和中东世界的知识增长的结果。季风的利用也给长距离的海上贸易以一个时间规律，它对商品生产者和其市场之间建立一个支持海上贸易的系统而言是一个重要前提。

季风的循环提供了跨印度洋的长距离航海的基本节奏。这些风能使人有规律地和迅速地航行，穿越被印度洋分开的东非、中东、南亚和东南亚的长距离海面，保证水手和商人打破这些区域的界限。但是，季风的循环也强加了一个专门的航行时段，因为它的方向和持续时间是季节性的。它规定了航行的季节，把几个月的休眠强加给所有的港口，为出口商品的销售和运送规定了时间表。后来，水手们想通过发展与之相适合的海上技术来打破这一限制，但是在蒸汽机把帆和季风抛开之前，他们仍然是它的俘虏。在此之前，航海和商业的决定、港口生活、船舶建造、货物税的征收、思想的交流⋯⋯无数与时间和距离有关的决定和过程，都被限制在由季节性季风的节奏规定的周期内。在这个限度内，人和海洋被季节紧紧束缚着，就像在有季风的亚洲，人和陆地也被季节紧紧束缚着一样。 45

与季风体系的发现一起发展的参与长距离海上贸易的商品是稀

有品与一般品、日用品与奢侈品的混合。从东非（很可能从现在的厄立特里亚和索马里的沿岸陆地）特别是从阿克苏姆人的大港口阿杜利斯，阿拉伯和波斯的船只将象牙、黄金、龙涎香、珊瑚、龟甲、犀牛角、食品、香料、矿石和木材等运到中东的转运栈，诸如亚丁和索科特拉岛；在那里，南亚的商人带着宝石、珍珠、胡椒、香料、粮食和棉布到达。中东的商人们贡献出乳香、没药、金属制品、玻璃器皿、陶瓷、珍珠、葡萄酒、金银币以及一些外来手工艺品，东南亚的水手们还增添了黄金、香木和香料。这些贸易的参加者有中东、南亚和东南亚的水手和商人，公元之初又有少量的希腊人、罗马人和非洲人加入。

尽管季风体系为海上贸易的增强提供了很大的可能性，但两个增长着的强大帝国体系保证了它的实现。一个帝国中心是在中东和地中海，另一个是在南亚。在这两个地区，在公元前1千纪的后半叶，为繁荣的农村公社与兴旺的集镇及城市所支持的巨大和富有的帝国已经发展起来了。

中东和南亚的市场

大约在2500年以前，中东地区（从埃及到波斯）已经和地中海、黑海、高加索、中亚南部、阿富汗和印度河谷等地有经常的贸易往来。大约在同一时期，南亚各地以前孤立的农业区域其贸易关系也迅速扩展。

公元前6世纪，亚述的势力被居住在扎格罗斯山脉和伊朗高原的刚强民族——波斯人——所取代。在阿契美尼德王朝时期，波斯人把帝国界限扩张到亚述人所及之处，合并了欧洲东翼的色雷斯的农业和商业前沿，在亚洲到达了中亚的安纳托利亚和印度河谷。皇家大道穿越帝国数千公里之遥，把土耳其的地中海岸边的以弗所和美索不达米亚的巴比伦、波斯湾的港口查拉克斯、北伊朗的埃克巴坦那以及喀布尔（奥托斯班那）都连接起来。这些道路都有卫队守护，这标志着贸易和运输安全是帝国关注的中心。由此，波斯人得到了新的丰富的自然资源供应，并把亚述统治下发展起来的贸易道路加以扩展。受到帝国政权的鼓励，贸易在帝国境内日渐繁荣，并穿越国境到达邻近地区，特别是中亚和南亚。在它被希腊的征服者亚历山大大帝于公元前 4 世纪灭亡前，波斯帝国促进了东西方经济和文化的深入接触，许多商人沿其大道往来。

在阿契美尼德王朝时期，印度河—恒河平原以及斯里兰卡的商业据点是由来自波斯腹地以及帝国的地中海省份的商人把它们和中东的商业据点联系起来的。这些商人中最值得注意的是爱奥尼亚希腊人，他们在南亚被称为"耶槃耶人"。这时，埃及的海上贸易也扩张出红海，而经伯奈克港和阿尔西诺伊港到达印度洋。这些地方在《红海回航记》写作时正是繁荣的中转站，它们把埃及和阿杜利斯以及更远的印度西海岸港口连接起来。这开始于公元前 6 世纪，当时埃及在亚述衰落和波斯兴起之际获得了短暂的自由。这一时期，埃及统治者打算开挖苏伊士运河的前身，以联系地中海和红海，改善同埃塞俄比亚丰富的象牙与黄金港口的联系。与此同时，其他的中东航海者完成了红海和波斯湾的联系，以到达同样的港口。埃及的希腊商人在这种扩张中起了重要作用，并在下一个千年中一直保持着主导地位。他们使用埃及的港口作为地中海和印度洋的繁荣贸易的中转站。

在波斯和平下发展起来的东方和西方的接触，陆路是穿越伊朗腹地，经阿富汗到达印度河及恒河河谷，海路则是穿过阿拉伯海北部、红海以及波斯湾。再往西，在地中海，腓尼基人的迦太基、希腊国家和罗马奠定了地中海经济和文化制度的基础。在公元前 3 世纪希腊势力衰落后，罗马成为这一制度的继承者。而埃及在公元前 6 世纪短时间的自由后，即陷入波斯政治和希腊商业的统治下。

公元前 4 世纪，阿契美尼德帝国被亚历山大帝国所推翻，后者短期内统治了一个从雅典到印度河和中亚的帝国。亚历山大领导着他的军队，从马其顿穿过中东的美索不达米亚腹地，到达伊朗和阿富汗，并远达印度河河口，然后向西沿俾路支斯坦海岸，最终达到前阿契美尼德帝国城市波斯波利斯和苏萨。

亚历山大的统治是短暂的，但他使中东受到希腊文明的极大影响。他鼓励希腊商业企业向东发展，在尼罗河三角洲建立了埃及的亚历山大港，从而把印度洋和中东的海上贸易转移到地中海海岸。红海上的转运站哈德拉毛和波斯湾仍旧繁荣，但是亚历山大港超过了它们，像磁石一样吸引了各民族的商人，如希腊人、犹太人、罗马人，以及阿拉伯人、波斯人、埃塞俄比亚人和印度人。

公元前 323 年亚历山大死后，其帝国被敌对的部将瓜分。一个建立了托勒密王朝，统治埃及，直到公元前 30 年亡于罗马。另一个建立了塞琉古王朝，统治从叙利亚到印度河流域地区，这一王朝在公元前 63 年被罗马和与其敌对的安息人的波斯所吞并（安息人是在公元前 3 世纪从中亚迁徙到伊朗的）。为了控制叙利亚和美索不达米亚，安息人和罗马展开的斗争长达一个世纪，直到其后继者波斯本地人于公元 224 年建立萨珊王朝，斗争仍在继续。

在印度河—恒河平原，当波斯和希腊的影响西向之际，城市生活和长途贸易均呈繁荣之态，人口和经济活动中心渐由印度河流域移向恒河流域，丛林逐渐被开发为稻谷种植区，手工业和商业活动与农业生产的快速增长同步进行。一个复杂的联系海上和陆上商路的网络把以前孤立的南亚各地连成一个大的次大陆经济区。其中，印度河—恒河平原、热带南部和斯里兰卡的农业财富通过矿产丰富的德干高原被联系起来。与波斯帝国以及中亚的贸易往来，这时也得到巩固，和东南亚群岛的海上往来也有加强。

这种贸易网络的扩展刺激了恒河流域的城市中心如华氏城、伽尸、曲女城和马图拉等的兴起。这些城市的命脉是贸易，而不仅是农业，且它们的兴衰反映了南亚经济的脉搏。这些新兴城市中心的兴起接着又鼓励了新的人群如手工业者和商人的发展壮大。这些人群在市场等地提供的服务对统治集团来说是很重要的。统治集团十分关心取得商业利润，并通过市场把他们作为赋税征收的农产品转化为奢侈品和贵金属。

大约公元前 600 年，最早的南亚国家出现，其中最清楚地显现出来的国家位于恒河流域。在其后的世纪里，政治单元也在印度的中部和南部及斯里兰卡的北部出现。到公元前 4 世纪，货币、有砖砌城墙的城市和文字也遍布于恒河平原，这一地区的主要国家是摩揭陀，它的边界紧靠阿契美尼德波斯帝国的印度河省。

在亚历山大大帝打败阿契美尼德帝国、入侵印度后不久，摩揭陀的王位被旃陀罗笈多·孔雀所夺取。他建立了南亚的第一个大帝国，其统治年代从公元前 322 至前 185 年。亚历山大死后，旃陀罗笈多击败塞琉古皇帝塞琉古·尼卡多，占领了印度河流域和阿富汗部分地区。孔雀帝国在旃陀罗笈多的孙子阿育王统治下达到极盛，阿育王把他的权力扩展到了印度中部和南部的大部分地区。

阿育王发展了精细的管理和税收体系，修建和维持了广大的皇家道路网，后者反映和促进了南亚的经济和社会环境的变化。一种新的商业精神传播开来，表现为个人主义哲学佛教和耆那教的日益流行，成长中的手工业者、商人得到了社会的承认。这种哲学成长于这样的环境，即手工业者、商人变得日益重要，可是旧的氏族和乡村宗教即印度教的早期形式婆罗门教仍和其城市生活及气氛不一致。这时，南亚出现了新的政治、商业和宗教显贵，对从权力和财富中得到的物质文化享受有强烈兴趣，因而兴起了对西方的外来和稀有之物的渴求。

例如在物质领域，《红海回航记》记载：布罗奇"国王"进口"珍贵的银盘子、乐师、充当后宫的美丽姑娘、名酒、珍贵的衣服和各种香水"[1]。然而在思想领域，权力和财富的报偿却是，他们有时间和自由去思考人生的意义。

佛教和耆那教产生于南亚的经济和思想辉煌发展的时代。在恒河流域，稻谷种植广为传播，较印度河流域之小麦取得了更好的收成。城市和早期国家出现，新的显贵和新的社会集团如商人集团对旧的宗教和社会组织提出挑战，这带来了对传统信仰及社会结构的许多质疑。人们对这些新问题给出许多答案，特别是在更具世界性的居民如商人和城市手工业者中间。为了回答早期印度教的明显缺点，新的哲学提出新的观念和方法，以支持特别是城市中的知识、精神和社会生活。在印度教内部也出现了发展传统信仰和习惯的运动，由此将会形成新的印度教。但许多答案是寻求新的拯救形式，而在这些拯救形式中，最成功的无疑是佛教。

佛教以其强调个人的主动精神、拯救的可能性以及拒绝旧的社会组织和控制形式，在城市居民中获得了广泛的支持及发展，后来还得到许多统治者的支持，他们在其信息中获得了在一个变化迅速的世界中保持社会安定的方法。孔雀帝国的阿育王是信奉佛教的最伟大的南亚统治者，他的皈依也反映了所有南亚商人和贸易者的相同历程。许多印度教的信奉者，当他们重塑印度教以夺回在南亚被

1　G. Huntingford, 1980, chapter 49.

佛教夺去的阵地时，也最终吸纳了佛教的许多内容。

　　南亚的商人和航海者们为取得国内外海上贸易兴起所带来的利益，在中东和东南亚建立了不少社区。除索科特拉岛上的南亚商人社区外，南亚商人还居住在亚历山大港；到公元之初，东南亚也建立了相似的社区。

　　于是，南亚商人创建了国内贸易网，以和外部世界形成海上联系。到公元初，来自东西方的贸易品在许多南亚港口均很常见——罗马和中东的陶器、玻璃、酒、海豹和宝石，地中海的珊瑚，不列颠和伊比利亚半岛的铜、锡和铅，东非的象牙以及来自西方各地的青铜器、金银币等，还有马来亚的锡、中国的丝绸、摩鹿加群岛的丁香等。这些商品，再加上产自南亚的纺织品、宝石、象牙、香料、胡椒、珍珠、龟甲、小麦、大米、香油和酥油等[1]，散布于坎贝湾的布罗奇、孟买北部的苏帕拉（索帕拉）、马拉巴尔海岸的格朗格努尔（毛茨里斯）、斯里兰卡西北海岸的曼泰、科罗曼德尔海岸以南的阿里卡马杜尔（波杜卡）和克里希纳三角洲上的默苏利珀德姆（马萨利亚）。这说明，繁荣的海上贸易对许多南亚国家而言有重要的利益。 54

　　海上贸易对印度中部、南部和斯里兰卡的政治具有重要作用。虽说农业是南亚所有国家的主要产业，但在次大陆和斯里兰卡的部分地区，通过海上贸易征收市场税和港口税取得岁入，已成为统治阶级把通过税收和贡纳取得的当地农产品转化为奢侈品和贵金属的手段。新的港口城市中心如布罗奇、格朗格努尔以及阿里卡马杜尔在公元前1千纪的最后几个世纪中发展起来，其财富依赖于海上贸易，而不是农业和手工业活动。

　　1　G. Huntingford, 1980, chapter 49.

这样，进入海洋，创立海岸边的市场和港口（特别是马拉巴尔、科罗曼德尔和奥里萨海岸以及斯里兰卡），是南亚形成许多海岸国家的决定性因素。在那里，阿努拉德普勒的繁荣依靠的是公元初通过其曼泰港口的贸易及其对穿越北斯里兰卡的灌溉系统的控制。同样，在德干，随着孔雀帝国在公元前 2 世纪的衰落，出现了许多新兴的强国，其中最值得注意的是萨塔瓦哈纳王朝（约公元前 50—225 年）的统治，其统治者通过印度西海岸港口如苏帕拉、班克特（曼达格拉）和马尔文（埃劳布阿斯）与东海岸港口默苏利珀德姆对阿拉伯海和孟加拉湾的海上贸易特别有兴趣。上述这些港口在《红海回航记》中被提及，且为来自埃及和波斯湾的船只经常造访，其水手中有希腊人、埃及人、阿拉伯人和波斯人。

公元之初，南亚向西方输出大量奢侈品，并把许多普通物品如谷物、木材和金属卖到波斯湾、阿拉伯、红海和索马里海岸诸港，以换回奢侈品（首先是金、银、铜币）。罗马货币在印度南部和斯里兰卡是如此普遍，以至于其为许多当地统治者仿造以作为最流行的通货。

从这一时期开始直到 18 世纪，南亚贸易的最显著特点是十分明显的。简而言之，南亚出口货物的价值大于其进口的价值，结果是大量金银流入次大陆。公元之初，大量黄金来自中亚和西伯利亚；但在以后的世纪中，它也来自地中海、东非、西非以及东南亚。确实，是黄金的诱惑在 2000 年前把南亚商人引入了东南亚。

在中东和南亚建立的巨大的国家和帝国制度，对邻国人民有很大影响。贸易使他们与中东、南亚的思想和技术密切接触；掌握复杂技术和农业体系的地区与欠发达地区的贸易增多，加快了其他地区文明的成长。在中东和南亚文明区的一些边缘据点，如西南阿拉伯和东南亚的某些地方，占统治地位的当地团体开始向农民征税，组织地方市场出售农业和丛林中的产品，以换取进口物品和贵金属。这种国家控制的贸易的利润支持宗教和官僚组织，后者仿效的是比他们更为老练的贸易伙伴的这些组织。围绕着这些组织，城市文明在中东和南亚文明的边缘生根。

其他市场

波斯的兴起大致可从西南阿拉伯的也门和穿越红海形成阿克苏姆国家的埃塞俄比亚高原的城市文明之繁荣中反映出来。由于它们垄断了香料贸易，便于得到名贵的非洲象牙商品，且具有连接红海和阿拉伯海的战略地位，西南阿拉伯诸国家以及随后阿克苏姆的统 56 治集团可以充分利用它们的地理位置，将它们作为地中海和印度洋世界贸易的中转站。然而，亚历山大港在其极盛时期控制着这些国家及其港口，成为地中海及中东和印度洋贸易的主要西部中转站。

我们对波斯湾的情况则所知不多，但它同样也是海上贸易的一个中转地区，通过查拉克斯和霍尔木兹等港口，直接连接着波斯帝国的中心地区，并经过彼得拉和帕尔米拉等商队城市，与地中海海岸诸港口如推罗、的黎波里和贝鲁特相连。越来越多的证据表明，红海上的商业起伏与东北非和地中海的经济密切相关，而波斯湾上的商业兴衰则决定于美索不达米亚、波斯和中亚的经济。波斯湾上阿拉伯海岸边的港口，也通过沙漠中的商路，连接到黎凡特的岛上市场和港口，为地中海和印度洋间的贸易提供了红海路线外的另一条路线。

在东非和东南亚，其对公元前1千纪时中东和南亚的政治、经济发展的反映，远较对埃塞俄比亚高原和西南阿拉伯的反映为弱。非洲之角以南的东非海上贸易，从其与外部世界的联系看，仍是有偶然性的，而东南亚则缓慢地把其海上贸易网和南亚、中国连接起来。

当中东和南亚的贸易商品是精致的城市文明产品时，非洲之角以南的东非商品仍主要是海岸附近内地所收集的奢侈原料如象牙、犀牛角等。在几个世纪之后，仍然没有证据表明海岸和内地有贸易联系。不过，《红海回航记》提到，在公元初的年代，非洲之角以南直到索马里和肯尼亚岸边的居民点已经和海外贸易直接发生关系。这种贸易仍带偶然性质，每年有少量冒险的水手和商人从埃塞俄比亚口岸、也门和哈德拉毛到东非口岸的特定市场交换商品，如陶器和铁。

到公元之初，几个世纪之前开始的联系南亚、东南亚和东亚的海上贸易迅速发展。但东南亚并非只是中转地区，当地居民的航海传统和技术相较于他们与南亚和东亚密切接触之前已有高度发展。

至少在2500年前，东南亚已建立一个远程航行网，将中国南部与东南亚的内陆和岛屿连接成一个重要的贸易区，其证据为水稻种植的传播。公元前3世纪，摩鹿加群岛的丁香已见于中国，越南东山文化中已可见青铜器的分布。

同样，公元之初，来自东南亚的居民已定居在马达加斯加，印度尼西亚东部摩鹿加群岛的丁香在中东和地中海的市场上是昂贵的奢侈品。1世纪时，罗马的政治家普林尼抱怨说，购买从印度洋进口的香料等奢侈品致使金币缺乏。东南亚的贸易船只满载黄金、香料、樟脑、中国丝绸和锡，西航直达古吉拉特港口，同时南亚人也在东航。东南亚人并非是地理上受限而坐等南亚人把他们连接到更大的经济文化世界中的民族。

许多历史学家曾把2000多年前南亚文化和技术侵入前的东南亚视为一个经济和文化相对原始的地区，而之后也只是被看作连接印度洋和南中国海的一个中转站。这与事实相去甚远。早在南亚人和中国人到达之前，这一地区以狩猎采集者、耕种者和稻米种植者等的相互影响为基础，已发展了复杂的文化和经济制度。在东南亚的一些地方，稻米种植已产出相当多的剩余，用以供应手工业者和士兵，也被用于贸易；同时，其制陶和冶金技术在和南亚密切接触 58 前也已高度发达。另外，在此之前，一个本土的海上贸易网已在很好地运转，虽然它还未能像在南亚和东亚那样产生出独立的商人集团和重要的文明。

公元初的头几个世纪中，东南亚商人最可能来自流动的海上居民，其代表如后来的马六甲海峡的雅贡人和苏拉威西西南部的布吉人。这些民族主要和当地统治者有往来，为后者在东南亚、南亚、中国收集和分配贸易商品。这些群体可能是早先和南亚、随后同中国接触的先锋。当外国商人（这些商人大都是南亚人，因为当时希腊人和罗马人还未敢穿越孟加拉湾，而中国人亦未航行于东南亚）出现于东南亚时，他们一般只限于在马来半岛和湄公河三角洲的边缘地带建立中转站。在这些港口，他们从当地的中间商那里取得货物，然后将货物转运到印度洋及东亚各地。

地方性的影响促进了东南亚社会关系的最初进步，但后来，连接东南亚和地中海及中国市场的长途海上贸易的发展，无疑更促进了沿海岸商业国家的形成。例如，只出产于摩鹿加的几个小岛的丁香的贸易，把摩鹿加社会"由一个以狩猎采集和迁徙农业为生的氏族组织，变为有阶层划分的海岸贸易国家"[1]。确实，由于东南亚的岛屿世界以大海和连接海洋与内陆的许多河流为主，谁控制河口，谁就会取得巨大的政治优势。一个河口的统治者可以直接进入海上贸易，依靠对连接内陆的河流的控制，"即可和上流的集团结成

1　I. G. Glover, 1990, 1.

59 各种同盟"[1]。对三角洲和河口的控制使一种类型的国家在东南亚群岛如苏门答腊、爪哇北岸、婆罗洲、苏拉威西和摩鹿加群岛等地形成。相反，在岛屿的其他地方，特别是如爪哇岛的内地，国家的形成以控制富产稻米的农业为基础。

到公元2千纪，外国商人沿海洋和河流从边缘地带直接侵入东南亚内部，这尤其是因为中东和欧洲对摩鹿加丁香的需求日增。南亚商人是第一批和东南亚各族人民有定期贸易的外国人，到9世纪时，他们遇到了来自中国的商人的激烈竞争。

南亚人和中国人参与东南亚贸易，可能是由当地海洋居民及统治者的积极合作促成的。外国商人很少侵入港口市场之外的当地社会，而只依靠当地的生产者、中介者及统治者。18世纪末，随着欧洲人新型的经济入侵的发展，外国人才加紧了对当地经济和统治者的控制。他们进行了土地占领、经济和交通控制。例如，对爪哇和马斯卡林两岛所出产的糖和咖啡，欧洲人侵入后就控制了把它们输送到外部世界的岛屿和海路通道。

相同模式的外国商人入侵也出现于东非海岸，即阿拉伯和波斯商人南下越过今天的肯尼亚到达莫桑比克、科摩罗和马达加斯加。在东非和东南亚，中东商人、南亚商人和中国商人渗入当地原来的海上贸易网络，继续进行海上贸易，直到20世纪。

公元之初时，印度洋沿岸的一系列文化和经济单元逐渐形成一个沿海路和陆路的独特"世界"，来自各种不同文明的人沿着这些路线行进。海上贸易尤其限定了印度洋世界的边界，这一世界由环60 绕中东、南亚和东南亚的数目日增的经济、文化共同体形成，其边缘从海上连接东非和东亚。

1　K. R. Hall, 1985, 3.

在随后的世纪中，这一世界内部的经济文化联系日益加强，海上贸易的主要商品不再是奢侈品。它的发展按照其居民的经济和文化界限逐渐开始包含东非和东亚，而地中海和中亚则作为边缘经济区部分地被纳入印度洋民众的世界观念中。如果没有 19 世纪资本主义的影响，这一区域将变成一个广大的文化、政治和经济世界。19 世纪之前，印度洋世界有其自己强有力的内部动力刺激和经济文化发展，其发展部分源于地中海世界和中国的商业和文化扩张，但更多的是印度洋世界的内部力量作用的结果。

确实，在中东和环地中海地区，波斯人、希腊人和罗马人提供了一个长达 1000 多年、延续到 7 世纪的政治和经济相对稳定的时期，这促进了文化的相互影响和海上贸易的稳步发展。但一个地区帝国的财富与权力的增长，是否能带动同一时期的印度洋地区的贸易也快速发展，就大可质疑了。我们知道，罗马皇帝为得到印度胡椒、印尼香料和中国丝绸，不惜以损失金银为代价，但胡椒与丝绸绝非只为地中海市场而生产。当公元初时，航行于印度洋上为繁荣的地方市场运送货物的船只，远较供应地中海市场的船只为多。

到 3 世纪，地中海和印度洋的贸易由于罗马帝国内部的法治、农业、财政、管理等方面的危机而相对衰落。衰弱的罗马货币体制对贸易产生不利影响，同时也部分地使帝国西部的城市生活萎缩。在罗马帝国的东半部（包括埃及、叙利亚和美索不达米亚），影响并不太强烈。从 3 世纪起，这些曾自亚历山大大帝起即受希腊影响的地方，在政治、文化和经济上都离开地中海向东发展。然而，其陆上贸易路线被敌对的萨珊人所封锁，这迫使罗马商人求助于阿克苏姆的阿杜利斯港以接触印度洋贸易。

当西罗马帝国衰落并随之于 5 世纪崩溃时，中亚对中东和南亚的黄金供应亦由于当地的人民运动而减少。黄金供应造成的动乱，再加上萨珊波斯的长期敌对，促使拜占庭诸帝（拜占庭是西罗马帝国灭亡后罗马帝国的东半部）经过亚历山大港以及红海、阿拉伯和埃塞俄比亚的港口寻求印度洋贸易之利。例如，查士丁尼皇帝（在6世纪）和阿克苏姆的统治者建立了密切的外交关系，鼓励后者侵略阿拉伯半岛西南部萨珊波斯的附属国，其借口是它们被犹太教徒所统治。其真正的理由是，拜占庭皇帝想绕过占据了阿曼沿海大部且盛产松脂的佐法尔海岸的萨珊波斯帝国，以接近红海并进而到达阿拉伯海。黄金供应的减少还可能有另外的作用，即南亚对西方和北方贸易的兴趣一度减弱，这鼓励它对东南亚的黄金有了更大的兴趣。

地中海与印度洋间贸易的变化，导致了埃及、红海和阿拉伯诸港的相应变化。亚历山大港依然是繁华富庶的世界性港口，但它对地中海和欧洲内地的供应日少，而更多地转向印度洋，以之作为其商业利润之源。这一转变使亚历山大港更多地依靠埃塞俄比亚、红海和哈德拉毛的中转站，这些地方把拜占庭与东非、南亚以及更远的东南亚、中国市场联系起来。

62　　3世纪起罗马帝国内部的变化，对整个印度洋海上贸易的格局并无多大影响，只有少数依赖地中海和中亚市场的阿拉伯和南亚的港口与商埠有所衰落，但与它们的衰落相对照的是红海上的阿克苏姆的港口，哈德拉毛和佐法尔岸边的港口，波斯湾、斯里兰卡和东南亚诸岛的港口之发达。到3、4世纪时，非洲的象牙、斯里兰卡的宝石和大象、东南亚的香料和芳香物、中东的产品（尤其是陶瓷和玻璃器皿）和松香等货物被从这些港口运送至日益增长的印度洋世界市场，远达中国南部。

出于上述原因，地中海市场的萎缩似乎只对印度洋周围有微小的不利影响。从地中海输入的货物对印度洋的经济并不重要；即使是原来输入的罗马黄金，现在也有东南亚的黄金来加以补充。罗马海上贸易的衰落，导致了萨珊王朝时期波斯人的海上贸易的扩张。波斯从 2 世纪起即控制了穿越中亚的陆上丝绸之路的西端，它这时发现自己和中国的贸易被中亚的骚乱所阻碍，而日益转向发展海上丝绸之路。萨珊波斯的船只、商人和水手——其中许多是基督教聂斯托利派——从 3、4 世纪起即控制了西印度洋上的南亚、中东和东非之间的三角贸易。[1]

　　另外，在公元之初的几个世纪里，与中国的海上贸易也成长起来，进一步弥补了和地中海贸易的萎缩的损失。公元前 2 世纪，中国收并了富产稻米的长江流域，包括越人航海部落的居住之地。越人提供了精巧的海上航行技术，从而使人易于从海上进入东南亚和印度洋。在汉武帝统治（公元前 141—前 87 年）时，在越人水手的帮助下，他派遣使臣去南海找寻珍宝。随后的几个世纪，中国的航海技术缓慢发展。到 3、4 世纪时，中国船只已访问过马来半岛诸港，在那里，中国的丝绸和瓷器由南亚和东南亚的船只转运往印度洋。直到 6 世纪，即隋朝时期（581—618 年），中国人开始系统地开发南中国海。三个世纪之后，他们成为那个区域主要的海上商业力量。[2]

　　把罗马的经济力量当作南亚长途海上贸易扩张的主要影响者，把看重个人创造力的佛教与耆那教的发展与南亚和东南亚的贸易扩张联系起来，这一想法是诱人的。据称，罗马、南亚间经济联系的增长超过了南亚经济的扩张，同样也超过了地中海世界经济的扩张。同样，佛教和耆那教可以被看作对一种社会态度的反映而非创造，它们脱胎于一种个人开始主动与集体活动相抗争的环境中。上述两种情况的原因，都应在宽广的历史环境中被寻找。确实，帝国的崩

63

1　André Wink, 1990, 48.

2　O. W. Wolters, 1967.

溃常常反映出农业生产以及贸易的衰落。可是，在罗马、波斯、印度和中国诸帝国疆界之外依然有活跃的生活，后者产生了它自己的强有力的经济和文化力量，对印度洋上贸易网络的扩展产生了影响。

穿越印度洋的海上贸易的发展，是东非、中东、南亚和东南亚的各种经济制度增长的结果。各种海上贸易传统的混合有助于商品的运输，但是海上贸易的增长是缓慢和脆弱的。这反映了环绕印度洋各地的经济发展速度的不同。

当海上贸易发展，商业本身成为一种独特的行业且与其他行业活动如农业、手工业、渔业分离时，主要靠海为生的新行业集团——或为水手，或为商人——成长起来。这一集团可能为创造联系各种文化的海上贸易网和为印度洋世界创造一个独特的人类身份起了重要作用。

渔民、水手和商人

毫无疑问，第一批水手来自沿岸的渔民社区。但是，渔民就像他们的农民伙伴一样是被历史遗忘的人：它的无声演员。虽然这些渔民提供了活跃的劳动和海上技术，可是他们在政治、经济上都被更高级的集团如商人和统治显贵所主宰。

起初，渔民、航海商人和水手之间并无分别。在印度洋周围，当尝试进行海上贸易时，渔夫完成了所有这些方面的职能；但当贸易变得复杂时，分工也就日益分化。当人们需要长途跋涉以获得商品时，货物交换就不再可能是一种手工业和农业的补充活动，而新的分工导致贸易成为一种职业。[1]

1　Ernest Mandel, 1968, 56.

至少在 5000 年以前，在美索不达米亚和印度河流域，随着以成熟的城市为主导的经济和社会的出现，商人、水手和渔民分别成为独立的集团。相反，在东非和东南亚，直到公元之初尚未形成明显的职业划分。到 11、12 世纪才有证据证明，强有力的商人集团沿东非海岸活动，他们统治了摩加迪沙、桑给巴尔和基尔瓦等港口的城邦。在东南亚的许多地方，许多大国家的财富都来自对农田的控制，其统治者及贵族常常是主要的商人，他们的代理人与外商进行贸易。直到 14、15 世纪，在独立的商业城市在东南亚群岛发展起来之前，很少有证据证明有地方商人集团的出现。

在印度洋的许多地方，行业划分的发展使渔民边缘化。经济和 65 政治的主导权由控制农业的人掌握，市场和港口较渔村日益成为经济活动中心，而渔村常常在文学上被比喻成在城市文明边缘残存苟活的地方。

由于其低下的地位，一些渔村提供了深海航行的新成员；有些渔民则从事小型贸易（或摆渡，或管理灯塔）以补充其打鱼收入；有些人则当季风使其无法打鱼时，从事造船和农业；另外一些人则用别的办法来开发海洋，如开采珍珠、珊瑚、海贝、贝壳等海上"现金作物"[1]；还有一些人则成为海盗，在从红海到马六甲海峡的各浅滩或狭窄的海峡劫掠过往船只。

但大多数渔民仍居住在岸边居留地，受到以城市为基地的商人和政治上层人物的控制，成为向他们提供税收和商品的团体。[2]渔民和水手一样，在政治、社会、经济地位上低人一等。

在人类大部分的历史上，水手是从渔民中招募的。但随着长途

1　W. G. White, 1922.

2　P. Reeves, 1992.

海上贸易的发展，水手也从港口和内地的非技术居民中招募。不久，一些较重要的港口开始有世袭船员居住的社区，尤其是海岸居民也开始有水手之名声。阿拉伯半岛和波斯湾沿岸诸港的阿拉伯人和波斯人在 2000 多年前就被认为是水手。若干世纪后，南亚的古吉拉特、科罗曼德尔、马拉巴尔的沿岸社区居民亦被认为是水手。

66　　公元前 1 千纪的中期，围绕印度洋的商业活动有所增加。肥沃新月带大帝国的成长以及南亚城市生活的重新活跃，鼓励人们发展长途航海以获取商品，也促使阿拉伯海的亚洲岸边的主要港口出现了完整的商人社区。从这一时期开始，贸易的日益复杂化和长途航海的发展使贸易业发展成为一种独立的、全职的行业，而与渔业和航海分离。此外，在中东和南亚地区，城市生活、市场网络、贸易和文字的发展有着密切的联系。记载和传递信息对于复杂的经济生活是十分重要的，在肥沃新月带、埃及、阿拉伯和印度河流域，最早的书写文字和字母强有力地证明了商业的发展对文字的影响。

　　证据的稀缺使我们不能评介从事贸易的集团的确切性质，但十分明显的是，早在公元前 1 千纪，欧亚大陆的所有城市中心已存在有商人和手艺人生活的社区以及最早的原始银行系统。此外，中东和南亚的商人已通过组成行会来开始互助合作活动，以保护本集团的商业、政治、社会利益；行会还时常成为从帮助穷人到建立神殿、神庙、寺院等一系列社会和宗教活动的倡导者。在南亚，从早期佛教活动起，商人和手工业者集团就特别积极地参与此类活动，并且和他们在中东的伙伴不同，还形成了世袭的种姓。东非和东南亚则没有形成同样的商人和手工业者团体的迹象。手工业者的活动无疑是繁盛的，但其社会地位却不清楚；至于商业活动则被统治者控制，他们利用代理人为自己服务，这些代理人有限的行动自由是和南亚、中东商人相对无限的自身利益不能比拟的。

从《红海回航记》的记载可清楚地得知，到公元初，从红海到孟加拉湾都有着繁荣和建设良好的港口。但是，由于当时的长途海上贸易通常受到限制且其主要运载奢侈品，这类商业活动涉及的人 67相对较少。而在一些特殊区域，生产出口商品才能维持较大的口岸社会。例如，阿拉伯半岛西南部和阿曼的佐法尔海岸的乳香和没药贸易是当地繁荣的主要支柱，正如马拉巴尔海岸为出口生产胡椒以及古吉拉特和泰米尔村社的纺织业一样。

虽然长途海上贸易在公元之初主要运输奢侈品，涉及商人的数目相对较少，但其贸易仍十分复杂且报酬丰厚，足以鼓励形成最早的移民商人社区。南亚的商人在从红海到马六甲海峡的各港口建立了自己的迁居社区。阿拉伯人、波斯人和犹太人也向东方渗透，散居于马拉巴尔和科罗曼德尔海岸，以之作为印度南部、波斯湾与红海之间的中间商站。此外，在东非，非洲之角以南，在7世纪伊斯兰教到来之前，外来商人只是偶然访问，也很少有证据证明在公元之初存在着非洲商人的社区。只有在《红海回航记》中有一则吸引人的简短记载提到，在坦桑尼亚海岸存在着像拉普塔这样的住着本地居民的港口。

在伊斯兰商业势力兴起之前，印度洋西半部的这些移民商人对本地社会的影响有限。从8世纪起，阿拉伯人和波斯人在传播伊斯兰教和中东文化方面起了重要作用。在内陆，情况则更为复杂。

无疑，最早阶段的文化吸收和传播是民族迁徙的结果。开始于10万年前的迁居澳大利亚浪潮，标志着整个大陆的当地原住居民吸收了新的思想和技术。中东则反映出过去数千年间（直到现在依然如此）民族和文化的交叠，表明有许多民族迁徙而来。在印度东南部，人们长期以来相信这里是迁徙而来的许多无名民族之结合，而其制造巨石的技术和文化形态曾在欧亚许多地区被发现过，虽然这 68

一观点目前尚有争论。[1]在东南亚，大约1万年以前，说澳亚语系语言的民族的迁徙导致了农业和航海技术的传播，最终影响了从东非直到波利尼西亚等地，那里也有操澳亚语系语言民族定居。

中亚是从欧洲经中东、南亚直至东亚的民族迁徙的大源泉地之一。在公元前3千纪，说印欧语系语言的草原民族驯服了马匹，发展了弓箭，改善了农业和冶金技术。前二者的进步使他们较邻人在军事上取得优势，这些邻人包括具有精巧文明的美索不达米亚、印度河流域及中国的黄河流域。阿卡德人、古廷人、伊拉姆人、阿摩利人、赫梯人和克塞特人等从四周的高山上猛冲直下，到达底格里斯河和幼发拉底河的肥沃平原地区，而另一些则渗透到印度河流域。其他一些具有和美索不达米亚及中亚各民族类似技术的民族——他们也许是从中亚沿商路而来——于公元前2千纪时控制了中国的文明中心黄河流域。

在中东，从中亚来的入侵者，时常还有从阿拉伯半岛的贫瘠草原北上的游牧民族，参加进来。这些说闪米特语的民族和中亚入侵者一样，最后被吸收进了中东文明的主流之中。这两股入侵者将其氏族权威观念和氏族军事技术移植于旧文明之中，使其重新获得活力，并给予这些区域最早的帝国以思想和技术上的动力。许多入侵者（最初是阿卡德的萨尔贡）曾暂时控制过美索不达米亚，他于公元前2350年在尼罗河以外的中东地区建立了第一个区域大国。随后，许多游牧部落的人融合于中东文明主流中，建立了一批小国和
69 独立的亚文化，后来为犹太人和阿拉伯人所继承。

在这一较早的时期，当从中亚来的入侵者取得辉煌成就时，他们所建立的国家都昙花一现，他们也迅即失掉了自己的集团及语言

1　K. A. R. Kennedy, 1975.

标志。由闪米特人建立的王朝同样也是短命的，但是这一民族在数千年之久的时间中不断持久渗入，直到闪米特语取代了这一地区的古老语言。闪米特定居者也留给中东两种互相联系又互相区别的文化传统——定居的农人和游牧的牧人。

在公元前 1 千纪，亚述的崛起和地中海范围的腓尼基贸易帝国的建立，刺激了中东文化和技术的扩张。此前，埃及文化影响了黎凡特和希腊诸岛的各民族。但是，公元前 1 千纪时，美索不达米亚和腓尼基的文化和技术，尤其是书写文字和算术，被出现于希腊和意大利的诸社会采用和改进。

接着，到公元前 5 世纪，希腊文明影响着从意大利到黎凡特的许多地中海民族。具有讽刺意味的是，它还在中东建立了新的模式和风格。在波斯的阿契美尼德王朝摧毁了亚述，建立了一个包括希腊在内的帝国，对希腊的商人、雇佣军、工匠和学者敞开中东腹地后，情况尤其如此。希腊商人的殖民地接管了波斯占领下的埃及的对外贸易，并向东前进把他们的思想和文化带到波斯人的祖居地以及远至印度河—恒河平原的地域。

希腊人成功地把他们的文化和思想传播到中东，无疑和公元前 1 千纪发生于地中海和南亚的长途贸易的扩张有关。贸易是经济繁荣的产物，这一繁荣刺激了新的财富和权力中心的成长。希腊文化为新出现的城市文化提供模式，并为整个中东的显贵提供了可自由吸收、改进时新的精致形式。旧文化形式依然存在于群众和显贵之中，70 但在从黎凡特到印度河流域的城镇中，上流社会却模仿希腊模式。

在东非，当公元前 1 千纪时，至少有两个主要的文化交互影响过程在进行着。一个肯定是和大陆上的贸易发展相联系的，并在一定程度上和穿越红海的短程贸易发展相联系；另一个则是和主要的民族迁徙相联系的。

在埃塞俄比亚北部高原，发生了非洲和西南阿拉伯的民族和文化的融合。正如我们所看到的，约公元前 500 年之际，这一融合导致了以农业为基础的阿克苏姆文明的形成。希腊人、埃及人、阿拉伯人和南亚人是阿克苏姆的阿杜利斯港口经常的访问者。通过这些港口，自 5 世纪开始，从拜占庭控制下的埃及亚历山大港来的基督教传教士使整个王国改宗基督教。

与阿克苏姆的崛起同时，操班图语者迁徙到东非内地，在那里和当地的居民与文化相融合。这一运动延续了数百年，其结果是使班图语传到非洲边缘，并形成了南非和东非的当地文化。我们对这一伟大的民族迁徙运动所知甚少，但它导致了从大西洋到印度洋（通过一系列横穿大陆的商路联系起来）的各种文化的传播与融合。

至少在 4000 年以前，横穿俾路支斯坦山脉和伊朗高原的陆上通道提供了美索不达米亚文明和印度河流域文明的紧密联系。我们对这条路上的商品贸易知道得不多，但通向东方的以陶器为特色的路线暗示了这两个区域间民族和文化的往来。同样，也有陆上通道联系着印度河流域，北部直到兴都库什山和阿富汗，到达中亚大平原的边缘。在后来的几个世纪中，两条道路系统均被说印欧语系语言的西徐亚人、匈奴人的迁徙浪潮所利用，他们带来的新的语言、宗教观念和技术被吸收进南亚文化的主流中。

71　　南亚的印欧语系入侵者是印欧语系民族从中亚移居欧洲、美索不达米亚、波斯和印度河流域这一伟大运动的一个组成部分。在欧洲，他们的语言和文化推翻了旧的语言和文化；在中东，正如我们所知，他们只留下很有限的遗产；而在波斯和印度河流域，他们留下的文化和语言遗迹帮助塑造了现代伊朗和南亚诸国的文明。在欧洲和波斯，印欧人发现那里的人民具有同样水平的技术和农业；但在印度河流域，他们遇上的是高级的但却在衰落的文明。许多古文明都在消失，然而其过程远非一致，而印欧人吸收了印度河流域人民的一些技术和文化。印度河流域的巨大城市摩亨佐达罗和哈拉巴已被遗弃并遗忘，但民众的宗教习惯、农业技术、植棉技术和其他手工技艺都比崩溃的城市生活存之更久，而为入侵者所吸取。

　　这第一批入侵者及后来的入侵者如西徐亚人和匈奴人等的历史，除了最粗略的大概情况外，大都还不为人知，有关他们在南亚的出现也没有留下多少证明材料。但从公元前 6 世纪起，当波斯和希腊文化影响中东时，希腊人——商人、手工业者和雇佣兵——不断渗透东进。他们建立了贸易城市，如巴基斯坦西北的呾叉始罗、阿富汗的坎大哈和大夏草原边缘的许多城市。这些城市把南亚和中东腹地与陆上的巨大商路联系起来，穿越中亚到达中国。这些印度的希腊人居民点和小国是过希腊化城邦生活的岛屿，它们按照典型的希腊规则规划城市建设和神庙等。虽然它们于公元初大都被遗弃了，但这些城市及其居民对南亚佛教艺术的雕刻和建筑形式产生了深远影响，使其部分地源自印度—希腊艺术。

　　这些商业城市的希腊化居民很早即皈依佛教，他们成为文化适应选择过程的触媒，其影响在从南亚直到日本的佛像中仍可找到。这一遗产是如此强有力，以至于虽然这些城市被来自中亚的贵霜人72（他们在 1 世纪建立了一个短命的帝国，包括大夏、阿富汗、印度河流域和印度北部的大部分）所摧毁，可是这些征服者都成为该地区希腊化居民的文化艺术和手工业的庇护者，并使其和南亚的主流文化紧密结合。

　　希腊文明在中东和南亚的西部边缘留下了遗产，可是有关同时代南亚文明自次大陆西进的遗产却只有极少证明。南亚的商人和旅行家的陆上远行只到地中海，但除了对希腊寓言和哲学著作的一些影响外，其他影响少得可怜。[1]南亚的奢侈品遍及中东和地中海，但无论是奢侈品本身还是将这些奢侈品带到埃及和波斯的南亚商人，都未对当地的文化习惯产生大的影响。

从印度次大陆往东的情况则与之全然不同。这里，南亚文明的思想和形式之侵入，远较希腊的思想和形式对南亚西部边缘的侵入深得多。公元之初，从缅甸的伊洛瓦底江流域和马六甲海峡直到越南的海岸边，印度教和佛教的商人越来越成为大家所熟悉的人物。他们进入这样一个地区，那里虽然没有建立大帝国，但定居农业的传播在某些地方开始生产出可观的农业剩余，足以导致复杂的社会、宗教和经济制度的兴起。在整个东南亚，迅速变化着的社会朝着最初的城市中心和国家形成的方向发展，继续对从南亚高等文明来的商人敞开大门。这些商人并非南亚向东南亚的巨大移民运动的先驱，而是南亚文化和技术人员到东南亚港口和皇家城市寻找工作和利润这一运动的先驱。[2]

73　　　印度教的婆罗门僧侣、佛教僧侣、建筑师、书记员、工匠，甚至还有从南亚来的战士，在从缅甸到越南南部的整个东南亚为其技艺找到出路。他们介绍的新思想和新习惯，被急于巩固其权力与财富的地方统治者有步骤地吸收和改造。各种南亚文字为王室宫廷采用；印度教和佛教标志环绕在当地统治者周围，以示礼仪和尊敬；南亚的建筑、技术和艺术传统影响了从缅甸到越南南部的纪念性建筑、农业和装饰艺术的发展。[3]

就像印度洋沿岸的其他地方一样，在东南亚，文化传播与交流的最早过程是民族迁徙的结果。直到公元之初，操澳亚语系语言的民族一直是占统治地位的民族。但在以后的几个世纪中，其他民族——

1　J. W. Sedlar, 1980.

2　I. C. Glover, 1990, 6–7.

3　J. C. Heesterman, 1989.

孟、骠、高棉、缅甸、寮、掸、泰和卡林（这里提到的只是少数几个）——接踵而来，创造了多层次的语言和文化传统；他们在各层次上融合起来，从而形成了东南亚大陆多种多样和丰富的文化拼合物。在马来半岛和东南亚群岛，操澳亚语系语言的人依旧占统治地位，那里存在着较大程度的语言和文化的同一性；但在东南亚其他地方，不同的环境条件和人口散布形式导致了相当大的文化差异。然而，在整个东南亚，在人烟最稠密的地区，相同的环境条件导致了分布广泛的文化和技术的共同性，即使用海上资源和把海洋作为主要通道，生产稻米、蔗糖、酒、槟榔子，开发热带和赤道森林等。

在公元前 1 千纪，希腊人、阿拉伯人、波斯人、南亚人等是通过陆路和海路开始联系中东、南亚和东南亚的贸易经济的先驱，但这一联系的文化后果却大不相同。

希腊人在南亚形成了孤立的希腊化文明的据点，与南亚高度发展的城市文明十分相似。复杂的南亚文明很少需要取自希腊文明，只有在佛像这种特殊的领域，自公元前 2 世纪起，希腊艺术形式协助其形成了佛像的雕塑传统。而在东南亚则正相反，这里没有南亚人定居的证明，而是南亚人前来与社会和经济正迅速变化的活跃的当地各民族进行接触。

南亚的水手和商人是出现于南亚和东南亚之间的文化借鉴和适应过程的中心人物。但从南亚向西发展，他们只提供了高度成熟的文明之间的经济联系；从南亚往东发展，他们却提供了已成熟的文明与一些经济和社会迅速变化的社会之间的经济和文化相互交流的渠道。

与中国的海上开发有所区别，中国与东南亚的海上接触在 10 世纪前是相对有限的[1]，而首先和东南亚各族人民进行实质性接触的

---

[1]　Paul Wheatley, 1980.

是南亚。在这一接触的早期，东南亚世界作为珍稀商品的产地而非去中国的中转站吸引着南亚。在此期间，东南亚的海洋是日益发展的印度洋海上世界的延伸部分。但5、6世纪，丝绸之路的贸易变得日益危险而昂贵，而中国对长江以南地区的控制则越来越有效，经过东南亚到达中国的海路变得有吸引力，东南亚的海洋也成为印度洋和太平洋的连接点。

75 在整个东南亚，印度教的影响只局限于上层统治者，他们视自己为神的化身或神王，远离臣民。由此，印度教在东南亚的成功与失败很大程度上是与特定的王朝和国家的兴衰相联系的。佛教的命运则比较复杂。它在东南亚各地也被统治者利用为支持其地位和合法性的工具，但由于传教活动有较广泛的传播，对于不属于任何贵族阶层的人群，它也有平等的感染力。在东南亚，佛教较印度教在群众中有更深的基础，从而也较印度教更少服从于政治命运的变化。在东南亚大陆，印度教紧密联合于以农业为基础的大王朝如柬埔寨的高棉帝国的礼仪和观念：当高棉衰落时，印度教亦随之衰落。而同时，佛教却保留了其作为群众性宗教的核心地位，尽管它也与更多当地的旧信仰和习俗交织在一起。佛教超过印度教在整个东南亚成为非常群众化的信仰，直到13世纪受到了伊斯兰教的挑战。但印度教的影响仍以不同形式持续存在。在许多宫廷，婆罗门直到20世纪仍是各种王室仪式的祭司。而在大众层面，印度教的仪式和信仰与佛教的信仰以及更古老的动物崇拜相混合，形成了复杂而独特的东南亚宗教系统。

到公元之初，海上贸易已为传送有形货物和无形货物提供了联系。在某些海路上流通的只是具体货物，但另一些海路上流通的则是外来的思想和形态，它们传播于市场之外，影响正在兴起的文明。在随后的几个世纪中，这一过程沿印度洋变得更快，导致了具有一系列共同宗教、文化和商业习俗的印度洋大世界的形成。

第二章
商业帝国主义

概　　览

在公元后的 1000 年或更长的年代里，跨越印度洋的长途贸易 ⁷⁶和文明曾有过惊人的繁荣。自罗马人控制地中海和相当一部分中东地区的时代至 13 世纪庞大的阿拉伯帝国崩溃，海上贸易从少量奢侈品来往发展为成千上万的小船一年一度地往返，它们装载包括奢侈品和大众化日常必需品在内的一切物品。在这一进程中，以前孤立的人们被拉入了更密切的接触中，这导致了亚非文明间的文化交流的增强。

在这些世纪里，南亚地处联结阿拉伯海与孟加拉湾海上贸易网的中枢。南亚水手和商人将东南亚地区贸易网纳入一个更大的印度洋经济世界，且在此进程中促进了东南亚人民部分地吸收了南亚的宗教、文化形式和技术。

南亚对东南亚商业渗透的进程持续了数个世纪，一如罗马、拜占庭和波斯诸帝国在地中海和中东的兴盛，也如前后相继的中国各王朝拓展着其文明和疆域。南亚对东南亚的开拓所产生的最显著后果是：香料、名贵木材和宝石等东南亚商品的传播更加广泛，以及自缅甸至爪哇和越南南部地带的诸印度化王国的兴起。

在 7、8 世纪，随着伊斯兰教的出现和中国从唐朝开始的引人
注目的经济增长，中东穆斯林商人和中国商人越来越活跃，他们
77 向南亚商人的优势地位发起了挑战。穆斯林商人控制了阿拉伯海
的贸易，渗透进东非原住民的海岸贸易网，而且向东远达中国南
部。同时，中国商人和水手更加频繁地光顾东南亚，偶尔还向西
远航至斯里兰卡和印度南部。因为南亚商人社区分散在东非至马
来半岛沿线，南亚仍是印度洋海上贸易的中心。但自 8 世纪始，
由阿拉伯人和波斯人组成的商人社区在南亚和东非对沿岸居民进
行伊斯兰化。

自公元后始，海上贸易不仅促进了环阿拉伯海及环孟加拉湾大
量世界性港口的兴起，而且在亚洲许多地方正在成为国家政策的
一种工具，被视为王室的重要财源之一。尤其是在东南亚和南亚，
诸王朝对促进和保护海上贸易如此关切，以至于 11 世纪尤其成为
环孟加拉湾的国际关系围绕海上贸易的自由和利润展开激烈竞争
的时期。

在这些世纪里，海上贸易为环印度洋沿岸宗教与文化的传播提
供了途径。自孔雀王朝始，南亚输出印度教和佛教。自 7 世纪始，
伊斯兰教及其文化价值观被带出中东，传播及于东非滨海和南亚居
民，而且自 13 世纪始及于东南亚群岛。对中国的影响不如这般显
著。9 世纪后，中国在东南亚的海上事业对这里的经济肯定有巨大
的影响，但对中国而言这里仍是边缘。中国人受制于统治王朝兴亡
节奏的商业活动也存在间断性。中国商人于 12 至 15 世纪短暂地越
过东南亚进入印度洋，但也旨在追求奢侈品。除了 12 世纪起大规
78 模的胡椒、瓷器和丝绸贸易外，他们的介入仅仅激起了印度洋贸易
方式的浪花，而没有传播任何中国文化。

至 15 世纪，穆斯林——来自中东和南亚——是跨印度洋海上贸

易的主宰者。他们涉足长短途贸易，而且将伊斯兰教带至沿海的港口，从莫桑比克海滨至太平洋边缘的摩鹿加群岛。

奢侈品、日用品和海上贸易的性质

许多历史学家援引 18 世纪的爱德华·吉本作品中的词语"华丽然不足道"来看待迄至 15 世纪的印度洋海上贸易。这一贸易被描绘成基于不定期的、起伏不定的商业接触，仅涉及奢侈品的小贩式贸易。[1] 此类特征作为总结掩盖了印度洋贸易的复杂性，也无助于解释公元后几个世纪国际性大港口的发展以及复杂的文化交流进程。

从很早的时期起，印度洋贸易就包括奢侈品和必需品，而且比以前认为的更为正式、组织得更好。

对经济学家而言，术语"奢侈品"和"必需品"有精确的含义。如若要制服"吉本教条"这个幽灵，我们应很好地记住这一点。所谓"必需品"是指消费量并不随收入而增长的商品；"奢侈品"是指消费量以高于收入增长的比例而增长的商品。诚然，相对于近代社会而言，前资本主义社会在经济上更自给自足，必需品贸易也有限，但这种自给自足被夸大了。前资本主义社会的产品大部分被生产者直接消费了。用于贸易的产品比例相对较小，而且在任何社会，对进口商品的需求往往都限于那些控制当地大多数资源的集团。这些人只对那些我们愿称之为"奢侈品"的东西感兴趣；但无论如何，总有一些必需品被长距离、大规模地交易。例如，跨印度洋的谷物、盐、瓷器、木材和廉价棉布贸易便是几个世纪里迅速

1　J. C. van Leur, 1955; K. N. Chaudhuri, 1985, 39; Ravi Arvind Palat, 1988, 269.

发展起来的大宗贸易，尽管它们直到最近才为历史学家所注意。事实上，跨印度洋的前资本主义海上贸易是奢侈品和必需品、时髦品和日用品的混合。

有关 17 世纪以前印度洋贸易的史书中充斥着由华丽物品组成的异域货物之类的细节。"[因此，]如很权威的麦克弗森"在《与印度通商史》中告诉我们的：

> 摩鹿加群岛和班达群岛的丁香、肉豆蔻、豆蔻香料，帝汶的檀香木，婆罗洲的樟脑，卢康尼亚的黄金和白银，来自中国、爪哇、暹罗及邻近国家和岛屿的胡椒、药品、染料、香料、高级丝绸和瓷器，以及这些地方出产和制造的种类极多的商品，这些商品都运到那个城市（马六甲）。在那里，从如此多东方国家来的商人与印度斯坦和印度洋西海岸来的商人碰头，每人都用本国盛产的物品换取所需物品。尤其是印度斯坦西边的卡利卡特、坎贝诸城，波斯湾的霍尔木兹及阿拉伯南部海岸的亚丁，它们因与马六甲的贸易而特别富庶。它们也到勃固做买卖，换取红宝石和漆器，到孟加拉换取布匹（现称布匹贸易），到卡利卡尔（或基尔卡尔）换取珍珠，到纳尔辛加换取钻石，到锡兰换取桂皮和红宝石，到马拉巴尔沿岸换取胡椒、生姜及许多其他香料。[1]

焦点始终是奢侈品。但这是扭曲的焦点、真相的一半，展示的是辛巴德传奇、中世纪评论家的狂想和阿拉伯与中国之间史诗般航行图景所产生的印象。它排斥了更经常、更普遍的必需品的海上贸

1　W. H. Coates, 1911, 16–17.

易，是这种贸易支持着面向特定主顾的奢侈品贸易。

　　毫无疑问，真实生活中的辛巴德是有的，他们的船只定期往返于中东和传奇的中国市场，但跨印度洋海上贸易的现实是不那么动人的短程航行。正是沿着这些短程路线（经常是沿海的），海上贸易的基本节奏确立了一种对爱好、财富和权力方面的剧变承受能力更强的持久交易，而那些剧变会导致奢侈品贸易的剧烈波动。这种普通商品贸易是跨印度洋人民往来的主流，它使惊人的文化交流进程成为可能。

　　这些真相因许多历史学家所使用的术语"奢侈品贸易"的模糊而被进一步掩盖。某个社会的奢侈品未必是另一个社会的奢侈品。即使某物在同一社会对某一阶层而言是奢侈品，它对另一阶层而言也未必是奢侈品。

　　象牙、胡椒、玛瑙贝和中国瓷器在输出地并非奢侈品，而是相对廉价的输出商品。被长途贩运至稀缺之地后，它们变得昂贵得多并被视为奢侈品了。但即使如此，也必须慎用此词。例如，一位统治者可能将昂贵的进口货视为必需品；而对一位农民而言，这一进口货是价值相当于其一生收入的完全无用的奢侈品。这虽使争论更加复杂，但却可充满希望地强调将前近代贸易视为不成熟之不可能性。我们可以考虑被普遍接受的意见，即仅将黄金和白银视作奢侈品。当考虑到珠宝时，这一意见可能是真实的；但在其他场合，黄金和白银是必需品，它们在所有时代都维持着金融系统的稳定。如果缺乏金银贸易的话，维持金银币的铸造亦无可能。在公元后的几个世纪里，这些货币支持着印度洋许多地区的商业。

　　并没有普遍合适的公式解决何为奢侈品或何为非奢侈品的问题。我们所能做的是，记住商人是以最小的投入寻求最大的回报。如果货物要长途运输并承担巨大的风险、经营和运输成本，边际利润必得变得相应地巨大。在蒸汽轮船和现代通信技术发明之前，远81 程海上贸易是极具风险的买卖。风暴、未被详细载入海图的水域、相对小而不结实的船只、海盗以及要走的漫长路程，都衍生着持续的危险。在这些时代，许多人成功地克服了挑战，但也须从货物高额的边际利润中寻求补偿。此外，与那些成功的长途航行者相比，短程贸易风险更小，从而成本更低，利润更小。另外，短程贸易可集中于谷物、廉价布匹之类的体积更大且更普通的必需品，并面向除当地统治集团外还包括其他购买者的市场。

随着时间的流逝，在跨印度洋的前资本主义货物中，"奢侈品"与"必需品"的区别越来越不清晰。随着海上贸易的成熟，长距离航行被一系列分段的航行所取代，它们由季风的节奏所决定。如此运输的货物典型地包括仅经历一程的日用品和可能准备卸给另一艘开往更遥远港口船只的奢侈品。没有仅载有少量奢侈品货物而不附载一定形式的压舱品的船只能安全地航行，压舱品（稻米、瓷器、糖、木材、铁块和建材）可能更具有商业价值。因为随着时间的推移，货物交换变得更加频繁，货船极少附载不含一点市场价值的压舱品。

随时日以进，长途航行越来越多地运载大宗农产品和原材料并以之作为利润的主要来源。遭受饥荒、缺乏农业腹地的港口的发展都是此类货物长距离运输的诱因。例如，稻米是被广泛接受的货物，这不仅仅因为它能保存若干年（不像小麦很快就变质），是亚非许多居民的主食，而且也因为它包括大量品种（稀见的和常见的），可以适合不同的市场胃口。因此，孟加拉向斯里兰卡、马尔代夫群岛和古吉拉特供应特种大米；来自马达加斯加和科摩罗的大米与东非交易；而且，爪哇、苏拉威西、泰国南部、缅甸中部和湄公河三角洲供应的各种大米遍及东南亚诸市场。南亚也为阿拉伯和82 波斯湾的大贸易港口提供造船用的木材，而东非为波斯湾提供民用建筑所需的红木并为中东金属加工业提供铁块。

人货为分类提出了更为复杂的难题。各种奴隶制存在于自地中海到中国的整个古代世界。非洲和东南亚是印度洋区域内的主要奴隶来源地，尽管后一系统似乎在地理上限于东南亚本地。至4世纪，自埃塞俄比亚至马达加斯加的非洲是远至欧洲和中国市场的奴隶源地。[1]与9世纪非洲大规模的奴隶输出不同的是，卷入这一早期贸易的人数相对较少。似乎很少有奴隶被用作廉价劳力的供应，而且奴隶被看成奢侈品和资产，而不是仅被随意剥削的畜力。

尽管奢侈品贸易能带来丰厚利润，但它建立在有限的市场需求基础之上——富人维持高水平消费的能力。此外，必需品贸易立足于有广泛基础的市场需求，也因此更少受精英们的剧变命运的影响。与必需品贸易相比较，奢侈品贸易对意外事故——执政的死亡，王朝的崩溃，城市的沦陷，通货的贬值——的承受能力更为脆弱。

虽然也受市场力量的支配，但就需求而言，更卑下的必需品贸易基础宽广。它也能被意外的人为或自然灾难所打断，但需求越广泛，持续贸易中断的可能性越小。与为印度洋海上贸易提供华丽外表的动人细流相比，食品、廉价布匹和民用及造船所需木材之类的原料等基本日用品依赖于有关社会的发展阶段，处在更大量和更经常的需求之中。

南亚的兴起

公元后南亚城市文明的传播对跨印度洋远距离海上贸易的发展 83
至关重要。南亚城市和市场的成长反映了一系列财富增长、日趋繁

1　André Wink, 1990, 14.

盛的社会的涌现。次大陆是印度洋输出货物的主要供应者。而且，作为大洋东西两半的交界处，其诸多滨海市场是沿东西向轴线流转的货物中转站。但南亚也是印度洋主要的外来商品进口者，其港口为大海与南亚内陆提供联系，也是通向中亚陆上贸易线的主要大洋门户——陆上贸易线自波斯至中国呈拱形延伸。

控制跨印度洋海上长途贸易涨落的复杂因素不能只同一个经济地区的命运相关联。就其真正规模和复杂性而论，南亚经济对印度洋贸易史有着强烈而持久的影响。正如外来商人、水手和旅行者涌入南亚诸港口一样，南亚商人、水手和旅行家到达了自东非至印度尼西亚群岛的印度洋海滨的每个角落，在不断增多的市场出售和收买不同商品。

在公元后的头几个世纪里，自科罗曼德尔海岸和斯里兰卡向东的水路贸易有着惊人的增长。《红海回航记》提到，印度尼西亚小舟造访过印度东海岸，而且这可能刺激了南亚对金、锡（铜锡混合物对印度南部和斯里兰卡增长的青铜器制造业而言至关重要）、香料、中国丝绸和瓷器以及不同寻常的孟加拉湾沿岸热带林地物产的兴趣。这种东南亚贸易对印度南部的泰米尔国家有着深刻的影响，这个国家迄至 2、3 世纪通过阿里卡马杜尔、克耶尔、卡马拉等港口同东南亚保持着正式联系。

惊人的文化活动、婆罗门的印度教的传播以及该地区城市发展84 的第一个主要时期标志着泰米尔文明进入了经典桑伽姆期。出于虔敬和更为实用的原因，为加强统治的合法性，各王朝慷慨地给神庙和神职人员以赏赐。统治者以用大量的土地赏赐和庙宇建造来庇护神职婆罗门种姓为手段，开发新农业土地，鼓励传统上与庙宇节日相联系的地方市场的成长，以及通过依附于王室的神职人员的代理获得大众的支持。印度教在这一进程中受益尤多。特别在南部，通

过发展基础广泛的大众性内容，印度教自我更新了。这种发展削弱
并进而摧毁了佛教的影响，后者在南亚似乎已失去其早期的平等主
义，似乎已制度化并脱离了大众。统治者不仅视庙宇为王室合法性
的象征，也视之为商业中心，因为大多数庙宇与庙会和商业中心相
联系，而且因此是将印度南部经济融入陆海贸易路线的核心部分。

在马拉巴尔和科罗曼德尔海岸，主要的国家在公元后都已发展
起来。在科罗曼德尔海岸的注辇、潘迪亚和跋罗婆诸王朝治下，在
马拉巴尔海岸的切拉王朝治下，泰米尔国家都发展起来。早在公元
前 20 年，马杜赖的潘迪亚统治者就向罗马统治者奥古斯都派遣了
使节。自 2、3 世纪起，为了控制孟加拉湾的海上贸易，阿努拉德
普勒的僧伽罗人王国、缅甸诸王国和以苏门答腊为基地的室利佛逝
帝国（约 650—1140 年）都陷入了复杂的海上军事斗争。所有这
些王朝都是艺术和宗教的大保护者，留下了惊人的文学和纪念物遗
产；而且迄至 12、13 世纪，它们和它们的继承者对孟加拉湾的海
上贸易都保持着浓厚兴趣。

与南亚海外联系的快速扩张相反，直至 3 世纪汉朝（公元前
202—220 年）将长江以南的热带南方全部纳入中国，中国与外部
世界的联系才开始变得频繁。只有到那时，从南方轻易地获取奢侈
品的前景才刺激起中国官方对海上事业的兴趣；那时，波斯人在穿
过中亚的丝绸之路的西端对结伴而行的商队横征暴敛，提高了中国
进口奢侈品的价格。对南方的海上贸易提供了收入和更便宜的奢侈
品的新来源，此外还为中国香客经不稳定的中亚去往印度北部和斯
里兰卡的佛教学术中心提供了替代路线。

对中国对东南亚的贸易成熟得如此缓慢的另一种解释可能是，
南亚人比中国人更早地适应了热带的疾病条件，南亚广泛的寄生虫
病为南亚旅行者适应东南亚猖獗的微寄生传染做了准备。相反，直

到中国人已纳入长江以南热带土地的几个世纪后，他们对热带疾病才有了抵抗力。[1]

迄至 1 世纪，南亚商人已向东渗透远至湄公河三角洲的地域。自斯里兰卡西海岸的曼泰和科罗曼德尔海滨的阿里卡马杜尔（两地都有丰富的罗马和波斯文物出土地），经克拉地峡至湄公河三角洲西侧的俄厄，人们在那里发现了南亚、罗马和波斯文物。南亚商人也同缅甸的伊洛瓦底江河谷做贸易，换取经陆路从云南来的中国丝绸和玉。

在这一向东的扩张中，南亚商人利用了业已存在于东南亚水域的广泛的海上贸易网。缺乏一个东南亚商人阶层和显著的中国商业势力，有利于南亚商人的崛起以至于在该地区的长途贸易中占统治地位。本地的长途贸易由当地上层人物控制，他们通过代理人同外来商人打交道，阻碍了当地商人团体的成长。

公元后的头几个世纪里，缅甸、泰国、湄公河三角洲、越南滨海平原的以农业为基础的滨河和滨海邦国的兴起，也鼓励了南亚的商业渗透。堕罗钵底、扶南和占婆诸邦的统治者迫切地用本地商品如宝石、锡和不同寻常的热带林地物产换取南亚工艺娴熟的手工制品。

在南亚，当地统治者也积极扶持外来商人社区，作为增进海上贸易和增加税收的手段。尤其是沿马拉巴尔海岸，至 5、6 世纪，诸如犹太人、聂斯托利派基督徒、阿拉伯人和波斯人之类的外来商人在所有主要港口都有各自的单独居住区。当地统治者经常赐予此类团体农用地以建造宗教建筑，并允许他们享有事实上的领外特权。但不像东南亚，外来定居者和原住民团体之间显著的文化交流

1　William McNeil, 1976.

痕迹惊人地少。这很有可能是因为，双方都没有多少东西提供给对方。除一些例外情形外，中东和南亚的文明处在同一技术水平上。哪一方都不处在可能促进追求新答案和新观念的社会经济剧变期，结果便是，哪一方也不特别愿意接受外来文化的影响。

这一概论的主要例外与基督徒有关。到 6 世纪，基督教已越出分散的商业居住区的限制，被传播给包括艺人和农业团体在内的原住民皈依者。然而直至 16 世纪欧洲人来临之前，重要的基督徒社区仅存在于马拉巴尔海岸一带。在更有限的程度上，犹太教主要通过通婚在马拉巴尔海岸以及后来在贡根海岸的马哈拉施特拉吸收皈依者。此外，在伊斯兰教到来之前，南亚的阿拉伯人和波斯人社团一直是南亚主流文明之外的飞地。

但不论其文化后果如何，与中东和东南亚的贸易联系确实在2000 年以前就最终确定了南亚部分地区的海上取向。

在次大陆西海岸，由于拥有大港口布罗奇和进入印度北部粮食和纺织生产区的便利，以及进入经旁遮普和阿富汗的中亚贸易线路 87的便利，古吉拉特成了南亚与中东和东非贸易的中心和不同地域人口混居的国际性大都会。因其德干内陆区有丰富的矿藏，古吉拉特南边的贡根诸港口，如班克特（曼达格拉）和马尔文，向西输出金和宝石换取一系列商品。马拉巴尔海岸通过格朗格努尔等港口向阿拉伯和波斯海岸的中东市场输出柚木、椰子皮壳纤维和胡椒。而马尔代夫群岛因位于季风带上，提供了取代南亚诸港的中转站，为中东与东南亚、东亚间的货物流通服务；该地除提供玛瑙贝、棕绳、咸鱼和海滩上收集的龙涎香外，也是理想的食物供给基地。

在次大陆的东南海岸，斯里兰卡的曼泰港也类似地处在东西印度洋的交界处。它也是整个亚洲广泛寻求的宝石、象牙、珍珠、大象、桂皮和槟榔果的主要供给者。像古吉拉特一样，科罗曼德尔海岸及其港口阿里卡马杜尔、克耶尔、卡马拉和默苏利珀德姆除了是德干的门户，也是一个棉纺织品产区和稻米产区的入海口，它作为对东南亚、东亚贸易的主要中转地区起作用。奥里萨海岸也提供了进入矿藏丰富的德干的通道，而孟加拉内陆地区——巨大的印度河—恒河平原向东的延伸——也盛产棉布、稻米、靛蓝和其他染料。与其他南亚地区相比，这后两个地区的港口发展较晚。这可能部分地反映了奥里萨内陆地区的相对不发达状态以及孟加拉海岸的水道及入口经常变迁的三角洲状态。这些水道和入口为进入内陆大河道提供了现成的入口，因此在此建立永久性港口几乎不可能。

在这些地区的内陆腹地，食品、手工制品和原料既供内部消费，也供外部消费。瓷器、纺织品、金属制品、糖、稻谷、胡椒、酥油、小麦、咸干鱼、盐、椰子、蔬菜、香料和水果在区域内经水路流通，有时远销至东非、中东和东南亚的市场。

像作用于长途海运和农业一样，季风也限定了沿海运输的节奏。沿海运输的变化与农业周期密切相连，而且在整个印度河—恒河平原的收获季节临近结束时最为活跃；那时，北方船队载着谷物和布匹南下开往南部港口。它们抵达马拉巴尔和科罗曼德尔海岸时，正逢来自东非、中东、东南亚和东亚的载着香料、手工制品和原料的货船抵达。返程船只携带来自南方、斯里兰卡和印度洋其他地区以及地中海和东亚的货物。

自罗马控制地中海时代起，迄至7世纪伊斯兰教兴起，南亚海上事业对红海至南中国海的经济活动产生了强烈影响。然而，随着约自3世纪起对西方贸易的衰落，南亚海上活动的主要推进方向是向东。在随后的世纪里，波斯人、阿克苏姆人和阿拉伯人逐渐控制了阿拉伯海沿岸的贸易。相反，沿印度东海岸和自斯里兰卡起，当地商人和水手控制着向东的海路，且保持和发展了各式古老的本地海上传统和技术，这些传统和技术似乎已强烈地受到过东南亚技术的影响。[1]

如前所述，在公元后的最初几个世纪里，海上贸易之重要足以使南亚诸邦用政治干预获取贸易利润，但只是在印度南部和斯里兰卡，海上贸易和政治交融达到了最大效果。公元后的1000年里，科罗曼德尔和马拉巴尔海岸诸王朝和王国在从控制农业剩余中获得大部分权力的同时，也如此密切地关注海上贸易的命运，以至于通过战争和外交等国家政策来推动这一贸易。贸易所得财富无疑对通常从土地所有者那里获取其大部分财源的统治者有很大的吸引力。89 若没有中央权威的让步，这些土地所有者并不总是心甘情愿地吐出剩余。另外，日益增多的地产被赏赐给神庙和婆罗门。尽管此类行为可以产生间接效益，但它进一步削减了王室收入。因此，贸易利润为统治者提供了一个机会，使他们可以减少对强有力臣民的依赖，而且对他们大方的虔诚有所补偿。

在科罗曼德尔海岸，为控制富产珍珠和贝壳的保克海峡及处在东西印度洋贸易线路交汇点的马纳尔湾，潘迪亚、跋罗婆和注辇等王朝与斯里兰卡的统治者战斗了1000年或更久。印度南部和斯里兰卡诸王朝也开始了野心勃勃的海上战争。[2] 例如11世纪时，他们同孟加拉、缅甸和苏门答腊的王国卷入了关于海上贸易的冲突。这些王朝也卷入了在整个斯里兰卡北部平原进行的相互征战，这致使11世纪僧伽罗人的首府阿努拉德普勒及其港口曼泰遭放弃，更南的波罗纳鲁瓦受到青睐。马拉巴尔海岸的统治者（尤其是切拉王朝）扩张其控制权至拉克沙群岛，以获取那里的椰子皮壳纤维和椰

1　P. Y. Manguin, 1985, 13–15.

2　O. W. Wolters, 1970; Paul Wheatley, 1980, Chp. 13; Janet L. Abu-Lughod, 1989, 260–270; André Wink, 1990, 309–327.

果产品，并控制了波斯湾至印度南部贸易线上的一个濒临大洋的补给站。

尽管这些争斗的王朝和邦国无一具备正规的海军，但控制商路和港口是政治生命的重要部分之一，而且印度南部和斯里兰卡的许多统治者的海上战争是以保护和扩张其贸易利益为目标的。这一说法也适用于东非沿岸诸伊斯兰城邦在 14、15 世纪的活动，适用于 7 至 14 世纪室利佛逝控制苏门答腊和马六甲海峡时期发生在室利佛逝和其他东南亚邦国之间的争夺克拉地峡的巨大政治努力。在所有这些政治形势下，人们都使用了武力，都以武力瞄准对海上贸易的控制。

自孔雀王朝始迄至 7、8 世纪伊斯兰教阿拉伯帝国的建立，南亚度过了经济、政治相当稳定的时期。应该承认，此段历史充满了诸多相互竞争的王国和潜在的帝国，但与中东、北非、中国和欧洲相比，总的来讲，这是一个没有大规模战争和破坏性入侵的时期。诸如来自中亚的西徐亚人和贵霜人、来自大夏和伊朗的希腊人之类的入侵者确实突破了起保护作用的山区屏障，但他们很快就被融入了当地生活和文明的主流。希腊人和西徐亚人在印度西部和中部建立了许多邦，贵霜人建立了自里海至印度河谷的短命帝国；此后在 4 世纪，在古王国摩揭陀的基础上，一个王朝建立起笈多王朝（约 320—499 年），在其盛期自印度河谷延伸至孟加拉。笈多帝国衰亡后，印度北部分裂为一系列帝国权威的争夺者，它们谁也没有取得优势。在德干重复着同样的政治分裂模式，萨塔瓦哈纳王朝、伐卡塔卡王朝、卡丹巴斯王朝、遮娄其王朝和曷萨拉王朝前后相继地追求该地区的霸权。

在这些相对孤立、普遍和平的世纪里，技术和经济发展改变了南亚的人文和地理面貌。大片土地被开垦，城市生活繁荣起来，艺术迅速发展。扩张着的贸易网络将从马尔代夫群岛至旁遮普的诸多市场纳入广阔的南亚次大陆经济系统。另外，尤其在笈多王朝治下（这也是印度教从一个以部落精英主义为基础的宗教转变为一个巨大而不拘一格的社会—宗教体系的时期），它在成为本地神祇和宗教实践的万神殿的同时也吸收了最成熟的哲学思考。它的折中主义削弱了南亚的佛教，佛教只在斯里兰卡保持着影响。

然而，南亚海上的封闭却不能与其政治上的相对孤立相提并论。孔雀王朝治下印度的古老港口在贵霜和其他印度北部王朝治下 91 保持着繁荣，而德干诸邦则保持着强烈的对外商业兴趣，与马拉巴尔、科罗曼德尔海岸和斯里兰卡充满活力的王国不相上下。在这些世纪里，阿拉伯人、波斯人、犹太人、基督徒和埃塞俄比亚人继续访问印度西部和斯里兰卡的港口；同时，来自马拉巴尔海岸、斯里兰卡和印度东海岸的当地商人与水手经孟加拉湾航行至大陆和海岛东南亚的诸王国。

伊斯兰帝国与中华帝国的影响

7、8世纪，自大西洋延伸至阿拉伯海并进入中亚的阿拉伯伊斯兰教帝国的创建以及唐宋时期（618—1279 年）自中亚延伸至太平洋的一个恢复生气的中华帝国的同步发展，都是对8、9世纪印度洋的贸易扩张，以及对中东另一伟大文化系统的发展的进一步刺激。

两个帝国对海上贸易的影响是不同的。中国对印度洋的海上经营大部分限于南中国海和孟加拉湾，至远及至马拉巴尔海岸和斯里兰卡。然而，来自伊斯兰帝国的商人建立了一个在极盛期横贯欧亚、自大西洋延伸至太平洋的商业网络。自亚历山大大帝时代之后千余年，地中海和印度洋就未能由一个覆盖自埃及至伊朗的中东土地的单个国家所联结起来。

当7世纪先知穆罕默德宣讲伊斯兰教启示时，拜占庭帝国即罗马帝国残存的东半部和萨珊波斯分割了中东。在海湾和阿拉伯半岛，尚有一系列小的商业邦。

中东的印度洋贸易或经红海和波斯湾的港口得以维持。这些港口，有些处在拜占庭和萨珊的控制下，或由也门、埃塞俄比亚和哈德拉毛海岸的中转站维持。阿拉伯半岛的港口名义上是独立的，实际处在拜占庭和波斯的保护之下，它们从陆上贸易线路经绿洲贸易城市如麦加、麦地那和彼得拉与其经济上的内陆相连。至7世纪，这些城市中的许多或已被纳入拜占庭或波斯的版图之内，或已被两国持久的战争所毁。无论处于何种情形下，可能除汉志的商队城市麦加和麦地那外，大多数已地位下降。

伊斯兰帝国的形成重新塑造了中东和地中海的政治区划。拜占庭失去了对其中东和北非行省的控制，被赶回了安纳托利亚山区。拜占庭将与伊斯兰帝国斗争近八个世纪，直至1453年被穆斯林奥斯曼土耳其消灭为止。萨珊波斯经过一系列军事失败瓦解了，让阿拉伯人控制了自地中海至里海的中东腹地，伊斯兰军队从北非渡过直布罗陀海峡去征服伊比利亚半岛。这样，唯一一个占统治地位的宗教、文化和政治的体系控制了自塔古至印度河的地区，形成了巨大的伊斯兰教地区或伊斯兰之家，沙里亚或伊斯兰教神法是社会秩序的理论基础。其结果是文化和经济活动持久的繁盛，这与唐代（618—907年）中国类似的发展并驾齐驱。

阿拉伯人继承了一个文化复杂且无比富庶的帝国。在中东，他们征服了埃及、黎凡特和叙利亚成熟的操希腊语的城市及其古老的世界性文化；征服了操闪族语农民定居的自埃及至扎格罗斯山区广裹的肥沃农业地带；而且在波斯，他们降服了因其独特的语言和文化与中东其他居民区别开的古老而复杂的文明。

起初，沙漠阿拉伯人从巨大的城堡中不安地统治着新帝国，除收税外不太愿意干预当地生活。但帝国统治的现实和城市生活的吸引力迅速削弱了阿拉伯的封闭性。伊斯兰教赢得日益增多的皈依者，而且复杂的帝国官僚机器需要地方的合作和参与。新统治精英发展了反映其混合遗产的文化。已成为新秩序一部分的当地学者和艺人帮助塑造了古典阿拉伯文明，而且在这一进程中产生了充满活力的城市文化。当西欧城市生活并非彻底消失之时，这种城市文化反映了许多希腊、罗马和波斯最优秀的遗产。

随着改宗导致群众被纳入伊斯兰教，"阿拉伯"这一词语很快地适用于北非、埃及、叙利亚、巴勒斯坦、黎凡特和美索不达米亚的绝大多数居民。虽然群众改宗伊斯兰教也在波斯出现了，但在那里，阿拉伯语没有能够像在阿拉伯帝国其他地方那样取代旧语言。其结果便是，波斯人保持着与其阿拉伯同宗者相区别的强烈的民族和文化特性意识。

正如聂斯托利派基督徒的足迹自萨珊波斯帝国向东远至东南亚一样，在伊斯兰教兴起很久之前，阿拉伯和波斯水手、商人已活跃在阿拉伯海的大港口。源自波斯人、希腊人、罗马人和南亚人的关于印度洋土地、路径和港口的大量中东文献可供第一批穆斯林商人与水手利用，他们的航线和要处理的货物长期以来便已为中东商业团体所熟悉。

中东的农业已被波斯帝国和拜占庭帝国的长期战争所破坏，通过恢复和平，伊斯兰教帝国创造了有利于经济活动及城市中心成长的环境。帝国整合了自大西洋至阿拉伯海的极其不同的手工加工业、农耕和文化系统。这是到那时为止世界上仅见的最大帝国和一个政治制度治下经济与文化的最大集合。一个成熟的世界性伊斯兰教文化和社会将从混融新旧、吸纳古老商人的团体和传统中成长起来，这些团体和传统将在伊斯兰教帝国所确立的和平下走向繁荣。

帝国上层人物准确地意识到了他们有意大力提倡的贸易的好处。非穆斯林和非阿拉伯商人——犹太人（如9、10世纪巴格达犹太钱商支持的非常成功的拉达尼亚商人）、聂斯托利基督徒、科普特人（埃及人）基督徒和波斯人——在帝国境内富裕起来，他们古老的文化和贸易网络被整合进了一个更广阔的帝国体系。新统治者也对农业的改进和拓展有积极兴趣，尤其在美索不达米亚（后来叫伊拉克）开展重新拓荒运动，以生产一系列经济作物，如糖和椰枣。这些作物都进入了海湾的对外贸易。

一旦帝国建立，其所释放和引导的经济能量对中东、地中海世界、中亚和印度洋世界的许多地方都产生了意想不到的影响。自7世纪以降，中东能量的迸发赋予了印度洋世界以后九个世纪的模样，而且给印度洋世界的复杂文化又增加了一层。

在阿拉伯帝国和中华帝国，经济繁荣与和平促进了艺术和学术的繁荣。在中东，拜占庭古老的希腊—罗马城市文化以及波斯更为古老的文明被征服者阿拉伯人吸收进他们从沙漠中带出来的文化。随着帝国财富的增长，精神生活繁荣起来。

8、9世纪中东的经济增长促进了内陆贸易网的复兴。因阿拉伯人和中国人绥靖了中亚，沿丝绸之路的贸易增长了，而且中东同印度洋其他地区（尤其是同东亚和东非）的海上贸易加强了。中东商人和水手的伟大时代开始了。中东的阿拉伯人、波斯人、基督徒和犹太商人的足迹到了印度洋最远的角落。

随着阿拉伯帝国的首都定于巴格达，自称是先知继承人的哈里发作为伊斯兰教帝国的世俗和精神领袖在那里进行统治，波斯湾成了中东与印度洋进行贸易的主要通道。美索不达米亚的巴士拉、阿拉伯海岸的巴林、波斯海岸的西拉夫与霍尔木兹、阿曼湾的苏哈尔和马斯喀特等港口形成了同非洲之角以南东非和南亚更牢固的联系。

中东的金银流向卡利卡特等印度南部港口，换取胡椒、珍珠、₉₇纺织品和宝石以及经孟加拉湾转运而来的商品。印度北部港口，从印度河三角洲的德普勒港至现代孟买附近的塔纳港，也从贸易骤兴中获益。但与南部的竞争对手相比，印度北部的政治分裂阻碍了它们的成长。它们的对手除了起中转站作用外，还为更小且更强大的邦国服务。

至 9 世纪，中东商人和水手已自科摩罗至中国南部的广州建立起社区，除创建了一个无与伦比的庞大的商业和信息网外，还创建了一条海上丝绸之路。在伊斯兰地区疆界之外的环印度洋区域有第一批清真寺遗存的地方，中东商品（主要是瓷器和玻璃）的遗迹从此时开始也被大量地发现。

唐宋时期的光辉可以与阿拉伯伊斯兰帝国的灿烂相媲美。3 世纪以降，中国一直通过海上同东南亚及以远地区进行贸易，但这一贸易只是在汉朝灭亡和唐朝兴起之间才形成规模。5、6 世纪，统治南方的一系列王朝被北方对手拒于丝绸之路贸易之外。作为补偿，中国南方转而以东南亚作为奢侈品尤其是胡椒和香料的进口之源；也作为出口品尤其是丝绸和陶瓷的销售地。特别是，海岛东南亚的航海者提供了联系中国南部与印度洋市场的海上技巧。

唐宋王朝治下，中央权威恢复了，对丝绸之路的控制重新得到确立，而且有利可图的南方海上贸易扩展了。一些东南亚商品——如香料和从松香、安息香中提取的药品——作为廉价的替代品被进口，替代了原先由波斯商人从西亚携带来的物品。波斯商人控制来自阿曼的乳香和没药贸易，但如我们已知的那样，东南亚也提供数量愈多的独特奢侈品，保障其在中国海外贸易中的稳定地位。

98 　　作为中国海上活动增长的结果，8世纪时其足迹已向东远至广州的中东商人自9世纪起在南中国海和孟加拉湾面临中国人日益激烈的竞争。随着中国帝国权威机构、商人和水手开始意识到与东南亚当地商人一道直接参与印度洋贸易的潜在收益，中国港口的外来贸易社区衰落了。

　　然而，迄至12世纪，中国海上贸易的影响不应被夸大，因为它经历了相当多的起伏。一般来说，在中国内部，贸易所得收入从来都不能与有效地从农民身上征得的赋税收入相抗衡，因此也不为大多数王朝所重视。海上贸易也还在很大程度上立足于中国富人对奢侈品的需求，也仍依赖于中国政治的稳定和经济的繁荣。当王朝衰弱或中央权威崩溃之时，中国的海上事业与统治者从农民身上征租的能力一道衰落了。

　　中国官僚机器对商人手中积聚的钱和权有疑心，因此限制大商人阶层的成长，该阶层可能挑战传统上为帝国行政事务提供人员补充的地主的权威。同时，中国富人又寻求外来奢侈品，因此帝国官僚机器（尤其是在宋代）鼓励南亚和中东商人在中国南方港口定居，以此作为获得外来奢侈品之最安全和最容易的方式。

　　12世纪之前，中国的海上贸易主要集中于以瓷器、丝绸、铜币、奢侈的手工艺品及药品换取少量的特殊奢侈品的进口。这种贸易与东南亚内部的日用品海上贸易相去甚远，也与南亚用于支付东南亚进口品的大规模的棉布贸易相去甚远。

　　12世纪，中国的海上贸易模式发生了一些变化：进口商品的
99 量和质增加了。为了支付其费用，中国大大增加了批量生产的瓷器的出口。随着宋代的日趋繁荣和城市化，中国的奢侈品进口急剧增加，但诸如廉价布匹、胡椒、稻米、糖、木材和盐等大宗商品的进

口增长更为剧烈，因为对此类商品的国内需求不再限于数量相对少的富裕地主家庭（这些家庭是进口商品的传统买主）。

当宋朝皇室 1127 年迫于入侵金人的压力南迁之时，政府提倡批量生产的瓷器和丝绸的出口贸易，以资助反对侵占者的军事行动。在下一个世纪，蒙古人的元王朝执行更为强劲的海外贸易政策。至 14 世纪，中国商人活跃于整个东南亚，从事瓷器（尤其是新青花瓷）的大宗贸易。这些瓷器在品种上包括从珍稀昂贵品种以至批量生产的出口品种，在直到 20 世纪的很长一段时期内，它们仍可在整个亚洲和东非市场上被找到。

中国的繁荣吸引了来自印度洋其他地方的商人。至 12 世纪，中国南方港口又一次接纳了外来穆斯林和印度教徒的大社区。但文化交流是有限的。中国人从外部世界吸收甚少，展示了高度的文化自足性。同样，除制瓷技术和设计以及养蚕技术外，外部世界——不含中国边境的一小批国家，如越南、日本和朝鲜——从中国吸收的东西也甚少。

8 至 13 世纪，伊斯兰帝国和中华帝国享有前所未有的高度繁荣，推动了海上贸易的发展和扩展。两个帝国体系改变了海上贸易的节奏，但这种影响的性质只有通过检验帝国疆域之外、印度洋世界之内的海上贸易才能被理解。

帝国之外

在阿拉伯帝国和中华帝国的政治疆域之外，8 至 13 世纪，伊斯 100 兰教信仰和文化在持续地扩张。无论是从海上贸易扩张的角度还是从当地人改宗的角度来看，东非、南亚和东南亚都受到伊斯兰教传播的深切影响。

直至 7、8 世纪，非洲之角以南的东非海岸对外界来讲很大程度上还是不可认识的地域。象牙是主要的吸引，但它可以更近地自地中海、中东的市场上获得，也可通过阿克苏姆从南亚市场上获得。对印度洋其余地区的商人和水手来说，东非海岸大部分地区仍无足轻重。然而至 7 世纪，过度捕猎致东北非象群减少，外来商人正寻求起替代作用的非洲之角以南的供应。

因为商人们被南亚和东亚十分有利可图的充足贸易品所吸引，东南亚与这两地的联系更正式和频繁了。马来半岛是印度洋与南中国海之间货物交换的中转站，一系列邦国在该岛割据，它们的繁荣依赖于同南亚和东亚的贸易。这些邦国的历史还模糊不清，但自 3 世纪以来就有中国文献提到过它们，揭示了在马来半岛东西海岸、苏门答腊之东海岸分布着大量小而繁荣的城邦。它们的繁荣建立在其中转站的功能上。[1]

直至 6、7 世纪，这些小邦中的许多似乎已取得脆弱的独立。在 5、6 世纪，它们可能由位于今越南南部和柬埔寨的扶南王国所控制。6 世纪扶南衰亡后，半岛诸邦处在扶南的继承者、以柬埔寨为中心的高棉帝国和以苏门答腊为基础的伟大贸易帝国室利佛逝的影响之下，也受它们混合的印度教、佛教和原住民文化与宗教行为101 的影响。尽管高棉人试图获得经克拉地峡进入印度洋海滨的通道，但室利佛逝证明自己更为成功地控制了联络南中国海和印度洋的贸易线。

室利佛逝的成功源自几个因素。一个因素是，其统治者获得了诸如雅贡人之类的海上游弋集团的服务能力，这一集团招募船员，为外来商人和船只所造访的边缘地区的主要港口服务。另一个因素

1　P. Wheatley, 1980.

是，它将印度洋和南中国海之间的贸易从以前通行的经克拉地峡的搬运线路改为经马六甲海峡的线路。与这些因素相连的是，它成功地用东南亚的商品替代了中国以前沿丝绸之路进口的昂贵物品。

5世纪晚期，中国重新调整了对东南亚的外交政策。帝国朝廷断绝了与扶南的外交联系，集中精力于扶南的对手、越南南部沿海的占婆王国，该王国位于中国和爪哇海中间的主要航海路线上。因为有诸多河流且接近马六甲海峡，苏门答腊东海岸是中国注意力的焦点。但爪哇北部的河流系统也吸引着外来者。这些河流成为小邦的核心。经过一段时间之后，这些小邦同富产水稻的内地建立了联系，5、6世纪，那里的大邦正在形成。另外，这些河邦是自爪哇向东蜿蜒至摩鹿加群岛的诸海上贸易线路的中转站。

尽管有来自高棉人和印度南部注辇人的挑战，室利佛逝保持了700余年的海上霸权。扶南人和高棉人有时试图将其控制力经泰国延伸至克拉地峡的马来搬运线，但少有持久的成功。注辇也未能成功。为抗议室利佛逝对印度洋与南中国海间贸易品流转的垄断，它对其核心地区采取了惩罚式的海上掠夺。

贸易帝国的核心是位于马六甲海峡的苏门答腊沿岸的许多陆地入口港口。它们既为本地航运服务，也为印度洋与南中国海间的过往船只服务。像巨港这样的港口不仅是来自中东、南亚和东南亚的商人和水手会面的国际性地点，也是佛教信仰和文化的巨大中心，在东南亚只有缅甸的蒲甘、爪哇中部的婆罗浮屠和柬埔寨的吴哥窟等伟大的佛教中心才可与之相提并论。只是从11世纪始，当中国船队出现于海岛东南亚以在产地收购此类货物时，室利佛逝的霸权才受到挑战并最终被摧毁。[1]

1　O. W. Wolters, 1967 and 1970.

8世纪以降，伊斯兰教开始沿东非海岸缓慢扩张并进入科摩罗和马达加斯加北部。受中东和南亚需求增长的刺激，迄至11世纪，波斯和阿拉伯穆斯林商人以及南亚商人更强劲持久地挤入了自索马里贝纳迪尔海岸至斯瓦希里海岸的桑给巴尔的海上贸易。此前即存在的本地非洲人沿海贸易网和港口被纳入更为广阔的印度洋商业体系，同时内地产品出口到更远的市场。玛瑙、外来和本地铸造的银币，尤其是漂亮且纯的阿拉伯帝国金币在沿海的许多市场流通。

随着对内地产品需求的兴起，诸如马林迪、蒙巴萨、基尔瓦和索法拉之类的沿海定居点——以及诸如桑给巴尔之类的远岸定居点——开始剥削各自的内地（在某种程度上，东南亚三角洲邦国中也存在类似的做法）。中东来的商人更频繁地绕过非洲之角南下索马里和肯尼亚海岸，并远至季风消失的基尔瓦。外来商人较少涉足基尔瓦之南，那里的沿岸贸易由非洲商人和水手组织，除了诸如瓷器和纺织品之类的外来货物，他们还承运本地食品和出口货物。这些货物经北部的中转站——尤其是贝纳迪尔海岸的巨大的再分散港摩加迪沙——沿海洋季风线路再销往中东和南亚。

104　自红海之滨的厄立特里亚到贝纳迪尔海岸的摩加迪沙以至科摩罗及马达加斯加，穆斯林对东非的商业渗透给当地居民造成了深刻的影响。在摩加迪沙以南，农业和渔业居民点开始更正式地从事贸易，并自11世纪始与阿拉伯和波斯定居者的社区一道成长为大市镇（它们一般而言由商人王朝统治）。马林迪、蒙巴萨、基尔瓦和索法拉等港口除了向内地居民购买象牙、黄金和奴隶外，还从紧邻的内地获取出口物品。但直至13世纪，黄金才成为引人注目的出口品。

海岸之外，外来商人的影响是微弱的。自12世纪始，非洲人的游牧和农业邦国在赞比西河谷地和津巴布韦高地发展起来。尽管迄至 13 世纪，这些邦国的统治者提倡收集象牙和黄金同沿海城市做交易，但从文化上看，它们与沿海是隔绝的。

阻碍沿海与内地间贸易的主要难题并不在于如此崎岖的地形，而在于内地经济的性质。总的来讲，这些经济并非建立在粗放和精耕的农业的基础上，也鲜能生产足够维持复杂贸易网的剩余产品。城市化和贸易在内地是有限的，对亚洲商品的需求也十分有限。

为解决这一难题，沿海定居者发展了诸多商业功能。主要是为了满足自己的消费，这些定居点的居民从中东、南亚和中国进口成品——瓷器、丝绸、琉璃珠、金属制品和地毯——以及食品。但另外，他们生产原料和手工制品——特定样式的棉布、贝壳珠，当地的玛瑙、铁、食品和盐——到内地换取外界需要的产品。

为内地广泛接受的亚洲商品仅有来自中东和南亚的玻璃球和马尔代夫玛瑙贝。作为装饰品、富足的符号、贸易交换中的一种通货，玛瑙贝在整个非洲取得了被普遍认可的惊人价值。[1] 中东和南亚商人认识到了这种小贝壳的全部潜在价值，他们将其向西销往非洲，向东销往东南亚和中国。马尔代夫盛产此物，这保证了这些环状珊瑚岛在海上贸易网中的中心地位。

除了 13 世纪以降津巴布韦和莫桑比克海岸的索法拉之间繁荣的黄金贸易外，海岸与内地的贸易是间断性的。内地来的商品并不直接从生产者手中流往海岸市场，而是在内地各个市场间转手直至抵达海岸。沿海居民并不穿越内地疾疫横行的崎岖地形，而是通过中间商与他们的供应者保持联系。

穆斯林对非洲的红海之滨的影响更加显著。自 7 世纪晚期始，

1　B. M. Fagan, 1970, 35.

穆斯林商人、定居者和战士将基督徒逐离沿海，阿克苏姆和其港口阿杜利斯衰落了。其后500年间，阿克苏姆的基督徒继承者撤退到埃塞俄比亚的山区腹地，与其余基督徒被苏丹、厄立特里亚和非洲之角的伊斯兰教土地隔绝开来。此时，红海的贸易和航行已处于穆斯林的绝对控制之中。

随着1258年蒙古人攻陷巴格达，庞大的阿拉伯帝国崩溃了。在几个世纪里，阿拉伯帝国不过是些争吵不休的王国和几乎要宣告独立的埃及、波斯和西班牙等重要行省的集合罢了，而这些王国仅对巴格达基拉法特保持名义上的效忠。在帝国的中部地区，10世纪后政治的不稳定为人口和农业生产的减少以及随之而来的贸易持续衰落所伴随。贸易转向了更为繁荣的尼罗河谷和红海海上贸易线路。随着中东政治、经济活动的中心向该地区的边缘转移，移往埃及、黎凡特、安纳托利亚和波斯等地，一度繁荣的美索不达米亚诸城开始走向其默默无闻的漫长衰落。

巴格达沦陷、美索不达米亚遭洗劫和蒙古人占领波斯导致诸多波斯湾腹地人口和农业遭受进一步的灾难性衰落。海上贸易剧跌，活动中心从位于波斯湾顶端的作为巴格达出海口的巴士拉迁往海湾入口的岛屿港口霍尔木兹。霍尔木兹为逃脱了蒙古人洗劫的巨大波斯文化中心设拉子服务，也为蒙古伊尔汗王朝的首都大不里士服务——大不里士已取代巴格达成为联系地中海、中亚和印度洋的跨波斯商路的主要枢纽。

相反，红海海上贸易繁盛，这一水路成为复兴中的地中海贸易网与印度洋之间的联系路线。当阿拉伯人于7世纪占领亚历山大港这个巨大的中转站时，该港已处于衰落状态了。巴士拉、波斯湾及黎凡特的港口已将贸易从这里吸引过去。但自12世纪起，它开始在一定程度上恢复已失去的作为印度洋与地中海间贸易的巨大交易所的荣耀。从苏伊士、开罗和亚历山大港来的穆斯林商人和犹太商人从苏伊士开船驶往东非和南亚港口，东非和南亚的货物又一次出现在亚历山大港的仓库里。

巴格达的沦陷具有超出中东腹地范围的政治和文化后果。蒙古人切断了中东旧的政治和文化上层同强有力的土耳其穆斯林边民的联系纽带。9 至 13 世纪，这些边民在埃及、安纳托利亚、阿富汗和印度北部开拓了半独立邦。蒙古人入侵的结果是，这些邦成为一系列伊斯兰教复兴的分散中心，它们保存了古典伊斯兰文明的光荣。尽管蒙古人侵入了亚洲的许多地方（从 13 世纪 40 年代对印度北部的劫掠，到 1293 年对爪哇夭折的海上入侵），但他们进攻最猛烈的地区是中东中部，穆斯知识分子、艺人和士兵从那里散布到伊斯兰教地区边缘的土耳其诸邦。

8 至 12 世纪，穆斯林政治权力没有伸延到信德以远的南亚。在这些世纪里，一群印度教邦割据于次大陆。古吉拉特和孟加拉被作为分开的邦统治着，恒河河谷中部和印度河流域由一系列封建王朝割据。偶尔地，印度北部被入侵者所打断，但他们都被印度教生活组织所吸纳。如前所述，政治分裂也是印度中部和南部的常态。

公元后的头几个世纪里，最活跃的南亚港口位于印度南部和斯里兰卡，除斯里兰卡的大港曼泰外，还有一群沿马拉巴尔和科罗曼德尔海岸分布的小港口。曼泰港一直繁荣至 11 世纪，因斯里兰卡和印度南部侵略者发动的毁灭性战争被放弃。但随着阿拉伯帝国的建立、西方基督教世界的经济衰落，中东和印度北部间的贸易迅速扩张。与北部诸王国增长的财富相适应，位于古吉拉特的港口如坎贝和苏拉特、位于恒河三角洲的港口如萨特贡发展起来，并且在宋代中国的海上贸易事业兴起前，既在对中东的贸易也在对东南亚的贸易方面使印度南部和斯里兰卡的港口相形见绌。

中国人海上贸易的增长恢复了作为阿拉伯海和孟加拉湾之间贸易轴心的印度南部的海上财富。渴望参与扩张中的对中国和东南亚的贸易，外来商人涌入门格洛尔、坎纳诺尔、卡利卡特、科钦、奎隆、拉梅斯沃勒姆和建志诸港以及斯里兰卡的加勒港。至11世纪，与海上贸易的骤兴相联系，印度南部经历着第二个城市迅速增长、政治活动有力的时期。此一时期，伊斯兰教传播到马拉巴尔和科罗曼德尔海岸。这两地的印度教统治者鼓励外来穆斯林商人和水手的定居，这些人通过婚姻在大多数南方港口建立起许多穆斯林商人、水手和艺人的社区。这些社区并不是独特的外来人口集团，而由在语言和服饰上与印度教居民相差无几的人组成。

随着南方港口重要性的再次增长，新入侵者威胁着印度北部。来自阿富汗山区的强有力的土耳其穆斯林部落民发动了对印度河流域的破坏性劫掠。至13世纪早期，这些部落民已使他们自己成为109 旁遮普永久的领主，而且随后不久便成为从印度河至恒河三角洲整个北部平原的永久性领主。另外，古吉拉特和孟加拉富庶的港口已转归他们的控制之下。

自印度河至孟加拉湾进入德干，一个大穆斯林邦德里苏丹取代了一群割据的印度教小邦。一旦定居下来，土耳其穆斯林边民对其领地的治理表现出老练且持久的兴趣。他们利用来自美索不达米亚和波斯逃难者的技巧和服务，既注意农人的耕作，也注意市场：前者是岁入之源，后者起着将税收所得物品进行转换的代理作用。

13世纪以降，印度北部的港口市场开始重新活跃起来，沿古吉拉特海岸的海上活动尤其繁盛。除了将沙里亚引入公共生活外，穆斯林领主没有为管理实践带来任何新东西；相反，他们只是对公共管理有着更为浓厚的兴趣。另外，南亚对进口商品的需求也增长了，尤其是对海岛东南亚的香料。这归因于国内日趋繁荣、能更有效地征税的大邦的兴起以及自 13 世纪始基督教欧洲需求的增长。中东穆斯林和犹太人是这一贸易的中间商，他们更大规模地向东至南亚及更远的地方收集货物。

土耳其穆斯林的入侵导致了大量商人和艺人改宗，尤其在古吉拉特和孟加拉的港口。甚至在印度南部，在处于印度北部伊斯兰政治影响之外的马拉巴尔和科罗曼德尔海岸，除 13 世纪晚期和 14 世纪早期这一短暂间歇期外，随着阿拉伯人和波斯人贸易社区的增加，穆斯林人口也在增加。其结果是从事海上贸易（尤其是从事自印度向东进入海岛东南亚的贸易）的穆斯林人数的增长；另一结果为沿印度东南海岸的小伊斯兰贸易诸邦的建立。这些穆斯林商人和统治者，有些来自中东，但更多的是来自南亚的海上商业地区以及改宗团体——改宗者的祖先作为印度教徒或佛教徒，已长期从事中东与东南亚和南亚之间的贸易。 110

9 世纪，中东商人在东南亚和东亚的长距离海上贸易中失去主宰地位，让位于南亚商人和中国商人。此后，印度洋世界的穆斯林商业活动的至东点限于印度南部、斯里兰卡和孟加拉。在这里，外来的和本地的穆斯林在此后的四个世纪里掌握了更大的海上贸易份额，而且再一次向东试探。

12 世纪以后，伊斯兰教在印度次大陆的传播是与大邦在一群小邦的废墟上的兴起相伴随的。主要的新邦由穆斯林统治，在征服和改宗的过程中，他们摧毁了禁锢印度教南亚许多个世纪的隔绝。在这些世纪里，德里苏丹以这样或那样的方式扩张着，但在其脆弱之时，古吉拉特、孟加拉和德干的野心勃勃的穆斯林寻求自己的独立。

这些邦的统治者经常务实地关注贸易的益处，并以之作为充实国库的手段之一促进其增长。另外，这些统治者也渴望证明他们作为伊斯兰教领袖的合法性和权威性。为做到这一点，他们在宫廷中将穆斯林雇佣军、学者和艺人召集在自己身边，这些人来自中东和中亚的大伊斯兰文明中心。

正是通过这种方式，人力和观念在中东和中亚被集中起来，沿陆海线路来到南亚诸大港口。在那里，它们刺激了知识和经济的增长。印度次大陆的许多地方现已是伊斯兰教地区的一部分，其居民是一个疆域越出印度洋的宗教文化制度的信奉者。整个次大陆大邦的建立、能更有效地征税的王朝的发展增进了内外贸易——尤其是向西至穆斯林地域的贸易，那里对南亚产品的需求正在增长。

东南亚贸易与东非贸易的繁荣

111   7 至 13 世纪东南亚的长途海上贸易持续增长。此一时期之初，对外贸易集中于从湄公河下游的缅甸、克拉地峡和扶南经越南沿海抵达中国南部的轴线上。在室利佛逝的影响之下，在随后的几个世纪里，贸易轴线向南转移，以马六甲海峡和印度尼西亚群岛为中心。

大陆东南亚并非不令人注目。事实上，在这些世纪里，我们看见了两个重要帝国——柬埔寨和泰国的高棉帝国和蒲甘的缅甸帝国——的兴起，但大多数外来商人倾向于将注意力集中于海岛东南亚的港口，整个地区的物产在那里被当地水手收集以用于出口。垄断香料的生产及其他稀见的、有价值的产品的盛产也强化了这种对岛屿的聚焦。

马六甲海峡是海岛东南亚的要冲。7 世纪以后的 600 年，该海峡由室利佛逝控制。该国的命运依靠小而富产水稻的土地、港口的中转功能和限制马六甲海峡海盗的能力。但当室利佛逝因扼海峡咽喉而强有力地扩张之时，它并不缺乏忌妒的对手。科罗曼德尔海岸野心勃勃的注辇王朝对室利佛逝发动了海上劫掠，以打破其对海峡的贸易垄断。很大程度上是出于同一原因，室利佛逝、斯里兰卡和自缅甸至柬埔寨诸邦之间相互存在敌意。而从 7、8 世纪起，因其产稻土地充足和距富产香料的摩鹿加群岛最近，诸爪哇王国证明自己在东南亚诸岛中是政治和商业权力更持久的竞争者。

至 11 世纪，室利佛逝的权力缓慢衰落，在南中国海受到了中国和南亚航船增加的挑战，在印度尼西亚群岛内部受到了诸如苏门答腊南部的新加萨里和爪哇的麻喏巴歇之类新兴邦国的挑战。这种增强的活动与自地中海至中国对东南亚产品增长的需求相联系，也与唯一的跨亚欧的陆上贸易线路丝绸之路的贸易衰落相联系。至 14 112 世纪，因蒙古军队和中亚传染性疾疫的猛烈袭击，作为东西方主要陆上通道的丝绸之路正迅速地濒临其末日。14 世纪，蒙古帖木儿的破坏行为加速了这一衰落，当 15 世纪晚期明朝（1368—1644 年）严格地限制与外部世界的贸易接触时，丝绸之路最终被中国人放弃了。

从 13 世纪晚期起，中国的对外贸易经海上运销的数量在增加，经东南亚并进入印度洋。中国南部的商人和水手不仅活跃在室利佛逝的港口，而且西至斯里兰卡的加勒和印度南部的卡利卡特都有他们的踪迹。中国对私人参与印度洋贸易的官方控制，最早形成于 10 世纪的宋代，那时他们宣布海上贸易为政府专营。该政策延续至 1368 年的明朝，后者视参与海上商业的中国平民为非法。

1404 至 1433 年，当由政府倡导的穆斯林指挥官郑和的跨印度洋贸易航行壮举完成之后，当与外部世界的接触限于少数对外来商人和船只开放的港口之时，官方参与停止了。此外，1427 年中国占领军从越南被驱逐、北京对南方商人忠诚的怀疑以及海上贸易对中央府库的低回报，都是影响帝国权威抑制海上商业的因素。

穆斯林商人（尤其是南亚的）是海岛东南亚增长的长途贸易的主要受益者。13 世纪以降，穆斯林商人和水手更大规模、更正式地出现于整个东南亚，尤其当宋元王朝积极鼓励外来穆斯林参与中国南部港口的贸易之时。室利佛逝瓦解了，由马六甲（约 1403—1511 年）、爪哇的印度教麻喏巴歇（约 1350—1527 年）和一系列经印度尼西亚群岛向东延伸的小港口取而代之。马六甲是位于海峡的马来海岸的大中转站，其统治者于 1436 年改宗伊斯兰教。随着室利佛逝的解体，对群岛进行集中的外来渗透的坚固障碍被清除了。外来商人更深入了印度尼西亚群岛，更多的本地商人参与了同东南亚以外世界更直接且更繁荣的贸易。除苏门答腊和爪哇的大印度教—佛教邦所强加的文化、政治制度外，他们与其他文化、政治制度的接触也增加了。

在马六甲兴起之前，东南亚是否有类似的大港值得怀疑。大多数港口位于整个海岛东南亚和马来半岛的河流出口或数以千计的联络陆海的小港湾。除了位于吴哥、蒲甘和婆罗浮屠的纪念性建筑外，东南亚的建筑物都是由易腐朽材料如竹和聂柏椆建成，因此我们重建港口生活图景所能够凭借的遗存极少。不像南亚，东南亚的古代港口似乎很少能作为起作用的港口一直保存到今天。最可能的情况是，此类港口是短暂存在的相对小的城市中心，它们依赖于自己所服务的内地变动的政治和经济命运。

另外，在 13、14 世纪之前，与东亚、印度次大陆、中东和东非的大商人社团相比，东南亚鲜有独立商人团体的踪迹。在那些地区，此类社团主宰着港口生活；而在东南亚，本地贸易被立足于农业的统治集团通过代理人和仆役所控制，这些代理人并不构成特定的社会或经济的集团。毫无疑问，存在古老的海上社团（如布吉人和雅贡人），但他们寄生于统治集团的贸易代理人身上，似乎并没有像印度洋的许多其他地区那样形成引人注目的商人团体。

马六甲海峡仍是东南亚海上贸易的咽喉。室利佛逝瓦解后，海峡两岸的独立港口亚齐、帕赛、吉打和马六甲开始引人注目。其中最引人注目者是马六甲。至 15 世纪中叶，它已是东南亚最大的中转站，拥有来自南亚和东南亚许多地区的世界性商业人口。在商业实践和改宗伊斯兰教方面，马六甲创立了海岛东南亚其余地区的发展模式。

马六甲为东南亚的港口生活创立了新模式。在这种模式中，统治者除了为来自整个东南亚社区的本地商人集团的发展提供便利外，还有意识地、精心地关注外来商人的定居。港口的统治者欢迎来自古吉拉特、马拉巴尔和科罗曼德尔海岸的印度教商人和穆斯林商人，并且不仅让他们参与港口的事务管理，还允许他们有一定程度的自治。中国商人也与来自苏门答腊、爪哇、苏拉威西和摩鹿加的商人一起成了港口永久的一分子。这些本地商人此时已不再默默无闻，而成为独立的商人社团。尽管当地统治者的善意与合作对整个东南亚海上商业的成功开展至关重要，但独立商人也不再仅仅是他们的代理人。

马六甲以外，海上贸易骤兴的一个结果是自爪哇延伸至摩鹿加群岛的港口的当地商人在 15 世纪富裕起来，并仿效马六甲改宗伊斯兰教。自 13、14 世纪开始，一大批新港口城邦在海岛东南亚发展起来，马六甲的伊斯兰马来文化是这些港口文化的榜样。这类城市的气质直接与大农业邦（如爪哇的麻喏巴歇大邦）的等级制印度教—佛教混合物相冲突。这些大邦日益与其港口商人社区的权力、财富和追求展开对抗。贸易和伊斯兰教摧毁了海岛东南亚古老的文化和政治形式的结构，代之以马来马六甲文化为基础的新上层文化、宗教和商业风气。

在东非海岸地区，这几个世纪的经济和文化发展存在着惊人的类似。迄至 13 世纪，贝纳迪尔海岸的摩加迪沙是外来商人的主要中转站。但正是在这个世纪，在同宗者将伊斯兰教传播到南亚和东南亚的同时，来自中东的穆斯林移民向南方进一步扩散，将伊斯兰教传入东非。穆斯林定居的扩张导致在肯尼亚海岸和坦桑尼亚海岸的港口兴起了更复杂的非洲—伊斯兰教社区。在那里，伊斯兰教已在沿海大的非洲人定居点的本地商人社区扎下了根。政治权力和对外贸易的中心南移，集中于蒙巴萨和基尔瓦，它们控制了莫桑比克南部海岸索法拉的宝贵的黄金贸易。

从 13 世纪开始，这些港口成长为大规模城市定居点，那里有大的石筑清真寺和统治城市的上层商人居住的宅邸。这些港口的富裕居民采纳了中东和南亚的伊斯兰文化，以突出其社会领袖的角色。这些领袖中，有些无疑有中东和南亚的血统，但大多数或是亚非混血种，或是纯正的非洲人。事实上，从人口上讲，这些城市定居点的居民基本上仍是非洲人，包含了一系列非洲人群体。这些群体包括从非伊斯兰教非洲人到从语言和文化角度自称是大伊斯兰世界一分子的人群，而非伊斯兰教非洲人构成了内地上层穆斯林和人民间的现实桥梁。

伊斯兰教扩张到东非沿海，是与古吉拉特的坎贝港和红海上的萨瓦金和埃扎普等港口之间跨阿拉伯海贸易的加强相联系的。尤其是为满足地中海和欧洲扩张中的市场的需要，这一贸易被向西的香料、胡椒贸易的增长所支持。

13、14 世纪，埃及的马木留克统治者对红海贸易有着更加强烈的兴趣，将其权力向南扩张至苏丹港口萨瓦金，并促进了亚丁、坎贝和基尔瓦之间的三角海上贸易的全面扩张。为换取南亚和中国的制成品，东非主要港口提供越来越多的黄金、象牙、木材、龙涎香

和铁。量化这一贸易是不可能的，只需记住：东非沿海早在 12 世　118
纪便是中东主要的铁供应地。

这一时期，东非与海岛东南亚的相似是惊人的。在这两个地
区，地理上的岛国性质使定居点便于以海洋作为交通方式；在外来
商人来到之前，本地商人发展了海上贸易网络；外来商人大批涌入
特定港口，在那里同本地商人打交道；14、15 世纪，与之竞争的港
口城邦兴起，巩固了海上贸易与政治的关联性。

东非沿海市场参与两种形式的贸易：同内地进行物物交换——
如用玻璃珠换象牙——和用外来的和本地铸造的货币与中东和南亚
进行贸易。同样的情形也存在于东南亚：室利佛逝的大中转站和以
后的马六甲及其他大港都位于贸易网的枢纽，这些贸易网同时建立
在物物交换和用货币交换的基础之上。

8 至 15 世纪，东非同中东的经济和文化关系，与东南亚同东南
亚和南亚的经济和文化关系惊人地相似。

在东非和东南亚，都是由外来商人通过一些与当地海上网络相
连的大中转站控制对外贸易。在这些世纪里，因中东、南亚、东
亚、地中海和北欧对东非和东南亚产品的需求上升了，外来商人更
进一步地渗入东非和东南亚。这两地商业的"黄金时期"都是与 13
世纪以后跨印度洋国际贸易的增长相一致的。这是与自地中海经中
东和南亚延伸至中国诸市场对来自东非和东南亚的进口品的需求的
增长相联系的，这一增长的需求促成了数量上日增的港口及其商业
精英的权力和影响的扩大。

在东非和海岛东南亚，直至 15 世纪的海上贸易扩张及其对当
地经济和政治关系的影响都可以解释港口原住居民对外来文化形式　119
（从宗教到建筑领域）的接纳。这一接纳过程——在海岛东南亚涉
及印度教、佛教和伊斯兰教，在东非涉及伊斯兰教——将导致在这

两地上层人物中发生的主要地方文化和宗教的变迁，也导致迄至 15 世纪东非沿海和海岛东南亚的局部伊斯兰化。

在东非，伊斯兰化进程部分源自外来穆斯林的定居，他们建立起文化上类似于其阿拉伯或波斯故乡的港口殖民地。但伊斯兰化更为经常地发生于海上贸易促进了更加复杂的非洲人定居点发展的沿海地区。在这些定居点，贸易促进了市民生活的成长及其一切特征；而且在这种环境里，尤其在那些与外来商人来往最密切的非洲人中，伊斯兰文化和宗教提供了新的生活方式。这些港口的语言基本上仍是非洲的，但它从阿拉伯语、波斯语和南亚语言中借用了与贸易和技术有关的词汇。在建筑和服饰上，当地上层人物采纳和借鉴了中东模式。通婚促进了此类文化适应进程，但主要原因与持续的对外贸易对沿海非洲生活的社会和经济组织的影响有关。

在海岛东南亚，自 13 世纪起，伊斯兰教正开始努力并将在 300 年内成为该地区诸港口的主要宗教。同东南亚早期的"印度教化"一样，伊斯兰教的传播只能由各种情况的同时发生来解释。13 世纪以后，整个海岛东南亚的海上贸易都增长了，这带来了港口城市更大的繁荣。与此同时，更多的南亚穆斯林正向衰亡的室利佛逝帝国之外渗透。许多穆斯林在向东延伸至苏拉威西和文莱的众多港口定居，并且正如东非的阿拉伯人和波斯人的传说所表明的，他们经常被宣称为当地伊斯兰教的奠基人。

事实上，这可能只是部分的真相。更切合事实的真相是，起初伊斯兰教仅在港口生了根，并进而缓慢传播到农业内地。港口显然是关键，它是受增长了的海上贸易的经济影响最大的地区，也是传统社会关系和权力结构受这种新繁荣影响最为剧烈的地区。与传统的农业统治集团的保守等级秩序相反，伊斯兰教因其平等主义教义和普世观念毫无疑问对新兴商业集团有吸引力。除了以与庞大的伊斯兰贸易网络联系的方式提供实实在在的好处外，伊斯兰教还提供新的生活秩序，并且在这种意义上对海岛东南亚新邦的形成起着至关重要的作用。[1]

从文化角度看，许多抵达海岛东南亚的伊斯兰教行为习惯都是经南亚这面透镜过滤了的。在南亚，苏菲派教徒（伊斯兰神秘主义大师的信众）是伊斯兰教和平传播的重要因素。因其关注个人虔敬、圣祷和教义仪式的相对实用主义，苏菲派教徒"在伊斯兰信仰和亚非许多不同地区的非穆斯林集团的信仰之间架起自然的桥梁"。[2]在印度南部，苏菲派教徒巧妙地更改当地的传统和行为习惯，使他们融入更广阔的伊斯兰教共同体。迄至伊斯兰教抵达海岛东南亚之时，与当地传统相容的习惯业已确立，而且苏门答腊和爪哇的许多印度教—佛教遗产进入了流行的伊斯兰教。

然而，在大陆东南亚，缺乏伊斯兰教传播的必要前提条件。尽管海上贸易十分重要，但它作为财富和权力之源对农业造成的挑战从未达到在南方达到的程度。大陆东南亚的邦和王朝的对外贸易由王室代理人掌握，由他们同外来商人和船主打交道。13 世纪以后，这一贸易并不存在可与整个海岛东南亚的海上贸易相媲美的增长，也不存在立足于港口的强有力商人社团的成长，以挑战传统的社会秩序，并为伊斯兰教生根开花开拓社会组织上的空间。

尽管大陆东南亚的海上贸易不如岛屿部分的量大、价值高，但它仍给人以深刻印象。从缅甸至越南，宝石、珍珠、瓷器、木材、稻米、竹、漆器和珍稀丛林产品被用来与阿拉伯人、印度人、波斯人、中国人及岛屿马来人做交易，换取他们的土特产。 121

---

1 Taufik Abdullah, 1989.

2 Susan Bayly, 1989, 74–75; Muzaffar Alam, 1989.

至 12、13 世纪，虽然中东、南亚和中国的政治、经济事件对印度洋海上贸易的节奏肯定有着越来越大的影响，但东南亚和东非对这一贸易的重要性不应被低估。虽然常见热带疾病限制了他们的人口规模，相对少的人口阻碍了他们作为外来商品进口者的重要性，但这两个地区都为欧亚的大文明提供了难以估价的出口货物。

迄至 15 世纪，印度洋的海上贸易网将自中国南部的广州延伸至莫桑比克南部海岸索法拉的众多港口联结起来。大中转站——如马六甲、卡利卡特、坎贝、霍尔木兹、亚丁和基尔瓦——在网络中发展壮大。撇开它们位于主要海陆路交汇点的自然位置不论，它们中没有一个能声称自己拥有控制权。海上贸易的节奏被许多因素所限定，这些因素与气候、地形和许多经济体系的节奏有关。当然，南亚强有力的诸经济体系对这一网络的运作有巨大影响，但这种影响不能脱离环印度洋经济活动的总体，该总体被地方和国际市场力量的合力所定型。

总的来说，14、15 世纪印度洋海上贸易的总量和方向当然有某些变化。在波斯湾和红海，政治事件与黑死病造成的人口灾难一起削弱了商业活动。在斯里兰卡，与印度南部诸王朝几个世纪的战争所导致的对干燥区大型灌溉系统的放弃，使岛上的传统稻产地沦为蚊蝇丛生的原始林地；在泰人的压迫下大的高棉帝国崩溃之后，柬埔寨也出现了同样的情形。[1] 在后两个地区，事态变化对其对外贸易联系有消极影响；但与此同时，在南亚和东南亚的其他地方，另外一些邦正在长途海上贸易中发挥更加突出的作用。

尽管有这些地方性变更，迄至 14、15 世纪，印度洋贸易世界

1　K. N. Chaudhuri, 1990, 37.

具有前所未有的活力，后者由自莫桑比克海岸延伸至太平洋之滨摩鹿加群岛的所有港口的商人和水手所创造。

印度洋诸世界

本地的海上活动的高潮期，即阿辛·达斯·笈多所描绘的"中世纪盛期"，是 14 至 16 世纪。[1] 在这个时期，中东的商人和水手，外加少数南亚穆斯林和印度教徒，控制着印度洋西部的贸易。在整个孟加拉湾，南亚人控制着繁荣的东南亚和中国商业体系的海上航线。一大批将地方经济纳入更广阔的印度洋贸易网的国际性港口为这些大海上的劳动者提供服务。

要了解交织成的印度洋世界的性质，我们需要了解将它联结起来的人们。大海上和滨海社会的劳动者赋予大洋以人文面貌，他们也是文化和技术跨洋传播的使者。

一个沿海或滨海社会已被描绘成流动不居、灵活易动、不定型的人类滨海的边疆。[2] 一些沿海居民显然是一个生计来自大海的滨海社会的成员；渔民、商人、艺人、码头劳工和店铺主之类的港口城市居民以及将谷物外销的农民都属此类。但也有住在海边却不受大海影响的农夫、艺人和诸多其他职业集团。类似的模糊性也困扰着滨海社会的内陆边界。以海洋与陆地的密切联系而论，海岛东南亚的绝大多数社会是滨海社会；东非沿海的穆斯林飞地、马尔代夫群岛和拉克沙群岛也都属此类。类似地，生计依赖于海上进出口的内地商人、搬运工和生产者虽不与滨海社会的日常生活相连，但他们也与其命运相连。此类社会有一些明显的特征：与内地社会相比，

123

1　Ashin Das Gupta, 1967, 7.

2　M. N. Pearson, 1985, 1–9.

它们往往更世界化和多元化；它们的经济社会生活更多地受季风节奏的控制，也更明显地向往海外和其他滨海市场。在前现代社会，人类的边界与我们今天所接受的大相径庭，这可能是因为印度洋地区绝大多数的人在描述其所居住的世界时以宗教、语言或文明来获得认同。

在欧洲人到来之前，改造印度洋的人们也为印度洋世界限定了不同的边界。他们将市场和文化的不同组合视为其独特世界观的一部分。商人、水手、渔民和朝圣者在各种且经常互异的信息和文化网络内活动，这些网络限定了他们的世界视界。商人的世界由各种经济、信息、文化的界限所限定；对水手和渔民来说，其世界由实实在在的地理界限所限定；而朝圣者则为宗教界限所限定。但对所有这些人来说，这是一个受季风节奏控制的世界。

在理解季风之前，是没有印度洋世界可言的。大洋之滨的人们只是偶然地利用大海，而且将其实际界限限定于具体区域，如红海和波斯湾，或东南亚诸岛之间。但随着对季风的发现，这些区域的边界扩张了，因此阿拉伯海和孟加拉湾成为日益增加的商业活动的场所。至公元之初，两个互相交织的商业信息网构成了一个印度洋商人的世界，这个世界尽管还是原始和分裂的，但它将地中海和中国南部联系起来。

124　　第一个网络——《红海回航记》中的印度洋世界——由埃及的希腊—罗马人、阿拉伯和波斯商人和水手通过红海和波斯湾（也由来自阿克苏姆海岸和南亚的商人和水手）织造而成。这些人已获得航海手册和航海地理学，借此确定了一个为阿拉伯半岛、贝纳迪尔海岸、印度西部和斯里兰卡所限定的世界。除这些地区之外，幻想和谣传表明了来自西方之商人的准确知识和地理渗透的局限。

第二个网络自孟加拉湾始，并联系于海岛东南亚和南中国海。

对印度以西的人们来说，这是一个丝绸、香料、黄金、陌生人群和神奇创造物的神秘世界；这是一个由海岛东南亚和中国南部操澳亚语系语言的人群经营的海上贸易世界——也越来越多地由寻找传说中的"黄金土地"苏瓦尔纳布米的南亚商人和水手所经营。在随后的几个世纪中，这两个商业网络融合了，并因扩张至包括东非以及经中亚的陆上联系纽带的部分而变得更加复杂。

伊斯兰教的兴起赋予印度洋世界的商业边界以最终的形式。作为世界性的宗教和文化体系，至 15 世纪，伊斯兰教已为其追随者提供了对自大西洋延伸至太平洋并深入亚洲内陆的世界的看法。在这一文化和宗教体系内，穆斯林——商人、水手、神职人员、知识分子、雇佣军、手艺人和朝圣者——相对自由地来往，并在获得分散于大洋周围的同宗者的支持和满意之外，还获取了大量的信息。在更小的规模上，中东和南亚的犹太人商业社区以及后来的亚美尼亚人商业社区也存在同样的对世界的看法，它们的交通联系延伸至地中海世界。

穆斯林每年一度的巨大朝圣活动，即集中于汉志的圣城麦加和麦地那的朝觐，仍是伊斯兰教世界性的生动象征。自伊斯兰教兴起始，来自从摩洛哥至海岛东南亚的成千上万的穆斯林朝圣者每年都参加朝觐。圣城位于大伊斯兰教文化和信息网的中心。至 15 世纪，该网络联系着自西非经中亚和印度洋至中国南部和菲律宾的穆斯林社团。125

但存在别的更古老的印度洋边界，它们建立在更古老的宗教联系的基础上。公元前 3 世纪，当第一批佛教使团离开南亚时，一个佛教的印度洋"世界"被创造出来，联系南亚、中亚和东亚的丝绸之路和经东南亚进入东亚的海路限定着这个世界。直至公元后 1 千纪之末，作为佛教的摇篮和佛教知识活动中心的印度北部都吸引着整个亚洲的佛教徒香客和商人。至 13 世纪，穆斯林的入侵和印度教的复兴使印度次大陆的佛教销声匿迹。然而，它在斯里兰卡被保存下来，并直至 16 世纪都作为正统教义的中心吸引着来自东南亚的佛教王国和中国的佛教僧俗香客。

但这个世界的边界并非不可逾越。佛教徒向西抵达中东和地中海。但与在孟加拉湾和南中国海旅行的佛教徒相比，其人数和访问次数都更少。

与佛教世界的发展相类似的，是更为古老的印度教世界的发展。从严格的宗教角度来讲，这是一个在地理上比佛教受更多限定的世界。印度教信仰系统在地理上为南亚地理范围所限定，在那里有它全部的圣址和神话。这并不是一个如同佛教、基督教和伊斯兰教那样具有传教改宗使命的世界性宗教体系。印度教与佛教一起随贸易向东传播，在东南亚重要港口和市场首先定居的是印度教商人和水手，随后是印度教僧侣和俗众。

不像佛教，印度教并没有在东南亚深深扎根。在柬埔寨和爪哇等地，它只是当地上层所采纳的宗教；而且不像佛教，它没有赢得大众的支持。这部分归因于印度教教义和行为习惯非常有限的适应性，部分归因于南亚印度教传教动力——这是佛教的一个非常突出的特征——的缺乏。

126　　这些不同的世界视野的界限并不持久，而且它们经常相互重叠。从地理上讲，绝大多数当地商人和水手在印度洋和南中国海的水域所限定的世界内活动。但从知识上讲，从想象和信息的角度来讲，存在经常变动的边界，它们由特定宗教和文化体系的传播所界定。

对于穆斯林商人和水手来讲，这一点更加明显。在地理上，他们绝大多数限于印度洋和南中国海水域，但一个地理上大得多的伊斯兰世界、伊斯兰教地区或伊斯兰之家的背景知识形成了他们的宗教、文化和商业世界观。伊斯兰教地区的政治边界随穆斯林诸邦的兴衰而处于变动之中。此外，伊斯兰的文化和宗教世界在 7 至 16 世纪持续地扩张，从大西洋抵达太平洋。

自 7 世纪始，伊斯兰教地区是惊人的知识和文化活动的中心。中东的伊斯兰文明吸收、保存和发展了古典希腊、罗马的文化遗产，该遗产进入了伊斯兰教文明的主流，并随伊斯兰教向整个亚洲及东非传播。也正是这种折中的伊斯兰文明使欧洲得以在 10 世纪以后复兴了它的许多古代文化遗产。西班牙大的伊斯兰教城市里的穆斯林和犹太知识分子把希腊哲学和数学的光彩重新介绍给他们的基督徒邻居，这一进程在随后拉丁十字军在巴勒斯坦和黎凡特沿海建立短命王国的两个世纪里仍然持续着。同伊斯兰教文明短暂而密切的接触将中世纪伊斯兰教的知识和物质财富介绍给了许多欧洲人——学者、士兵和商人。这有助于在地中海基督教地区复兴欧洲的知识和商业活动，复兴活动也在法兰西、英格兰和德意志地区开始兴起的第一批大学中进行。因此，伊斯兰教文化遗产不仅在"东方"被发现，而且还是再造和复兴欧洲学术和文明的主要动力。

伊斯兰教地区扩张的一个后果是，它为印度洋的世界性的贸易世界增加了新的人群。在中东诸港口，阿拉伯人、波斯人、土耳其人、埃及人、摩洛哥人、蒙古人、突尼斯人、阿尔及利亚人、西班牙穆斯林、诸多小派别的亚洲基督徒、犹太人和偶尔像马可·波罗那样的欧洲旅行者，拥挤在市场、码头和远航的船只上，这些船只将他们载往印度洋的所有主要港口。 127

对印度洋世界的非穆斯林来说，世界的边界在缩小。在公元后 1 千纪的后半段，佛教在中亚和印度次大陆衰落，佛教世界在斯里兰卡——东南亚轴心——发挥作用。这种情况也适用于印度教"世界"，后者在其盛期自印度河延伸至湄公河。至 12 世纪，随着土耳其穆斯林征服印度北部以及柬埔寨大高棉印度教帝国的衰亡，印度教撤回到其古代核心地区，而其对外接触完全限于商人和水手的短期海外活动。

前现代时期人类对印度洋的显著、主要的利益关切，绝大部分是不可分地与海上贸易的涨落相联系的。贸易是港口存在的主要理由，是维持大多数长距离旅行的经济动力，也是文化交往的首要方式。这一概述的主要例外是朝圣者和渔夫。对朝圣者而言，大洋只是大路；对渔夫来说，海上劳作的首要目的是获取海产品。他们不将大海用作市场之间或宗教圣地之间的大道。

正如我们已知的那样，自公元后的头几个世纪始，海上贸易的复杂性和回报足以鼓励许多人迁徙。来自南亚的商人在中东港口形成了单独的移民社区，而南亚的其他商人开始了对东南亚的商业渗透——从缅甸至越南。他们在通往南中国海的路线上，在位于克拉地峡的搬运点形成了社区。阿拉伯人、波斯人、聂斯托利派基督徒和犹太人也向东渗透，定居于马拉巴尔和科罗曼德尔海岸，视之为印度南部、波斯湾和红海之间的商业中介。此外，7世纪伊斯兰兴起之前，外来商人只是非洲之角以南东非不定期的访问者。

印度教和佛教传入东南亚并进而传入中国，海上旅行的人数增加了。传教士、牧师、僧侣和手艺人从南亚出海，为在这一时期"印度化"的东南亚宫廷提供专门技能和宗教正统教义。另外，中国和东南亚的佛教僧众还会访问印度北部和斯里兰卡的佛教圣地和大学。确定这一早期的人员往来的数量是不可能的，但可以通过中国佛教僧人法显提供的材料窥其一斑，他于413至414年乘船自斯里兰卡至中国南部，船上载有乘客和水手200名。类似的报道还来自另一位中国僧人义净，他在671至695年间访问了印度北部、马来半岛和苏门答腊。

朝圣者、牧师、僧侣或艺人以及大多数普通人携带随身隐藏的商品，沿途出卖或交换以资路费。对前现代世界的所有旅行者来说，贸易物品是世界性货币。与对正式商业制度的任何研究所揭示的货物流动相比，这种贸易物品导致了更大、更广阔的货物流动。

当中东和南亚商人在这种人员往来中占主导时，如我们已知的那样，他们没有真正的东南亚对等者。直到本时期的最后几个世纪，在大陆东南亚，海上贸易仍是王室的特权。直到 13、14 世纪，海岛东南亚才开始出现独具特色的当地商业集团。

从公元后的头几个世纪开始，总是携带作为贡品和礼物的商品，政府信使和外交使节也在印度洋上旅行。诸南亚统治者派遣使节前往罗马和萨珊宫廷。而从 5 世纪始，东南亚诸邦与中华帝国政府之间有定期的海上外交往来。[1]

7 世纪伊斯兰教创建前夕，海上旅行人员的范围和种类在增加，最突出的是有着各种宗教背景的中东和南亚商人。但他们要在跨越大洋的小船上与外交使节、艺人、朝圣者、奴隶以及来自其他地方的商人抢位置。

随着阿拉伯伊斯兰教帝国的建立，海上商人作为个体和独立经济集团开始显著涌现。随阿拉伯伊斯兰教帝国的建立而出现的海上贸易大扩张将商人推到印度洋世界历史的最前沿。

在中东、南亚和东亚，大多数富商的活动限于陆地。但小行商与携带少量货物前往麦加朝圣的虔敬穆斯林挤在远航的船只上。与他们一道挤在船上的，还有巨商指派照看大宗货物的代理人和携带少量行李和小货箱的水手，小货箱中装满了贸易品。

大多数航海商人携带少量货物行动，但也有巨商，他们拥有相

1　P. Wheatley, 1980.

当多的船只并处理大宗货物；也有商人组合，他们集资组成一年一度的贸易船队，下红海和波斯湾，抵达东非和南亚的港口。11、12世纪兴盛的开罗大卡拉米穆斯林和犹太商人是此类商人的例子。他们复杂的贸易世界从地中海延伸至阿拉伯海的亚非海岸。通过集资进行一年一度的联合航行，利用分散在自欧洲南部到斯里兰卡诸港口的同宗者的服务，他们壮大起来。

这些商人中即便有人去涉足未知的世界，但也数量很少。他们前往自己非常熟悉的市场，在那里，他们对卖出自己带来的商品并获得带回的货物有足够的自信。他们面对的风险不是未知的风险，而是他们必须加以计算的已知风险：季风的节奏，了解很少的水域，海上的风暴，船难，供过于求的市场，海盗和战争——所有这些事件都可以使已拟好的商业计划失败，而且它们是不可抗力因素。自然，要采取预防措施。但是，在前现代的船舶、快速传播的信息等方面的技术限制下，预防措施几乎没有。

一定程度地控制艰难世界的最有效方式，是在享有共同文化、宗教和语言的人们的互动的基础上，通过集体商业活动建立起连锁商业网络。要做到这一点，同一商业社区的部分成员应定居在国外的市场。作用于海上和商业活动的季风节奏促进了这种分散，人与货不能整年都在航行。而且一旦商人和水手错过季风，对他们来讲，在国外港口待完一季经常是必要的。这也需要部分商人在国外港口安家，以作为同胞的代理人。

这些商人定居点也起着不同文化间媒介的作用。[1]他们与故乡保持的联系有助于维系其社区特性，并提供诸文化之间文化和技术往来的渠道。在环印度洋诸港口，此类定居点有独特且明显的特征。

1　参见 André Wink, 1987 对"商业散居"概念的批判性讨论。

130

每个社区都有自己的居住区域，该区域以标志其独特性的市场、清真寺、庙宇或教堂等为中心。该社区为旅行的移民提供食宿，管理团体规则和施舍，从事商业活动，支持宗教领袖，而且其代言人在与当地统治者打交道时代表团体。每个社团都是展示外来文化的窗口，并非其所有成员都有文化，但其首领——最成功的商人，清真寺、庙宇和教堂的管理者——是有文化的。通过这些团体对其他世界略窥一斑是可能的，而且当时机合适时，他们是文化交流和传播进程中最重要的角色。

并非所有商人和航海者都在友好的移民社区所限定的轴线上活动。只有最重要的市场才可能拥有移民社区，而且有许多被外来者偶尔造访的市场和港口。但来访的商人在任何市场都是有价值的参与者，并因此被当地法律所保护，那里的统治者希望促进对外贸易。

穆斯林在国外港口拥有最广泛的社区网。起初，波斯人位于穆斯林海上扩张的最前沿，而且开辟了从海湾到中国南部的海路。至9世纪，波斯人已为阿拉伯人所取代。而且，穆斯林的商业性移民已越出伊斯兰政治疆域之外，有效地为将在16世纪达到极限的更大的伊斯兰教地区奠定了基础。一种世界性的兄弟关系与信息系统正在扩展中，将来自印度洋沿岸所有主要文化区的穆斯林吸收进来。

第一批穆斯林移民社区位于非洲东北海岸、埃塞俄比亚、索马里和印度南部及斯里兰卡沿岸。不久，这些移民社区将成为当地生活不可分割的一部分；他们不再是偶然地而是经常地建立他们自己的移民社区，从而将伊斯兰教的边界进一步向南、向东推进。摩加迪沙和基尔瓦是对南方港口和人民进行伊斯兰化的主要代理；沿马拉巴尔和科罗曼德尔海岸的穆斯林定居点对海岛东南亚的伊斯兰化至为关键。

至14世纪，中国人社区出现在东南亚。他们之所以发展较晚，

131

是因为中国权力机构愿意外国商人来访问中国而不是中国商人向海外扩散。结果直到 11、12 世纪，中国商人才同东南亚和南亚建立起牢固的联系；而且直至 14 世纪，在东南亚才有关于中国海外商业社区之存在的可靠证据。[1]

但商人并非唯一在公海上航行的人。迄至 15 世纪，每年都有成千上万来自环印度洋地区的穆斯林参与朝觐。[2]蒙古人的大屠杀和 13 世纪巴格达基拉法特的瓦解也引起了中亚、美索不达米亚和波斯穆斯林难民持续几代人的出逃。许多难民被吸引到东非、南亚和东南亚伊斯兰诸邦。这些邦国扩展了伊斯兰地区的边界，为来自整个旧伊斯兰世界的有技艺和富有冒险精神的穆斯林提供了新机遇。

自 13 世纪始，被夺去财产的穆斯林阿訇、艺人、士兵与传教士、知识分子一道加入从海陆路向东、向南的大迁徙，到东非、印度北部、德干、马尔代夫群岛和东南亚的穆斯林边疆诸邦谋差事。作为成熟的伊斯兰文明的代表，他们受到新上台的穆斯林统治者的欢迎，他们提供了创造理想的宗教和文化的伊斯兰教地区所需要的实在技艺和成熟风格。

穆斯林难民对南亚的伊斯兰化进程至关重要。他们随身带来了中东和中亚大城市文明的技巧和传统，给整个南亚穆斯林城市的纪念性建筑留下了实实在在的痕迹，也保存了古典伊斯兰学术，并利用外来和内部的资源创造了大量新的南亚伊斯兰教文学和学术。在穆斯林统治地区，波斯语成了伊斯兰教上流社会和印度教上流社会的语言，奠定了直至 19 世纪还存在的南亚伊斯兰教宫廷文化的模式。

1　Paul Wheatley, 1980, 84–85.

2　M. N. Pearson, 1985.

在所有位于印度北部平原的城市里，外来穆斯林都受到欢迎。在大城市德里，苏丹们让摩洛哥、波斯和中亚的雇佣军、阿訇、知识分子和艺人围绕在自己身边。这些人经常从一个城市迁徙到另一个城市，以寻求王室或贵族的庇护，并将伊斯兰教的这一新边疆更紧密地同伊斯兰文明的中东腹地联结起来。在德干甚至在马尔代夫更小的伊斯兰宫廷和管理中心，因为当地穆斯林上层试图塑造理想化的伊斯兰教生活方式，这些漫游的穆斯林同样受到他们热烈的欢迎。[1]

但南亚伊斯兰文明并非全部取材于外来因素。许多波斯和中亚 133 伊斯兰教传统具有折中性，而且在南亚很快地采纳了当地的形式和风格，既以之作为手段在孟加拉等地区从乡村民众中吸收改宗者[2]，也是出于吸收非穆斯林参与管理、表演、造型艺术的需要。除印度河谷和孟加拉等地区外，群众改宗是例外而不是规律，而且伊斯兰教基本上仍是城市的宗教和文化，它从主要为印度教徒的农民的劳作中获取财富和权力，也与接受穆斯林统治者之领主权的许多印度教小邦结盟。

14 世纪以降，随着伊斯兰教渗入海岛东南亚诸邦，来自中东和南亚的穆斯林更大规模地向东迁徙。除学者、艺人和宗教领袖外，穆斯林雇佣军（尤其是骑兵）在南亚和东南亚的穆斯林和非穆斯林宫廷受到欢迎。正如大多数知名的统治者雇用一些外来穆斯林作为他同其他外来者打交道的商业和政治代理人一样，没有穆斯林骑兵小分队的知名宫廷极少。

由商人、艺人、宗教领袖和雇佣军组成的移民团体对环印度洋的文化传播进程至关重要。一个社会内存在外来社团并不自然意味

1　R. E. Dunn, 1989.
2　Asim Roy, 1984.

着文化传播和交流正在进行，但缺乏这种密切接触，此类进程也不可能实现。

外来社团作为文化交流和传播之诱因的两个最明显的例子，涉及东非的中东移民和东南亚的南亚移民。

如上所述，在东非，自 8 世纪始，增长的国际贸易在沿海原住民中引入了社会经济变迁的新进程。正式的长途贸易的发展刺激了城市中心的成长，也刺激了原住民社会的变化以容纳商人和艺人等新职业集团。沿海的波斯人和阿拉伯人为当地人提供了接触新经济、文化和宗教模式的机会，以使其适应变化着的环境。伊斯兰教和伊斯兰文明为当地城市新的上层人物提供了榜样。上层人物在改宗的同时，采取了许多伊斯兰文化的形式和价值。毫无疑问，当地上层人物与外来伊斯兰教商人社区成员之间也互通婚姻。

最终的结果，是创造出了一种非-亚伊斯兰文明——斯瓦希里文明，该文明自肯尼亚延伸至马达加斯加北部海岸。这是一个由商人控制的社会，商人统治着散布于东非沿海的港口城邦。表面上，这些港口城市是穆斯林定居点和伊斯兰文明在海岸的飞地，同非洲内地只保持贸易联系。但事实上，此类定居点是非洲对外来刺激的反应，在这种情形下是对外贸易和外来穆斯林的出现所引起的系列反应中的一部分。在宗教、建筑、政府和贸易方面，中东和南亚影响了这些港口城市的形式和行为习惯；但从语言、种族以及大众文化角度（从食物到民俗）而言，最基本的形式仍是非洲式的，后者借此将此类定居点的居民与非洲内地的居民联系起来。

同样的进程也发生于东南亚。在那里，南亚人社区——印度教徒、佛教徒和后来的穆斯林——作为联络集团，使当地上层人物得以借鉴和采纳南亚文明。与东非一样，采取和采纳外来宗教、文化和技术形式的原因与当地社会内部的变迁相关，变迁使外来文明的诸方面对当地上层人物具有吸引力且变得有利。

印度教与佛教在整个东南亚的传播是与水稻耕作的增长相联系的，稻作带来了更大的生产力和财富。为控制这些日益复杂且富庶的社会，统治者崛起了，而且第一批东南亚邦形成了。如同在东非，外来社区的出现使其接触到了更成熟的文明。对在急剧变化的社会、经济环境中崛起的统治者来说，成熟文明的诸方面都有吸引力且变得有利。结果是，他们非常自觉地借鉴印度教关于王权、仪式和祭司的观念，以使王权以及与对王权和国家的表现相关的建筑和艺术形式的合法化。

佛教在东南亚的传播更复杂些，既包括统治者也包括被统治者的皈依。南亚的佛教商人对这一进程来说至关重要，但佛教传教士也不可或缺。与印度教祭司相反，他们在民众中传播佛教的益处。尽管印度教在整个东南亚都留下了许多壮丽的纪念物，但只在王宫和印度尼西亚的巴厘岛留下了其行为习惯的遗迹。此外，佛教在东南亚更少地依赖于王室庇护，而且提供了替代上层人物的印度教行为习惯的大众化行为习惯。其最终结果是佛教在大陆东南亚的胜利和印度教实际上的消失。

在海岛东南亚，故事则大不相同。迄至 15、16 世纪，印度教和佛教交织着一道形成了诸岛所独有的复杂的文化混合物。另外，该地区诸邦的财富主要来自农业或贸易。例如，室利佛逝的命运依赖于贸易，而爪哇诸王国的财富源自对农业土地的控制。但在 13、14 世纪，在整个海岛东南亚，同中国和南亚海上贸易的增长开始对传统社会的经济结构施加压力。同贸易、港口城市一样，外来和当地的商人集团变得更加重要。因海上贸易为参与贸易的沿海集团创造了新财富和新期望，许多统治者建立在农业基础上的传统权力开始遭到削弱。同前几个世纪一样，现在主要由伊斯兰教改宗者组成的南亚商人社区为此类人提供了谋生的替代制度，而且伊斯兰教开始了对海岛东南亚的缓慢渗透。

然而在海岛东南亚，伊斯兰教与深受印度教和佛教影响的古代文明接触。不像东非，海岛东南亚是充满以城市为中心的复杂文明的地区，这些文明由种植极为高产水稻的农民所支持。伴随着伊斯兰教在诸岛间传播，它经常迫使自己适应复杂社会的古老信仰和行为习惯。此外，在东非，伊斯兰教是以城市为中心的宗教和文化系统，它帮助相对孤立的人群确立生活方式。随着海上贸易成为他们生存的关键，这些人群经历了急剧的社会文化变迁。

在东非和东南亚，在文化传播和适应的早期阶段，外来商人社团至关重要，但推动此类进程的不仅仅是他们的参与。推动因素更多地与当地人的社会经济变迁相连，对外贸易或启动或加速了这些变迁。一旦文化适应的进程开始，外来人社区所起的作用便减小了，此类进程的命运就与当地社会内部的发展相联系。注意到如下一点也是很重要的，即伊斯兰教传入东非和海岛东南亚的时间相差五个世纪或更久，这一时间差别对伊斯兰教在此两地所起的作用而言至关重要。在东非，伊斯兰教助其建立了一个文明；在海岛东南亚，"伊斯兰教没有建立一个文明，它适应了一个至 14 世纪已属古老的文明"[1]。

---

1 C. Geertz, 1971, 11.

第三章

商业时代：1450—1700

概　　览

到 15 世纪，从东非到东南亚的印度洋沿岸各民族被活跃的航海体系所连接，这个体系间接地为远及欧洲和日本的市场服务。这个复杂的航海贸易网络由许多商人集团所组成。当伊斯兰教向东从南亚传播到海岛东南亚时，许多商人改宗了伊斯兰教。这些商人集团是活跃的当地经济、社会和政治世界的重要组成部分，在这个世界中，各民族的思想和有形商品互相交流。

这个商业体系的运转周期由季风和沿岸的人类政治及经济活动所决定。季风使人们能够在海上迅速地远距离航行，但沿岸人类的活动决定了贸易的规模和方向。国家的兴衰、经济的涨落、年成的丰歉都是调节印度洋沿岸商品和思想观念流通的有利因素。

尽管一些影响力是商人无法控制的，但他们发展的经济体系却远非原始的，比任何偶然的商贩贸易更正规，而且若干世纪以来为许多港口城市的商人大社区所支持。

15 世纪最后 10 年里欧洲人的到来并没有破坏印度洋的本土世界。葡萄牙人和后来其他欧洲人的到来打破了古代的经济联系和商业机遇，但从根本上说，他们在 16、17 世纪的商业活动是建立在与当地商人和水手的亲密合作的基础之上的。

在这些世纪里频繁穿越印度洋的欧洲人并非面对一个正在衰退或消亡的当地经济和政治体系。欧洲商业活动的扩张与中东、南亚 138 和东南亚一些繁荣强盛、文化昌明的国家的兴起相并行，这些国家不仅仅是在陆地上的竞争对手。

然而，欧洲人在这些世纪里开始了把当地的航海贸易网络与大西洋、太平洋的新航海贸易网络联系起来的进程。欧亚形势的变化有利于欧洲人取得世界经济、政治霸权，这为他们在 18 世纪取得印度洋贸易的支配地位奠定了基础。

墨守成规的时代

在《商业时代的东南亚：1450—1650 年》中，安东尼·里德提醒读者，应避免把 15 至 17 世纪的东方看成固定不变和衰落的。正如爱德华·萨义德在他的作品《东方主义》中警告历史学家的，不要因为世界上的某些地区与欧洲的差异而否定其他地区。[1]对于研究印度洋本地居民史的历史学家来说，他们的告诫是有道理的。1498 年的葡萄牙人来到印度洋，经常被当作一个新时代开端的标志，被习惯性地视为当地的衰落和欧洲人事业的胜利。它也被一些历史学家看成"现代"与"前现代"世界的分水岭：以后，现代西方战胜并降服了落后、不变的东方。[2]无疑，从 17 世纪晚期起，西欧与印度洋的亚、非地带的经济联系发生了根本的变化，以欧洲人的经济、政治胜利而达到顶点，但欧洲人的胜利不能被提前到 1498 年。

虽然葡萄牙人的到来标志着有关欧洲人在印度洋的商业活动有

1　Anthony Reid, 1988, xv; Edward Said, 1985.

2　I. Wallerstein, 1974; Janet L. Abu-Lughod, 1989.

良好记录的开端，但它并不标志着印度洋地区商业和政治史上的一个新阶段的开始。到 15 世纪初，东南亚的航海贸易正在迅速增长，其中心是马六甲，这源于它与海岛东南亚迅速增长的联系以及与活跃的中国私人贸易系统，与古吉拉特、马拉巴尔和科罗曼德尔海岸、孟加拉和缅甸等地的网络都有的联系。同样，到 15 世纪中期，马拉巴尔海岸、古吉拉特、波斯湾、阿拉伯南部、红海、马尔代夫及南至索法拉的东非海岸等地之间横跨阿拉伯海的航海贸易也有了显著增长。随着马六甲的兴起，卡利卡特、坎贝、霍尔木兹和基尔瓦等港口趋于极盛，吸引了来自印度洋各地的商人和主要王国的使节。

15 世纪，随着伊斯兰教的传播，印度洋达到了新的统一。在海岛东南亚，继承了位于第一个改宗伊斯兰教的港口苏门答腊东北海岸的帕赛之衣钵的马六甲是伊斯兰教东传的重要据点。在东非，蒙巴萨和基尔瓦的情况也是如此，它们都超过摩加迪沙而成为沿海的商业和政治中心，现在又成为伊斯兰教沿着坦桑尼亚和莫桑比克海岸向南传播的中心。到 1450 年，一个新的、庞大的伊斯兰教商业和文化网络形成了，它迅速扩张，把东非、中东、南亚和东南亚连进一个穆斯林在其中占统治地位的商业体系。这个体系将存在到 17 世纪。

在这种当地商业活动强有力复兴的背景下，16、17 世纪被称为当地各民族与欧洲人之间"有限冲突的时代"，而不是建立正式的欧洲政治和经济帝国的明确序幕。[1] 它是存在大量的当地政治、文化和经济生活的时代，是当地人与入侵者为分享传统的商业而继续争执的时代，而不是以当地事业的垂死挣扎为标志的时代。

1　Sanjay Subrahmanyam, 1990(a), Chp. 5.

140 在 16、17 世纪，欧洲在印度洋的优势和对当地政治和商业体系的胜利根本不确定。在这些世纪里，当地商业在与欧洲商业的冲突与合作中繁荣和扩张。此外，在中东、南亚和东南亚，出现了政治上和经济上活跃的本土国家，它们在陆地上限制欧洲人，对商业贸易显示了积极进取的兴趣。

除了被称为"有限冲突的时代"的特征外，这几个世纪还被贴上了"合作的时代"的标签。在此期间，当地的集团促进了欧洲对印度洋世界的渗透。[1]对葡萄牙人和继之而来的其他欧洲人来说，这是一个与当地商业集团冲突又向之学习的时代。没有哪个侵略者能够按照欧洲的需要来塑造印度洋的商业世界。毫无例外，他们在内部以及与当地的商业集团之间，为了分享海洋的贸易而互相妥协和混战。其结果是，在印度洋的传统贸易世界中，互相发生冲突的是欧洲商业集团，而不是他们的统治者。

从文化上说，这也不是欧洲人统治当地民族的时代。葡萄牙语在一定程度上成为贸易通用语言，但欧洲商人和行政官员同样也得学习当地语言。例如，马来语就被欧洲和当地商人作为商业语言而广泛使用于整个海岛东南亚。同样，在南亚，波斯语直到 19 世纪一直是欧洲人与许多当地统治者联系的正式语言。当然，在许多欧洲人的飞地，他们企图再现自己原有的生活方式，但他们经常屈服于常识，在食物、衣服、社会习惯等方面有意识地——有些人是无意识地——采用当地的习俗，且常常遭到他们新来的同胞的厌恶。

141 气候和疾病给欧洲人带来很大的灾难。他们的大多数社区为发财梦所驱使而经常流动，只有少数欧洲人有时间或有意与当地社会进行较多的交流。唯一的例外是葡萄牙人和罗马天主教的各种传教士。

1　Blair B. King and M. N. Pearson, 1979.

至少直到 18 世纪晚期，他们是唯一企图建立永久殖民地，使当地各民族改宗天主教，并调查当地文化的欧洲人。

在这个时期，葡萄牙人的事业经常被简单地类比为当地人的事业。它被解释为贪图黄金的反穆斯林的十字军。葡萄牙在印度洋的官方商业组织"印度公司"曾被认为是印度洋地区的第一个欧洲殖民帝国。与 17 世纪出现于印度洋的据说更有活力、组织更精良、更"现代"的荷兰、英国和丹麦的联合股份公司相比，它是落后、无法律秩序、墨守成规和垂死的。但印度公司既不是墨守成规的也不是静止不变的。它不是第一个领土或殖民帝国，而是一个涉及物资集散而非生产、涉及民族之间的联系而非控制土地的贸易网络。因此，它与当地各民族之间的关系以及它的商业、政治活动随着时间而发生变化，随着里斯本的各个派系与印度公司为影响力而进行的斗争以及印度洋的形势而发生变化。

无疑，有些葡萄牙人前来的动机只是为了黄金或灵魂，有些葡萄牙人则是狡猾和狡诈的。但在 16 世纪，印度公司的政策发展和变化了，正如葡萄牙人与当地人的关系也发展和变化了一样。当里斯本和在印度洋的葡萄牙人对来自欧洲和印度洋的刺激做出反应时，公司内部的派系就会发生兴衰交替。从 17 世纪起，葡萄牙遇到了来自荷兰和英国的世界范围内的新压力。这对竭力维持在印度洋的生存的印度公司提出了严峻的新考验。

围绕印度公司的目标，特别是关于使用武力的问题，里斯本的葡萄牙政策制定者与印度洋的公司行政官员之间存在着紧张关系。[1] 葡属印度确实使用过武力和恐吓，然而它们不是葡萄牙政策的根本。它的政策在 16 世纪是多方面的和不断变化的，常常包含与不

142

1　T. F. Earle & J. John Villiers, 1990.

同宗教信仰者——从穆斯林到佛教徒——之间的合作和联盟。毫无疑问，宗教偏见、领土帝国的梦想和对财富的贪婪追求刺激了印度公司的内部各派。但在 16 世纪，葡萄牙的企业从根本上说是以促进和平贸易为指针的，虽然战争也不能避免（如果战争能推进商业的目标的话）。

为了评价葡萄牙的企业对印度洋世界的文化、政治和商业的影响，人们不能把印度公司的活动与其活动的当地环境分离开来，也不能忽视葡萄牙私商长期而繁忙的商业活动，更不能忽视把葡萄牙的企业与传统的商业网络连接起来的当地商人的活动。官方和民间的葡萄牙企业常常随着当地条件的变化而发展，而且相当成功地融入了当地的商业网络中。[1]如果以把贸易引向欧洲为基准来判断葡萄牙是否取得了成功，那么他们和这一时期的其他欧洲人就会被认为只取得了部分的成功。但如果以葡萄牙人在印度洋传统的商业世界中寻求适当位置的能力为基准来判断，那么他们是成功的。

当然，17 世纪的荷兰、英国和丹麦的商业活动是严格模仿葡萄牙的。在把更多的贸易引向欧洲方面，他们没有带来任何新的革命性观念。[2]

在此期间，没有欧洲人设法打破印度洋世界的文化和经济的相对孤立性，这种孤立性将被基本不变地保持到 17 世纪晚期。由于欧洲人的活动，印度洋贸易发生了较大的内部调整，但这不同于 18 世纪以后，欧洲人战胜当地商业、国家和文化，使物资的流通屈服于欧洲市场的冲突或合作的时代。

就它们都变成了当地商业体系的一部分来说，这一时期欧洲的

1　R. Ptak, 1987; R. Ptak & Dietmar Rothermund, 1991; Jorge Manuel Flores, 1990 and 1991.

2　Leonard Blussé, 1988, 195–214.

各种贸易组织的活动和机遇非常相似。只有从 17 世纪晚期起，当欧洲的经济活动类型和私商的活动发生了变化时，才导致欧洲与印度洋之间关系（首先是经济关系，然后是政治和文化关系）的深刻变化。正是变化了的欧洲经济和民间的首创精神，而不是早期的葡萄牙、荷兰和英国的贸易事业，把商业时代与资本主义时代连接起来。

本土贸易的黄金时代

到 15 世纪晚期，通过扩张和变化着的海上贸易路线与港口网络，印度洋沿岸的诸主要文明被连接起来。这些港口包括东非、波斯湾和海岛东南亚的自治城邦，也包括臣服于大国的港口，如坎贝、果阿、马拉巴尔和科罗曼德尔海岸的许多其他港口。有些港口，如基尔瓦、霍尔木兹和马六甲，并不是为邻近内陆服务的，而是为更远的港口和市场服务的大商品集散地。

所有这些港口都是活跃的穆斯林社区生活中心和从大西洋延伸到太平洋的穆斯林知识、文化世界的一部分。即使在伊斯兰教的政治控制之外的地区，如印度南部和斯里兰卡，穆斯林也作为商人和水手而大量存在。操泰米尔语的穆斯林商人社区（如马拉凯人社区），在泰米尔海岸各港口都很繁荣；操马拉雅拉姆语的马皮拉穆斯林统治了马拉巴尔海岸的一些港口；而在斯里兰卡，对外贸易几乎完全被控制在中东和印度南部的穆斯林商人社区的手中。

随时代以进，从最早的捕鱼村社时代到发达的国际性大港口时 144 代，航海技术和技巧、贸易、港口等都有稳定的发展。这个过程的历史是复杂的，而且远非"同样事件的简单重复"[1]。

---

1 Fernand Braudel, v. 3, 1986, 485.

虽然这几个世纪里印度洋各地之间的贸易都增加了，但不同的增长速度和沿岸各国不同的政治事件导致贸易的性质和活动方式经常发生变化。各港口的命运和机遇也被类似的因素所决定，此外还受到难以预测的自然变化的影响。

印度洋沿岸各地出产的物资的种类和数量有很大的差异。中东和南亚数千年来生产各种精美的制成品和原料，它们促进了航海贸易的发展。相反，东非和东南亚对航海贸易产生影响要晚得多，而澳大利亚则直到 19 世纪初才与航海贸易有了微弱的联系。

然而需要注意的是，在中东和南亚内部，由于地形的差异而存在不同类型的经济。两个地区的农业边界都是变动的，虽然它们都有相当多的小块商业活跃地区，但也都有自给自足的农业和物物交换占主导地位、市场稀少的广大地区。

变动的农业边界对于为农业内陆地区服务的港口的命运具有直接的影响。例如，在 15 世纪期间，当泰卢固人从德干高原中部向南迁移到今天的泰米尔纳德的丛林地区时，印度南部拥有新开垦的农业土地。这种农业的扩张对当地的经济和港口的活动显然具有积极的影响。古代港口如科罗曼德尔海岸的默苏利珀德姆就与一系列新港口联系起来了：这些新港口中的许多仅仅是简易的海滩锚地，其他的则位于河口和三角洲；有些港口如纳格伯蒂纳姆和纳格雷是较145 大的城市中心，其他的则只是比村庄更小、水手偶尔光顾的集市。

此外，在中东，到 15 世纪，由于政局动荡、蒙古人入侵和鼠疫，美索不达米亚和波斯的农业生产都下降了。这些天灾人祸导致了人口减少、行政低效和农业减产，表现为贸易下降和以前的大港口如巴士拉的萎缩。但直到 20 世纪仍是落后地区的巴士拉的命运还没有 1000 年来波斯湾的许多其他港口的命运那么残酷：大约 3000 年前，由于波斯湾的贸易受到美索不达米亚乱局的影响，古代的迪勒孟港在历史记录中消失了；约在 2000 年前，当罗马和萨珊波斯发展其他港口连接波斯湾贸易时，费莱凯被废弃了；9、10 世纪曾是波斯湾门户的西拉夫港被地震和内部动乱所毁灭；而长期作为西拉夫港竞争对手的阿曼海岸的苏哈尔港，在 10 世纪时被决心打破它在波斯湾航海中的优势地位的美索不达米亚的军事力量洗劫一空。在佐法尔和哈德拉毛海岸，在阿拉伯半岛西南部和红海，也可以看到各港口的兴衰命运。随着也门国家体系在 6、7 世纪的崩溃，乳香和没药贸易就减少了，从也门到佐法尔海岸的一系列港口的命运同样如此；同样，随着阿拉伯对埃及的占领，埃及通过红海的航海贸易衰落了好几个世纪，古代港口如伯奈克和摩斯霍尔摩斯被毁灭了。其他港口及时地发展起来取代了它们的地位，但今天该地区很少有港口能声称是存在了 2000 多年的古代亚丁港的后裔。

实际上，在蒙古入侵和鼠疫灾难之前，中东地区人口增长和经济、文化活动的中心在 11、12 世纪已经移向埃及，红海取代波斯湾成为通向东方的主要海路。但是，这条海路的运行到 15 世纪也出现了变化的迹象。埃及也遭到鼠疫的袭扰，它的农业基础遭到无能的马木留克统治和鼠疫带来的人口大量减少的双重打击，对进口的需要下降了。开罗的穆斯林和犹太商人大家族陷入了贫困和默默无闻的境地，以前的大港口如亚历山大港和苏伊士变成了地中海与印度洋之间的香料和胡椒贸易的中转站，欧洲人如威尼斯和热那亚的商人模仿并改进了当地的商业技术。

虽然埃及内部衰落了，但获益于每年到伊斯兰教圣城朝拜的穆斯林的不断增加，麦加和麦地那的朝圣市场继续扩张并成为南亚纺织品和东方的其他商品的集散中心。[1] 到 15 世纪，大批香客每年从

146

1　Suraiya Faroqhi, 1990; M. N. Pearson, 1986.

东非、古吉拉特、马拉巴尔和科罗曼德尔海岸、斯里兰卡的港口和马六甲携带货物向伊斯兰教圣地出发，沿途进行贸易；到了麦加和麦地那，还要在庆祝香客们到达的大市场上进行交易。

从埃及到波斯，中东的远距离商业到 15 世纪时日益依靠地中海与印度洋之间的中转贸易，而不是依靠为当地市场提供的服务。这种贸易仍然有厚利可图，因此吸引了埃及、波斯和南亚的统治者的注意力，他们通过保持正常的外交联系以使贸易顺利进行。新的帝国在中东崛起，它将恢复已经消退的伊斯兰文明的繁荣。但普遍来讲，农业和商业从未得到完全恢复，尽管 17、18 世纪奥斯曼王朝和波斯萨非王朝的统治者企图鼓励恢复它们。这一现象的原因是复杂的，某种程度上与自 16 世纪开始的印度洋和地中海之间的中转贸易的逐渐消亡有关。

相反，到 15 世纪，印度次大陆的农业发展起来，较大的国家——如德里苏丹、德干苏丹和毗奢耶那伽罗王国——得到巩固，它们自觉地把农业的发展与国家的利益联系起来。与中东的情况不同，次大陆没有出现全面的灾难性人口减少和经济衰退，虽然各地机遇的差异不容忽视。一般说来，南亚各个港口的历史相比于中东较少兴衰无常。偶尔，古代的港口如布罗奇和其他许多港口（特别是孟加拉的港口）当河流改道和河道淤塞时就会面临逐渐衰落的境地，但是《红海回航记》中提及的大多数港口在 15 世纪仍然活跃。

南亚唯一的例外是斯里兰卡。到 15 世纪，对干燥区灌溉农业的放弃和人口迁移到中部高地和西南部的热带沿海地区，导致大米的出口减少。代之而起的是，它越来越依赖奢侈品（如桂皮、宝石、象牙和大象等）的出口。此外，西南海岸的港口加勒取代了面对印度的古代港口曼泰，成为东、西印度洋航海贸易的主要货物集散地。

因此，在这些世纪里，南亚和中东不同的经济变化速度和不同的政治、历史对航海贸易货物的流转和港口的命运产生了不小的影响。

这种变化周期也反映于不同类型的文化活动中。12、13世纪，当美索不达米亚陷入政治和经济混乱时，中东地区最有活力的穆斯林文化生活中心已经向西移到埃及。帝国性都市巴格达下降为地方性的城市，而开罗成为中东伊斯兰知识和文化生活的中心。但到15世纪，文化中心再次东移：埃及走向衰落，当波斯的蒙古领主改宗伊斯兰教并成为伊斯兰文化的庇护者时，波斯重新崛起为穆斯林文化活动的中心。

在15世纪期间，位于印度中部的德干伊斯兰国家成为伊斯兰文化的中心。当德干国家的经济活动扩张时，它一度成为印度河—恒河平原上各个伊斯兰大城市的劲敌。1347至1526年，伊斯兰的巴曼王朝统治德干国家，它在古尔伯加和比德尔等城市鼓励发展伊斯兰的城市文化，它还注意保护和鼓励通过它的主要港口果阿发展起来的航海贸易。德干的穆斯林统治者维持了一支庞大的骑兵，并依赖中东与果阿之间的马匹贸易。15世纪晚期，巴曼国家开始分裂，行省总督割据独立，形成了艾哈迈德纳加尔、戈尔孔达、比杰伊布尔、贝拉尔和比德尔等苏丹国。这些国家的统治者在宫廷里提倡伊斯兰文化，拥有出海口的国家则积极参与航海贸易：艾哈迈德纳加尔和比杰伊布尔通过印度西海岸的乔尔和果阿，戈尔孔达通过科罗曼德尔海岸的默苏利珀德姆。后来，贝拉尔和比德尔这两个内陆苏丹国被艾哈迈德纳加尔和比杰伊布尔所吞并，后二者都能够维持大量的骑兵，骑兵通过乔尔和果阿这两个港口从波斯和阿拉伯得到经常性的兵员补充。

更南部的毗奢耶那伽罗印度教帝国是印度南部印度教文化的一次重要复兴的原因，复兴是与农业、贸易和海上商业通过科罗曼德

148

尔和马拉巴尔海岸各港口的扩张相联系的。相反，在斯里兰卡，古代农业体系的衰落和人口向热带南部的迁移使宫廷文化和佛教衰落，直到 19 世纪才停止。

穿过孟加拉湾，在海岛东南亚，至 15 世纪已十分明显的航海贸易大发展，对于从马六甲到摩鹿加群岛的地区的发展至关重要，包括新国家的出现、伊斯兰化和马来穆斯林贵族文化的传播。当地和外国商业活动的兴起导致伊斯兰教对混合的印度教和佛教文化的吸收[1]，以及在政治生活改革中更加重视海上贸易的重要性。在此前的 1000 年间，东南亚各国已经与统治中国的历代王朝发展了外交关系，一方面是作为取得贸易的手段，另一方面是得到大国的批准，使他们在当地的统治合法化。15 世纪，明朝宫廷由于同样古老的原因而吸引了东南亚新兴的伊斯兰国家，正如他们吸引了来自南亚和中东的重要的穆斯林商人集团一样。

到 15 世纪，马六甲海峡沿岸的一些港口（亚齐、帕赛、吉打和马六甲）和爪哇北部沿海的一些港口（班塔姆、雅加达、淡目和格雷西）正在享受着空前的繁荣。这些港口与农业国家（如大陆东南亚的泰王国阿瑜陀耶王朝［1350—1767 年］和爪哇岛上的麻喏巴歇［约 1300—约 1527 年］）之间的关系变得紧张起来了。阿瑜陀耶王朝企图以牺牲马来半岛上的马六甲等港口来取得与外部世界更多的航海贸易联系，从而使它们的关系变得紧张。此外，爪哇的航海贸易促进了新贵族和新财富形式的兴起，它们威胁了其权力和财富来自农业税收的传统的统治集团。

在这场斗争中，新兴的港口城市国家如马六甲经常依靠外国的商业和政治权威来使自己的统治合法化，并以后者提供的保护来反

1　C. Geertz, 1971, 11.

对富有侵略性的强邻。例如，马六甲就得到了中国的保护，并扩大了在东南亚远距离贸易中占有重要地位的南亚印度教徒和穆斯林商人的特权。

15世纪的东南亚文化活动活跃。在海岛东南亚，当地语言和外来语言混杂的富有的伊斯兰宫廷就成为另一种东南亚文化的中心。在大陆东南亚，缅甸人、孟人和泰人的统治者积极提倡有地方特色的佛教艺术和建筑形式的发展，以至于从被征服地区掳获的艺人和艺术家成为合法的战利品。

综观历史，航海贸易和它对文化的影响都不可避免地与政治事件息息相关。在有些情况下，它们对航海贸易和文化交流的类型产 150 生影响；在另外的场合，贸易的必要性又有助于形成政治和文化活动。

例如，在中东，5、6世纪，在拜占庭与萨珊波斯之间，以及他们各自的阿克苏姆的基督教徒盟友和阿拉伯西南部的犹太教徒盟友之间，许多战争造成了也门国家的崩溃和海外贸易转向该地区的其他港口。8世纪后期，阿拉伯帝国的都城从大马士革迁至巴格达，这加强了波斯湾的贸易。而10世纪后巴格达在美索不达米亚和波斯的政治权威的衰落使野心勃勃的埃及法蒂玛王朝（909—1171年）能够把埃及变成重要的伊斯兰文化中心，并以波斯湾为代价复兴了红海的贸易。

同样，向中东的民族迁移经常扮演催化剂，导致了文化和海上贸易的新形式与新方向。从对中东伟大的伊斯兰教文明的破坏的角度来看，诸如蒙古人这样的外族的入侵经常被描述为完全否定性的事件。但这种描述到底有多少真实性呢？

在蒙古入侵中东和亚欧大陆其他地区之前，已经发生过中亚民族迁入中东富庶地的事件。例如，从9、10世纪起，土耳其人沿着丝绸之路从故乡迁徙到伊斯兰教帝国，在那里，他们充当边疆雇佣兵的角色。他们的迁徙无疑引起了阿拉伯伊斯兰教帝国内部的政治动荡，但也增加了一个改宗伊斯兰教的充满活力的新集团，使伊斯兰教的边界延伸到土耳其、阿富汗和南亚地区。此外，这些民族的迁移使阿拉伯帝国的军事力量恢复了元气，从巴勒斯坦、黎凡特和埃及驱逐了十字军战士，建立了埃及、美索不达米亚和波斯王国，使它们变成了繁荣的伊斯兰文化和商业中心。

即使是蒙古人，他们也在破坏性入侵波斯和美索不达米亚以后，在整个中东内陆和波斯建立了自己的国家。在这些新的权力中151 心，蒙古人也企图重建古典的伊斯兰教文化，大力提倡国际贸易，以获得奢侈品和印度洋贸易的利润。

波斯湾的航海贸易现在让位于红海。然而，建立于波斯内陆的蒙古宫廷对于波斯湾贸易的复兴起了一定的作用。蒙古人和土耳其人起初都是破坏性的，但一旦建立了自己的国家，他们反过来又企图重新创立许多他们所破坏的并且在这个过程中微妙地改变了印度洋贸易的规则。10 世纪时，土耳其人在埃及建立的法蒂玛王朝带来了埃及红海贸易的增长，巴格达的毁坏和在波斯建立的蒙古王朝导致了巴士拉的衰落和波斯湾伊朗海岸古老的霍尔木兹等港口的复兴。随着 16 世纪晚期当地人创立的波斯萨非王朝独立的恢复和经济的高涨，霍尔木兹港进一步繁荣起来。

5 至 12 世纪，南亚特别是印度东南部进入农业垦殖发展时期，这导致了农业生产的提高、航海贸易的扩张和新国家的形成。沿海和内陆的经济和政治联系更加紧密，沿海和越洋交通加强，贸易重心从瞬息即逝的奢侈品变成内陆的大宗产品（如棉布、谷物和槟榔果）。然而，与较早时期的中东一样，从 12 世纪起，穆斯林在印度北部和中部统治的建立造成了战争技术和官僚组织的相当大的变化，它表现为征税效率的提高和航海贸易性质的变化。

随着封建邦国争夺霸权、寻求出海口和参与重要的中东贸易，当有宿怨的国家之间争夺霸权、寻求通往海港和活跃的中东贸易的道路时，技术的变化导致 12 世纪以后将阿拉伯和波斯战马运进印度中部和南部的古代贸易的大规模兴起。官僚组织变化的后果包括：征税效率的提高、货币交纳广泛取代实物交纳和越来越依靠用于铸币的贵金属和铜。为了维持马匹、贵金属和铜的进口，印度南部和中部各王朝——注辇、曷萨拉、潘迪亚、跋罗婆、巴曼、德干苏丹和毗奢耶那伽罗——不得不积极扩大耕地面积和粮食产量。从 13 世纪起，印度南部和中部的各政权都比以前更多地鼓励远距离的航海贸易。 152

在离海岸更远的内陆地区，13、14 世纪蒙古人的破坏使许多中东市场和古代中亚贸易路线崩溃，它们被通过东南亚穿越印度洋到达南亚和红海的海路所取代。中东经济的衰退使刚刚改宗伊斯兰教的南亚商人集团填补了印度洋商业活动的空白。最后，南亚商人和中国商人的参与对东南亚的政治、文化和经济生活产生了深刻的影响。

这些影响在马来半岛和印度尼西亚群岛表现得最显著，但对泰国和缅甸也有影响。这两个国家为控制诸如丹老和丹那沙林等海港、取得对马来半岛北部海岸的支配权而互相斗争。泰国的阿瑜陀耶统治者和它的 18 世纪以曼谷为中心的后继国家都欢迎外国商人。由于缺乏一个泰国商人阶层，当航海贸易成为农业税收之外的巨大财源时，阿瑜陀耶的统治者（和缅甸的统治者）被迫依赖王室代理人——其中许多是外国的穆斯林——和南亚、中国及日本的商人、船主出口当地的产品并进口外国的货物。

在东非，港口的命运和沿海贸易的类型在短期内更加复杂。东非各港的生活必需品依赖它们从邻近陆地和内陆地区收集产品的能力，不管是一个还是两个出口商品的来源被破坏，各港口都只能而且确实将陷入衰落状态。内陆地区的政治动荡、地方性疾病、生态变化和民族迁徙对沿海居民来说都是灾难。影响港口命运和贸易方向的另一个因素是北部各港口如摩加迪沙、蒙巴萨和基尔瓦之间为了控制为海外市场生产大量产品的南部各港口而展开的竞争。南部各港口，如出口黄金的索法拉，受海风所限，以北部港口为中心。诸港口的重要性因经济竞争的命运而有所不同。

153
　　航海贸易的技术和方向的变化可以在所有地区看到。然而重要的一点是，虽然这些变化本身是如此重要和令人着迷，但它们并不影响印度洋航海贸易的长周期。就是说，它们引起了印度洋某一特定地区的航海货物的规模、成分和方向的细微变化，但不急剧影响航海商业的主流。这些变化是影响印度洋地区个人、社区和文化的命运的独特历史事件。

　　到15世纪，印度洋的海上贸易由于南亚与中东和其他航线运输的大宗货物的增加而闻名。奢侈品贸易仍然繁盛。不管对该贸易的基本特性做何总结，它都代表了一种显著的自立的经济制度。这种经济制度极少依赖地中海和东亚的市场，虽然反过来不一定如此。到15世纪，地中海和中国的市场越来越依赖从印度洋的进口，在穆斯林的贸易城市（如黎凡特、安条克、西顿、的黎波里、推罗和海法）尤其如此。意大利的贸易城市（如威尼斯和热那亚），其繁荣在很大程度上取决于它们在印度洋的香料和胡椒市场的地位。这种进口适应了欧洲需要的增长，对于地中海沿岸和中东的商业社区的命运具有重要的决定作用。与此相反，除了中东的一些地方和东南亚的马六甲外，印度洋沿岸只有少数港口依赖与印度洋之外地区的贸易。

在马六甲，这种依靠对外贸易的情形由其作为东南亚的转运港 154
的地位及其与中国的贸易联系所决定。然而，对红海和波斯湾的各
港口（特别是亚丁和霍尔木兹）来说，印度洋和邻近地区的贸易相
当重要。在中东，农业剩余已显著下降，以满足内部需求和市场网
络，当地商业已越来越依赖于扩展着的地中海、西欧经济的转口贸
易和热带亚洲的出口商品。红海和波斯湾各港口逐渐仅成为基督
教地中海、东非、南亚、东南亚和中国之间的过境货物和金银的
通道。

　　虽然描述 15 世纪印度洋贸易的概貌相对来说是容易的，但是
要说明从事贸易的人的情况就困难得多。谁是从事贸易的人？在某
种程度上可以泛泛地说，在工业革命前的世纪里，由于大多数商
业，无论其是海上的还是陆上的、欧洲的还是亚洲的，都掌握在
小商业合作组织手中，所以每艘船上的旅行商人人数一定是很多
的。很少有商人能够靠自己的力量，在每次贸易航行中都能装满一
艘船。大多数船只都装载着许多商人共同拥有的货物，从富商以至
更接近货郎的小商贩。但无疑也有一些巨商，与 18 世纪苏拉特的
古吉拉特港的穆斯林大商人穆拉·阿布杜尔·加孚尔一样。他拥有
17 艘船，总载重量超过 5000 吨。当当地贸易被认为走向衰落时，
他就到红海和波斯湾进行广泛的贸易。[1] 但是，像加孚尔这样的商
人是例外而不是正常现象，大多数从事航海贸易的商人是不太富
裕的。

　　虽然难以统计前现代时期穿越印度洋的当地商人的数量，但一
些比较著名的港口特别像马六甲的某一时期的记录确实存在。据 155
估计，15 世纪时大约有 1000 名印度教徒和穆斯林古吉拉特商人住

1　Ashin Das Gupta, 1967, 11–12.

在马六甲，而在航行季节有 1000 至 1200 名商人穿行于孟加拉湾。[1]
除了古吉拉特商人外，还有丘利亚（泰米尔穆斯林）、克林（泰米尔印度教徒）、孟加拉、波斯、亚美尼亚和帕西商人航行在同样的线路上。另据估计，荷兰权力 17 世纪初在海岛东南亚兴起前夕，每年有 1500 名爪哇商人到班达购买香料，然后带回到马六甲等港口供葡萄牙、南亚和中国商人采购。[2]

到 16 世纪早期，古吉拉特商人在孟加拉湾的贸易网络中占据突出的地位，并在与东非和中东的贸易中占据较大的份额。这种贸易中较小的参与者是来自马拉巴尔和科罗曼德尔海岸、孟加拉各港口（如吉大港）以及散布在恒河三角洲上的许多小港口的商人。这些南亚商人中有许多是穆斯林，但也有印度教徒和耆那教徒。古吉拉特人在次大陆活跃的海岸交通和连接印度南部与斯里兰卡和马尔代夫的交通中占有显著地位。

古吉拉特人中的印度教徒在马六甲城组成自治团体，在港口的管理上及在穆斯林统治者的宫廷里具有重要的发言权。古吉拉特人中的穆斯林人数不多，但他们也在港口内形成了单独的法律实体，占有自己的居住区，拥有自己的清真寺，这些清真寺与马来穆斯林的清真寺不同。有时候，伊斯兰的共同行为使南亚与当地的穆斯林难以区分，许多富有的外来穆斯林商人与当地统治家族通婚，导致了南亚与马来穆斯林文化的融合。

印度洋其他地方的航海交通数量不可能被统计出来。穿过阿拉伯海，南亚人与阿拉伯人、波斯人、亚美尼亚人和犹太人互相混156 杂。来自中东的穆斯林散居于印度西海岸，但随后，他们融合进当

---

1   B. Schrieke, 1966, 12; K. S. Saudhu & P. Wheatley, 1983, vol. 1, 181.

2   B. Schrieke 1966, 24.

地的穆斯林社区。信印度教的古吉拉特人经常到达中东，并在霍尔木兹和亚丁等港口形成临时的社区。和从古吉拉特到东南亚的航行不同，向西穿越阿拉伯海的航程较短，容易在一个航行季节里返航，以至于在中东很少保持大量的南亚人社区。

中东和南亚的贸易商人还经常来到东非各港口，阿拉伯人和波斯人在东非的许多港口建立了定居点。但随着通婚和一些东非海岸的社区改宗伊斯兰教，不需几代人的时间就使外来者与当地穆斯林之间的界限模糊不清了，尽管前者的身份仍然与其外来的祖先有关。

除了能被确定为商人的集团外，其他的人群也卷入了贸易，他们很难被划分成某种类型，例如东南亚的雅贡人和布吉人。正如我们前面已看到的，雅贡人对室利佛逝和后来的马六甲的经济命运至关重要，两个港口都依赖他们的贩运活动，以之为中心市场收集物资的手段。从 17 世纪起，布吉人取代雅贡人与柔佛的马来苏丹紧密合作，马来苏丹在 1511 年葡萄牙占领马六甲后曾经成为许多难民的避难地。[1]

到 16 世纪，布吉人充当了阿瑜陀耶统治者的贸易代表和雇佣兵。后来，在 1786 年槟榔屿建立后，英国的东印度公司又谨慎地把布吉人罗织进槟榔屿的航海贸易网络。当 1819 年斯坦福·拉弗尔斯创建新加坡城并以之作为英国在海岛东南亚的贸易据点时，他们又被他拉入新加坡的贸易网络。直到 19 世纪中期，当新的欧洲船型和新的欧洲商业形式使他们在欧洲的海岛东南亚航海贸易中成为多余的伙伴时，他们才从新加坡的贸易中被驱逐出去。[2]

到 15 世纪，印度洋的贸易维持了从东非到南中国海各港口的互

157

1　V. Matheson, 1975.

2　L. K. Wong, 1960.

相融合的不同种族、文化和宗教集团。如果说从 2000 多年前开始的穿越印度洋的贸易是复杂和持久的，那么通过提供现成的交通和贸易机会而不仅仅是分离彼此的空间，印度洋就能被认为是影响沿岸许多地区之发展的一个积极的"实体"。复杂的航海贸易网络也是文化融合和交流的促进者。直到 19 世纪，在被新的商业和经济活动方式削弱之前，它一直是印度洋沿岸各民族和文化之间的联合因素。

欧洲的地理大发现

15 世纪，葡萄牙开始了一系列航行，以寻找获取亚洲的神秘财富的途径。意大利人控制着欧洲对亚洲的贸易，垄断了黎凡特与地中海沿岸基督教各港口之间极为有利可图的印度洋香料贸易。意大利人的遏制、由于数世纪受穆斯林统治而产生的反穆斯林情绪和对黄金的渴求等因素刺激了葡萄牙寻找到达神秘的"印度"的航路。

至少自 13 世纪以来，欧洲的旅行家如马可·波罗等就用关于东方的珍奇财富、强大的王国和奇异的民族等的神秘故事使欧洲人神魂颠倒。但自 13 世纪穆斯林在巴勒斯坦和黎凡特驱逐了十字军战士以后，到达东方的陆上交通就被他们牢牢地控制了。葡萄牙和西班牙都位于欧洲人所知的世界的边陲，都是贫穷的国家，都沉浸于反穆斯林的狂热之中，而且都渴望得到黄金。

158　　　葡萄牙在 14、16 世纪进行了探索。在此期间，他们在北非追求荣誉和财富遭遇失败，继而在大西洋成功地寻找到了光荣的未来，在巴西和西非赢得了领土帝国；1498 年，他们最终到达了印度。在同样的动机的驱使下，西班牙通过向西航行寻找到达东方的航路，他们在美洲建立了帝国，然后穿过太平洋征服菲律宾，从而在亚洲取得了立足点。

　　1498 年，葡萄牙人来到印度洋，不仅向欧洲人揭开了印度洋世界的神秘面纱，而且向欧洲人展现了一个新世界，引起了各地的不同反应。有趣的是，为了达到垄断印度洋与欧洲之间有利可图的香料贸易的目的，葡萄牙被迫在印度洋古老的商业网络里进行贸易。他们只能通过把印度洋的贸易与大西洋和太平洋的贸易联系起来，才开始偶尔把印度洋世界的经济整合进正在发展的全球商业经济体系中。

　　葡萄牙并没有完全削弱地中海欧洲经过中东与印度洋之间贸易的古老机制，或以经过大西洋把北欧与印度洋连接起来的贸易体系彻底取代它。他们尤其未能使洲际贸易重新改变方向，这将是后来的荷兰和英国公司的举动。[1]葡萄牙入侵的主要后果是，欧洲贸易融入了印度洋的商业网络，为后来荷兰和英国公司取得印度洋贸易据点打开了缺口。

　　随着绕过好望角通往神秘印度的航路的发现，葡萄牙企图把以穆斯林为主的中东商人、地中海的意大利和加泰罗尼亚商人从欧洲与印度洋之间的香料贸易中驱逐出去。[2]葡萄牙的动机是复杂而不统一的。他们没有事先的帝国扩张计划，而且在实施的过程中，它受到现实条件变化、葡萄牙和葡属印度派系的影响，经常波动和随时改变。[3]一些葡萄牙人带着反穆斯林的十字军狂热进入印度洋的商业世界，有些人在非洲和亚洲寻找基督教盟友，热衷于约翰牧师的英雄传说中关于基督教埃塞俄比亚的古代传说，但其他人——也许是大多数——则是为贸易的动机所驱使。[4]葡萄牙人在亚洲的商业活动

1　Niels Steensgard, 1972.

2　T. F. Earle and John Villiers, 1990.

3　Sanjay Subrahmanyam, 1990(c).

4　T. F. Earle and John Villiers, 1990.

也不一致：或者是通过王室垄断机构，或者由独立于里斯本和印度洋的不同据点的王室官僚机构之外的自由商人开展。[1]

葡萄牙人使用许多方法来攫取有利可图的香料贸易，给印度洋各族人民带来了多种后果。在追求财富方面，葡萄牙人比当地人拥有更多优势。首先，他们（至少起初）有在王权控制下的统一协调的事业。此外，与当地的贸易者和统治者不同，葡萄牙发展了侵略性的海军战略。如果当地的商业集团或统治者拒绝他们的贸易权利，他们就准备使用海军来实现商业野心。[2]一些当地国家（特别是马木留克统治下的埃及）虽然拥有军舰，但他们没有葡萄牙那样的海军战略意识或一支强大的常备海军。最后，葡萄牙的航海技术在印度洋独占鳌头。

在好望角航线发现前的一个世纪里，葡萄牙的船只制造者已经把地中海的穆斯林的先进航海技术应用于他们在大西洋上的船只，并在船上配备了火炮。结果，葡萄牙的航海技术和军事力量都比其他民族先进（除中国以外）。然而，中国在 15 世纪中期退出了航海冒险。虽然中国人在 13 世纪发明了船载火炮，但与欧洲人不同，他们从未把它当作战争战略的主要部分，在 16 世纪末彻底放弃了它。

然而，葡萄牙航海技术的优势却被他们在印度洋服务的船只的数量和质量的不足所抵消。从 16 世纪早期起，就有人对里斯本经常抱怨印度洋的造船设备不良、船只倾斜，也有关于船只在热带和赤道航行时迅速腐烂的生动记述。[3]

利用他们的优势，葡萄牙人占据了成巨大拱形的从索法拉到马

1　L. F. Thomaz, 1991.

2　L. F. Thomaz, 1991, 6.

3　T. F. Earle and John Villiers, 1990.

六甲的具有战略意义的港口，他们企图从那里控制印度洋海上通道和具有经济意义的内陆。这个广泛的战略目标是把当地的贸易引向葡萄牙控制的港口，以之作为控制香料和胡椒流向欧洲的手段。港口不是随意选择的：索法拉作为津巴布韦的黄金产地而成为夺取的对象，黄金被用来支付葡萄牙从南亚和东南亚购买的货物；霍尔木兹之所以被占领，是因为它经过大不里士而与中亚市场相连，也因为它位于波斯湾的入口处；选择第乌，是因为它与古吉拉特巨大的棉布和丝织品出口地区比较接近；选择果阿，是因为它在德干苏丹与中东之间的航海贸易中的重要地位；选择科钦，是由于它接近马拉巴尔的胡椒；选择科伦坡，是由于它是盛产桂皮的内陆地区，以及它横跨连接印度洋东部和西部地区的主要海路的地理位置；选择马六甲，则显然是由于它是东南亚市场的关键所在。

　　葡萄牙诉诸武力的目的和意向有利于他们的野心的实现。然而，这种不过分依从固定模式的做法是明智的，因为不同的战略的目的都是为了争取优势。有些人，例如 1500 年的佩特罗·阿尔瓦里斯·卡布拉尔和一些年后的残暴征服者阿尔布凯克，就把葡萄牙往领土征服的道路上推。[1] 从索法拉到马六甲的主要穆斯林港口都在这种首领的带领下被占领，他们梦想在国王的垄断下建立一个集权的商业和领土帝国。其他人则反对阿尔布凯克建立领土帝国的号召，寻找达到目的的更谨慎的方法。这些人乞灵于良好的葡萄牙法律，后者以与非基督教民族的商业合作代替征服和暴力。

　　后面这个集团是实用主义者。葡萄牙的人力和物力资源有限，他们不能把穆斯林从公海上驱逐，或建立任何形式的航海贸易垄断。实用性迫使葡萄牙在印度洋贸易世界中更多地做出妥协而不是使用

163

1　T. F. Earle and John Villiers, 1990.

暴力。况且，欧洲与印度洋之间的商业交换直到 18 世纪仍是有限的，它抑制了全面和稳定的欧洲—印度洋航海贸易体系的发展。

对葡萄牙和后来的荷兰及英国来说基本的问题是，欧洲除了金银和黄铜等金属外，能用来交换印度洋货物的东西实在太少——印度洋自古短缺这些金属。但当时欧洲的财政思想是，金银在任何情况下都必须被储藏起来。

16 世纪末，美洲和日本白银的发现部分解决了世界贸易中的这个问题，但它也引起了物价上涨，从而在一定程度上弄巧成拙。支付进口费用的更实际的方法是使印度洋的航海商业制度像当地人数个世纪以来所做的那样，就是说，为了获得最终以香料和其他奇珍异物形式返回欧洲的利润，在印度洋世界中进行分段的贸易航行。

实际上，这迫使葡萄牙在与当地商业集团的合作中充当学徒的角色。虽然葡萄牙的宗教和商业偏见和他们起初打入当地胡椒贸易的失败，促使他们企图残酷地阻止从非洲和南亚穿越阿拉伯海到中东的穆斯林香料贸易，但贸易的现实很快迫使他们与当地的贸易商人和统治者进行更紧密的联盟，其紧密的程度有时超过里斯本和果阿的官员的意愿。在波斯湾，特别是在霍尔木兹、东非海岸和其他地方，当葡萄牙人能够利用海军的优势参与贸易，从当地的贸易商人和船主那里榨取税收而不是毁灭他们时，葡萄牙人与穆斯林达成了妥协。在印度洋的许多地方，葡萄牙利用海军优势的威胁，给当地船主颁发贸易许可证（cartazes），以之为从他们不能控制的商业体系中榨取利润的手段。这给国王带来了收入，后者后来甚至超过了合法贸易的利润。但除了武力和许可证之外，葡萄牙还不得不为欧洲取得物资。为此，他们不得不利用政治和外交提供的机会，伸入当地贸易网络的空隙。

为了获利和为欧洲取得香料及稀有物资，葡萄牙必须在印度洋沿岸兜售欧洲和东亚的货物、金银及当地出产的物资。实际上，他们必须在传统贸易中取得一席之地。为此，葡属印度不仅融入了传统的贸易网络，而且通过发展特许制度改变了它的垄断要求，允许一些葡萄牙私商加入官方的贸易组织，把它的触角深深地伸入传统贸易的空隙。他们用这种方法分享了东非与南亚之间黄金、象牙和纺织品的贸易，中东与南亚之间胡椒、纺织品、金银、桂皮和马匹的贸易，南亚与东南亚之间棉花、丝织品的贸易，南亚、东南亚、中国与日本之间胡椒、檀香木、丝绸、陶瓷、白银和铜的贸易。他们还在当地寻找短途贸易中使用的交通工具：把斯里兰卡的大象、槟榔果、桂皮运到马拉巴尔和科罗曼德尔海岸；把马尔代夫的海贝运往孟加拉；把孟加拉、科罗曼德尔和卡纳拉海岸的大米运往南亚其他地区、波斯湾和海岛东南亚。

为了生存，葡萄牙必须寻找印度洋的偏僻角落，谋取当地的支持。这样，他们为欧洲人打开了印度洋世界的大门，开始打破印度 165
洋的孤立状态，为后来印度洋加入多地区的资本主义全球经济奠定了基础。

葡萄牙的贸易组织面临着难以解决的问题。在消除当地商人和水手的敌视方面，武力往往不能奏效。在陆地上，葡萄牙人必须面临当地强大的帝国政权，如阿拉伯中东的奥斯曼王朝（约1453—1921年）、波斯的萨非王朝（1501—1722年）、南亚的莫卧儿王朝（1526—1857年）、中国的明王朝（1368—1644年），这些国家通过关闭对葡属印度的生存至关重要的港口遏制葡萄牙的过分行动。因此，虽然葡萄牙人控制了波斯湾口的霍尔木兹和古吉拉特海岸的第乌，但是它们的繁荣依赖于它们接近强大的伊斯兰王朝控制的内陆地区。这种认识使葡萄牙人在据点之外使用武力受到限制。

较小的国家也能造成可怕的威胁。在东南亚，苏门答腊的亚齐穆斯林苏丹用它的奥斯曼盟友提供的火炮在 16 世纪数度围困马六甲，而马六甲的流亡人员在马来半岛的柔佛建立了强大的贸易国家。通过与流浪的雅贡人结成联盟，他们形成了富有侵略性的商业力量，以至于 1641 年荷兰与他们结盟把葡萄牙赶出了马六甲。在印度南部靠近果阿总督的地方，马拉巴尔海岸的穆斯林与斯里兰卡的反葡萄牙统治者结盟，形成流动的武装舰队袭击葡萄牙的船只。葡萄牙不能扫除这些舰队，莫卧儿帝国利用其中一些舰队从苏拉特港出发保卫当地的贸易和哈只的商船，防止葡萄牙对航行于苏拉特和中东之间的商船的攻击。

整个 16 世纪，葡萄牙在印度洋的野心也受到人力不足、船只和资本短缺的限制。葡萄牙这个小国的帝国从巴西延伸到摩鹿加群岛，它的有限的人力资源经常被热带和赤道地区的怪病所消耗。1580 至 1640 年间，西班牙控制了葡萄牙，裹挟葡萄牙参加与英国的战争，从葡属印度抽调急需的资源——人力、船只和财富。后来，里斯本的注意力重心从印度洋移向大西洋的巴西和安哥拉，这进一步削弱了印度公司扩大势力的能力，使它甚至不能对它的仆从——葡萄牙的私商和当地的商人集团——进行严密的监督。

葡萄牙垄断海上贸易的意图，一旦可能便遭到当地商人集团的反对和挑战。最痛苦的是，越来越多的葡萄牙冒险家、商人、叛国者、贪污腐化的王室官吏，或是不顾官方的管理，或是越出印度公司的权力和特许政策。他们为了个人利益而进行贸易，不仅减少了国王贸易的利润，而且进一步把欧洲的贸易组织融入了印度洋世界的传统商业体系。[1] 正是这些非官方的葡萄牙贸易将使欧洲更彻底地渗透到印度洋经济中。17 世纪初至 18 世纪，英国商业的成功至少

1　Sanjay Subrahmanyam, 1990(a).

部分地依靠南亚和东南亚的葡萄牙私人贸易集团的知识与合作。

葡萄牙的影响

葡萄牙的私商与传统贸易集团之间的亲密关系使人错误地认为葡萄牙战胜了印度洋当地世界，就像西班牙16世纪在美洲所做的那样。不过，他们确实带来了新的暴力水准和对航海事业的国家干预。然而，他们的确开始了把欧洲与印度洋经济联系起来的过程。当18、19世纪西欧经济变化急剧改变欧洲进口商品的性质从而改变了欧洲在印度洋的经济利益时，它将把印度洋世界纳入更大的资本主义世界经济体系中。

然而，这并不说明葡萄牙人的活动对当地的航海贸易网络没有影响。在西印度洋，穆斯林的航行遭到沉重打击，经过红海和波斯湾的香料贸易逐渐被遏制，尽管这可以同等地被归因于16、17世纪欧洲的胡椒和香料的价格下跌。中东作为印度洋与地中海之间的贸易中枢作用下降的后果，对黎凡特（以及更远的意大利）的贸易城市和加泰罗尼亚商人来说都是灾难性的。[1]讽刺的是，葡萄牙对红海和波斯湾商业的影响被奥斯曼帝国和萨非帝国的兴起所抵消，它们在这一地区恢复了政治和经济稳定，并为满足当地消费鼓励从热带亚洲和非洲进口货物的中东港口和内陆市场的局部复兴。

虽然葡萄牙在16世纪促成了阿拉伯海与孟加拉湾之间航海联系的衰落，但是这种古代联系的中断并未使葡萄牙控制这两个印度洋地区中的任何一个。它们都发展了自己的贸易体系，以反对葡萄牙的野心。

---

1 Niels Steensgard, 1973; C. H. Wake, 1979; E. Ashtor, 1980.

在阿拉伯海，葡萄牙没有足够的力量封锁东非海岸，也不能封锁通过红海和波斯湾进行的贸易。当然，随着对索法拉的占领，葡萄牙彻底削弱了古代的黄金流通而自己攫取了它。但在其他地方，他们不能成功地破坏穆斯林的贸易组织。即使是手上沾满穆斯林鲜血的阿尔布凯克，也被迫利用穆斯林作为行政官员和贸易中间商。[1]

16 世纪中期，葡萄牙企图把伊斯兰奥斯曼帝国红海沿岸与埃塞俄比亚科普特基督徒联系起来。但是，傲慢、罗马天主教对科普特基督徒的不容忍、占领亚丁和控制红海的失败、贪婪等破坏了这个计划，科普特基督徒被驱赶到他们自古便与世隔绝的埃塞俄比亚山区的更深处。在中东，虽然葡萄牙抵制了奥斯曼海军进入红海，而且在波斯湾没有受到来自萨非王朝的任何海上威胁，但是他们的势力被限制在马斯喀特和霍尔木兹，这显示了他们的陆军和海军力量的有限性；在东非，他们的活动则被限制在被占领的斯瓦希里带状港口，南起蒙巴萨（他们于 1592 年夺得此地）至莫桑比克的港口和河谷。

在孟加拉湾，葡萄牙人扼杀当地贸易的努力起先并没有成功。在印度东海岸，默苏利珀德姆的商人（起初是戈尔孔达穆斯林苏丹，后来是莫卧儿控制的德干的主要港口）建立了与东南亚的活跃贸易。直到 18 世纪，在东南亚，特别是在泰国的阿瑜陀耶宫廷，南亚的穆斯林在当地的贸易和政治中占有突出的地位。

葡萄牙对于其他地区和其他商人集团的影响是各不相同的。在斯里兰卡、果阿和马拉巴尔海岸的科钦，他们使许多当地的统治者和商人屈服。但即使在这些地区，葡萄牙的优势地位也易受到挑战。葡萄牙控制了斯里兰卡的大多数海岸地区，但不能战胜山区的

1　T. F. Earle and John Villiers, 1990.

佛教康提王国，后者直到19世纪初被英国征服才丧失独立。这迫使葡萄牙人不得不维持开支巨大的军事力量与康提进行长期而无效的战争。但他们的资源有限，不能维持一支以当地海军为基础的强大海军，以驱逐穆斯林的航海商业和阻止康提进行自主贸易。沿着马拉巴尔海岸，穆斯林发展了有效的武装舰队以抵制葡萄牙的野心。在马尔代夫，葡萄牙的控制仅仅维持了10年。

　　总的来讲，在葡萄牙的大多数人力和军事力量驻扎的南亚，他们也不能扮演领主的角色，而被迫通过狡诈的外交手腕求得生存。在下列地区，情况尤其如此：正在扩张的莫卧儿王朝统治的印度河—恒河平原等地区；印度中部地区的许多强大的伊斯兰王国（德干苏丹），它们在17世纪被莫卧儿帝国所吞并；在印度南部盘踞着 170 的活跃的印度教武士集团，如纳亚卡人。

　　在莫卧儿帝国宫廷，来自果阿的罗马天主教教士企图使其统治者阿克巴（1556—1605年在位）改宗基督教，并与葡萄牙结盟——当他巩固了对从阿拉伯海到孟加拉湾的南亚北部广阔地区的统治时。[1] 在印度中部，葡萄牙通过果阿为德干地区的各个苏丹国提供阿拉伯和波斯的战马、斯里兰卡的桂皮和其他进口商品。当地统治者依赖于经果阿的重要进口商品。从这一角度来讲，一般说来，双方就能保持良好的关系。在科罗曼德尔和安得拉海岸由当地人控制的港口如圣托梅和默苏利珀德姆，葡萄牙的地位更加脆弱，因为在这里，他们必须与当地处于同等地位的贸易商人竞争，而当地的贸易商人与不受葡萄牙影响的苏门答腊、阿拉干和丹那沙林海岸各港口建立了经常的贸易联系。

　　在印度教的毗奢耶那伽罗帝国，葡萄牙人由于控制了与波斯湾

1　J. Correia-Afonso, 1991.

的重要马匹贸易而受到欢迎。虽然在印度南部海岸，葡萄牙教士和官员干预当地的政治和毗奢耶那伽罗的航海贸易的自由进行，但是葡萄牙人仍然受到热烈欢迎。例如，在有"渔场海岸"之称的马杜赖海岸，葡萄牙鼓励印度教渔民和水手集团如帕拉瓦人改宗基督教。他们的目的不是削弱当地统治者的权威，而是控制当地的采珠业和取得盟友以反对当地的穆斯林贸易集团。这些穆斯林贸易集团得到斯里兰卡与印度西部海域武装精良的马拉巴尔穆斯林舰队的支持，而这些舰队威胁着葡萄牙与当地的贸易。穆斯林在更南部的航海贸易中占主导地位，且正打算开发马纳尔湾的珍珠富产地，而这在以前是由印度教的帕拉瓦人所进行的。在穆斯林的经济压力下，171 通过支持和使各种印度教集团改宗基督教，葡萄牙力图取得横跨印度南部、斯里兰卡和东南亚的重要海路据点，同时分享更南部海岸的贸易和控制珍珠的捕捞。

在马六甲，葡萄牙更愿意与来自科罗曼德尔海岸的克林商人合作，把古吉拉特、孟加拉和丘利亚商人社区驱赶出去。由于认识到了爪哇穆斯林商人在通达葡萄牙控制以外的爪哇各港口中的重要性，葡萄牙人鼓励他们留下来。从马六甲驱逐大多数穆斯林商人促使苏门答腊北端坚定地反对葡萄牙的穆斯林港口亚齐的发展，后者控制了苏门答腊西部丰富的胡椒产地，控制了沿盛产锡矿的马来半岛、从北方（在吉打）和南方（在柔佛）替代马六甲这个大中转站的两个小港口。从这些港口和东南亚其他港口出发的南亚穆斯林商人，直到 19 世纪初一直在航海贸易中占有重要地位。除南亚穆斯林商人外，当地的流动贸易集团如雅贡人和后来的布吉人继续发展壮大，特别是在柔佛港之外的地方。

从较积极的方面看，葡萄牙的贸易和他们引进的新作物促进了印度洋地区的经济发展。马铃薯、辣椒、烟草和凤梨被引入印度南

部种植；在斯里兰卡，桂皮生产在葡萄牙控制的低洼地带也得到了
很大的发展。苏拉威西南部的新港口望加锡，作为香料产地的摩鹿
加群岛，葡萄牙人占领的马六甲，穆斯林控制下的默苏利珀德姆，
中国，英国和荷兰的公司的肉豆蔻香料、肉豆蔻和丁香等商品的独
立集散地，在 16、17 世纪一直保持繁荣。

葡萄牙在南亚以东地区的势力最弱小。强大的马六甲和较小的
葡萄牙前哨站广布印度尼西亚群岛（葡属印度在此只作为商业势力
而非政治势力出现），它们的生存都依赖于葡萄牙玩弄外交手腕、与
当地商人进行贸易以及离间敌人的能力。讽刺的是，虽然葡萄牙在 172
这个地区是弱小的，但是它在马六甲以东产生了最大的经济影响。

正是葡萄牙人打开了中国市场，使之与欧洲直接进行贸易。
1557 年，中国的明朝政府把珠江口的澳门给葡萄牙人做贸易基地。
为了换取中国的丝绸、锦缎、黄铜、水银、樟脑和陶瓷制品，他们
从果阿和马六甲运来檀香木、象牙、乌木和秘鲁白银。

这些产品中的一部分被逐渐贩运到欧洲和印度洋的市场，而另
一些产品则每年由"大帆船"从澳门运往长崎，在长崎换取白银和
黄铜，然后返回中国和印度洋。此外，通过 1571 年占领的太平洋
沿岸的马尼拉，西班牙与中国和海岛东南亚进行贸易。为了换取每
年两次从阿卡普尔科运来的墨西哥和秘鲁白银，菲律宾市场收购中
国的棉布，而西班牙则经过墨西哥为拉丁美洲和国内带回大量（作
为压舱物的）丝绸、香料、胡椒和瓷器。

直到 16 世纪下半叶，中国的帝国政府仍对航海贸易持敌视态
度。他们被葡萄牙占领马六甲的事件所侮辱，因为他们把马六甲当
作自己的保护地，而且特别关注葡萄牙的暴行，以至于政府讨论要
派遣军队把葡萄牙人赶出马六甲；1521 至 1557 年间，还禁止了与葡
萄牙的贸易。然而，随着 15 世纪开始采用银币，中国对白银的需求

增加了。到 16 世纪晚期，中国除了从日本进口白银外，还必须从葡萄牙和西班牙进口白银以做补充。对白银的需求使中国政府改变了对民间参与航海商业的态度和中国进出口的性质。中国官员对葡萄牙的反感平息了。1567 年，中国市民被允许进行海外贸易，但白银被禁止出口，外国商人被限制在几个指定港口进行贸易。中国的商船再次出现于南中国海，但是中国的造船业遭到 15 世纪帝国禁令的打击，从未恢复建造郑和下西洋时所用的那么巨大的平底帆船。

173

　　16 世纪的葡萄牙人和西班牙人遍及全世界。他们的影响是多种多样的，在许多地方是破坏性的（西班牙统治的地区比葡萄牙统治的地区更甚），但他们使亚洲、非洲、美洲的经济开始了受到欧洲经济周期影响的缓慢过程。

　　印度洋世界的经济对这个过程反应不一。欧洲人处于亚洲和非洲经济生活的边缘，虽然他们在 16、17 世纪接近了亚非经济的中心。然而，葡萄牙从未战胜过这个中心。直到 18 世纪晚期工业资本主义来临和欧洲的商业与政治利益联合后，像英国这样的国家——或者像 1707 年英格兰与苏格兰议会合并后所称的不列颠——才能实际上或暗地里超出在印度洋沿岸小块区域进行贸易的局限。

　　总之，葡萄牙对当地商业网络的影响应当根据当地的政治环境、葡萄牙官方态度的变化和葡萄牙民间贸易商人的活动来加以评价。从 16 世纪起，葡萄牙的官方政策发生了显著变化，反映了印度洋内部和宫廷中派系的兴衰。葡萄牙没有一成不变的政策或态度，而只有反映葡萄牙在世界舞台上的经济和政治命运变化的一系列政策和态度。[1]

　　葡萄牙的经济命运受到以下因素的影响：毗奢耶那伽罗灭亡及

1　Sanjay Subrahmanyam, 1988(c) and in press.

其引起的贸易衰落；默苏利珀德姆兴起为戈尔孔达德干苏丹的贸易门户；阿拉干海岸、缅甸和泰国出现了对贸易有积极兴趣的强国；亚齐的扩张和它与红海直接进行胡椒贸易；奥斯曼、萨非和莫卧儿 174 诸帝国兴起，控制了印度洋沿岸的主要港口；日本关闭了与葡萄牙之间的贸易。

　　同样，葡萄牙对印度洋贸易的影响也不能仅仅考虑葡属印度的活动范围。到 16 世纪中期，不管其是非法的还是在葡萄牙管理的特许制度之下的，葡萄牙的私人贸易都推动欧洲的经验和知识远远超出了葡萄牙势力的正式边界之外。私人贸易在 17 世纪随着王室贸易的衰落而增长，它开辟了新的航路，渗透到当地的贸易体系之中，建立了联系和信息网络，对印度公司和后来的荷兰、英国和丹麦的公司的日常生存起了重要的作用，因为后者并不嫌弃葡萄牙私人贸易商提供的服务。[1]

如此多的欧洲人

　　17 世纪，欧洲其他贸易国家——特别是荷兰、英国和丹麦——为了寻求葡萄牙通过大西洋带回欧洲的丰富物产而进入印度洋的海上贸易世界。

　　16 世纪上半叶，英国和低地国家——后来被称为尼德兰和比利时——各港口的商人通过里斯本的市场获得印度洋的商品。然而，16 世纪下半叶，英国和荷兰（西班牙统治的低地国家尼德兰的北方各省）与罗马天主教会分离，形成了各种新教教会，它们遭到西班牙和葡萄牙的天主教统治者的憎恨。新教徒商人被禁止前往里斯本

1　Sanjay Subrahmanyam, and in press.

和西班牙的加的斯大市场，而那里是美洲、非洲和亚洲商品转运到北欧各港口的主要中心。

175 为了生存，英国商人，如弗朗西斯·德里克和沃尔特·罗利等，不得不以武力劫掠西班牙和葡萄牙运载美洲、欧洲和亚洲货物前往欧洲的船队。新教荷兰步英国的后尘，于16世纪80年代摆脱西班牙而获得独立。到16世纪90年代，英国和荷兰都走出了海盗时期，组成商人公司，倾其财富装备船队，与传说中的印度的胡椒和香料市场以及西非、南美和加勒比地区直接展开贸易：这就是荷兰和英国联合股份公司的起源，它们于17世纪初开始在印度洋进行贸易。

  英国和荷兰的公司是为了寻求胡椒和香料而进入印度洋贸易的。随着较大的商船和强大的商人集团的发展，英国和荷兰的经济已经带上了商业的色彩。当欧洲经济发展的中心从地中海向大西洋和北海转移时，宗教仇恨更掺进了日益加剧的经济斗争。英国和荷兰的海军起初比葡萄牙和西班牙的海军弱小，但它们的经济更加富有成效和持久。

  这些进入香料贸易的新欧洲人是由国家垄断公司所组织的。其中最重要的是：1600年创立的英国东印度公司；1602年创立的荷兰联合东印度公司（荷兰东印度公司）；1616年创立的丹麦东印度公司；1664年创立的法国印度公司。它们都是由投资于印度洋贸易的独有国内公司以寻求获利的商人组成的。18世纪，欧洲又组成了其他几个公司：1722至1731年的奥斯登德公司；1731年的瑞典东印度公司；1751、1753年的普鲁士的两个亚洲公司；18世纪70年代的奥地利帝国公司；1784年的西班牙菲律宾公司。只有西班牙菲律宾公司是例外，这个公司只包括企图打破欧洲四大公司对欧洲与印度洋的贸易垄断的商人。

  不似葡属印度，较大的欧洲公司都不是国家的贸易组织，都不

怀有葡萄牙那种使当地人改宗基督教的宗教狂热，它们直到 17 世 178
纪后期才开始对亚洲部分地区拥有领主权。从根本上说，它们是大
商人的公司，为了与印度的贸易而组成，都由本国的商业集团控
制，这些商业集团与国内政府的关系随着时间变化而发生很大变
化。但是，和葡萄牙一样，这些公司也发展自己的防卫力量，后者
由保卫他们的贸易据点的正规军队和武装舰队组成，以保护自己的
商船，抵抗欧洲和当地的竞争对手。此外，和葡萄牙一样，英国东
印度公司、荷兰东印度公司和丹麦、法国的公司都被迫以在当地商
业体系内进行贸易作为一种获利的手段，它们在这个过程中发现了
以季风规律和沿岸各地经济的互相依赖为基础的印度洋的结构统
一性。[1]

　　葡萄牙的对手们都贬低葡属印度，但模仿它的结构，利用葡萄
牙的变节者和私人贸易商的当地知识和技巧，为获得印度洋贸易的
更多份额而相互斗争。起初它们也加入分段航行的制度，即"邦际
贸易"，以便在购买于北欧出售的胡椒和香料时尽量使国内的贵金
属减少流失。但是，西欧的经济正在发生急剧的变化，欧洲在印度
洋贸易中的利益也在发生急剧的变化。17、18 世纪，运往欧洲的奢
侈品日少，而用于大众消费和加工的货物增多。人们仍从旧的印度
洋经济体系中获得这些产品，但这种变化表明，欧洲将在印度洋的
经济生活中起更大的作用。

　　虽然起初英国和荷兰的海军力量不能与葡萄牙的相比，但是不
久，他们就成为后者在公海的竞争对手。其原因是，17 世纪的英国
和荷兰率先发展起能从基地做远距离航行的公海舰队。这是一个革 179
命性的变化，因为它包括了在世界各地建立海军基地的概念，扩大

1　K. N. Chaudhuri, 1985, 83.

了海军运作的范围。葡萄牙没有发展这种战略。结果，当对重要海域的控制开始决定西欧各国的力量均势时，葡萄牙处于极端不利的境地。

与葡萄牙一样，英国和荷兰的力量都无法与南亚和中东的陆上大国相比。英国和荷兰的首要兴趣是海岛东南亚和南亚的香料和胡椒，他们在这些地区的商业活动都以取得当地统治者的支持为开端。所以，他们派遣使节前往莫卧儿帝国的宫廷以寻求贸易特权，而且都在坎贝湾的苏拉特取得了贸易特权，并在印度的岛屿上更容易地取得了贸易优惠。1602 年，英国和荷兰都在爪哇的班塔姆建立了贸易据点，后迁往雅加达。然而，与英国不同，17 世纪，荷兰人利用了他们在雅加达的据点，以之作为占领葡萄牙贸易基地如马六甲、加勒、科伦坡、贾夫纳和科钦的跳板。

由于荷兰在海岛东南亚通过灵活的策略而获胜，所以，1639 年之前，英国不得不满足于在婆罗洲和苏门答腊，以及在苏拉特的古吉拉特、布罗奇和坎贝等地占据的一小片工场。1639 年，当地的统治者把科罗曼德尔海岸中部马德拉斯的一个偏僻乡村给了英国东印度公司，后者成为它在亚洲占据的第一块领土。

除了海岛东南亚，16、17 世纪印度洋地区强大的陆上国家都在进行领土扩张，并受到欧洲各国使节的殷勤奉承。随着 1516 年对埃及的征服和此后对汉志和也门的占领，奥斯曼帝国在 17 世纪加强了对红海的控制。马木留克的埃及海军于 1508 年在古吉拉特的第乌被葡萄牙打败，而后被驱逐出了阿拉伯海。萨非王朝在 16、17 世纪占领了阿富汗、高加索和中亚大部分地区。莫卧儿帝国自 16 世纪中期后越过了中部的印度河—恒河平原，占领了它两侧的古吉拉特和孟加拉，17 世纪又占领了德干和印度南部大部分地区。这些国家虽然没有能与欧洲侵略者相抗衡的海军，但是他们在陆地上的势力十分强大，还能抵制欧洲 18 世纪中期对印度次大陆、19 世纪晚期对中东的所有大规模的领土侵占。

英国东印度公司和荷兰东印度公司以及丹麦人都遭到了葡萄牙人的激烈反对，他们之进入印度洋预示着新来者为了与葡萄牙竞争而不惜诉诸战争，他们使用暴力的愿望可与葡萄牙相媲美。暴力的矛头起初指向葡萄牙，但是英国和荷兰的公司不久就因为贸易分歧而分道扬镳了，他们也把暴力的矛头指向弱小的当地竞争对手。荷兰东印度公司有效地阻止了英国东印度公司在东南亚贸易中占据重要地位，在南亚压制了英国在古吉拉特建立的贸易工场，在马拉巴尔海岸则取得了以前属于葡萄牙的贸易基地。

除了更雄厚的财政和船舶资源外，17 世纪的荷兰东印度公司与其英国的竞争对手还有一个很重要的差别。与英国东印度公司相反，荷兰东印度公司刻意坚定地以武力达到自己的目的。它更愿意在军事活动上花费大量金钱，通过占领海岛东南亚的土地从而控制商品的生产和分配。这预示了后来欧洲的领土扩张。摩鹿加群岛的香料产地是从 17 世纪初至 20 世纪初荷兰在亚洲的扩张的第一批牺牲品。

由于起初比葡萄牙弱小，所以英国和荷兰的公司不得不用纵横捭阖的外交手腕弥补海军力量的弱势，曲意逢迎疏远葡萄牙人的当地统治者。因此，荷兰东印度公司与柔佛和康提的统治者结盟，以图把葡萄牙人从马六甲和斯里兰卡驱逐出去。英国东印度公司和荷兰东印度公司提供舰队，保护莫卧儿帝国的哈只和航行于从苏拉特到红海和波斯湾的商船免受葡萄牙的攻击和勒索。而英国东印度公司则与波斯结盟，这促使该公司于 1616 年在贾斯克建立了贸易据点（亦称工场）及其 1622 年将葡萄牙从霍尔木兹逐出。 181

英国和荷兰的公司通过替莫卧儿帝国、萨非王朝、波斯湾的酋长、科罗曼德尔和马拉巴尔海岸的小统治者、斯里兰卡和海岛东南亚的国王和苏丹服务而介入当地的政治。当他们支持的派系在斗争中获胜时，他们就能牺牲葡萄牙人的利益而促进自己的贸易利益。然而，和葡萄牙一样，英国和荷兰的公司都毫不犹豫地攻击当地的弱小集团，以达到自己的商业要求。通过这种方法，荷兰介入了爪哇的政治。17世纪，他们控制了爪哇沿海的重要地区，消除了当地人的反对，同时使英国在爪哇商业中不占主要地位。

法国公司也追求与当地统治者结盟，以取得贸易特许政策。18世纪，法国活动最频繁的地区是印度南部。但在此之前，由于泰国受到了来自荷兰东印度公司的压力，法国与阿瑜陀耶的泰国缔结了短期联盟。当法国坚持驻军于丹老和曼谷，并公开扬言要使国王改宗基督教时，它与泰国的联盟就瓦解了。在丹老和曼谷事件发生之前，一个法国公司（东方或马达加斯加公司）企图在马达加斯加沿岸建立居民点；这个企图以及入侵阿瑜陀耶的计划，在1664年法国政府建立印度公司以集中侵略印度后，都被放弃了。

17世纪，荷兰东印度公司集中力量控制摩鹿加群岛的香料产地，占领爪哇，独占中国的黄金和日本的白银和黄铜，遏制南亚与海岛东南亚之间利润丰厚的纺织品贸易。在海岛东南亚，到17世纪后期，他们驱逐了葡萄牙人和以前的竞争对手英国人，并从南
182 亚纺织品和与日本的贸易中获取厚利。当荷兰打算把贸易垄断权从摩鹿加群岛延伸到苏门答腊时，荷兰东印度公司尽可能削弱了当地商人和生产者的独立，把他们纳入荷兰东印度公司的商业帝国。例如，它模仿葡萄牙令人憎恨的许可证制度以增加在孟加拉湾的收入，对当地船只的航行实行控制。

然而，与葡萄牙不同，荷兰公司拒绝让荷兰的私人贸易加入官方体系。到18世纪，没有合法贸易地位的公司官吏中腐败盛行，

严重威胁了荷兰东印度公司获利的可能性。从长远来看，这个政策阻止了荷兰私商活动和当地知识的发展，限制了 18 世纪的荷兰东印度公司从公司贸易向资本主义企业的转化。与此相反，18 世纪的英国东印度公司通过把犯错误的官吏和经常与葡萄牙私商和船主合作的英国私商纳入官方体系，解决了官吏腐败和私商侵权问题。英国东印度公司专注于欧洲与亚洲之间的贸易，把亚洲内部的贸易留给英国的私商，用他们上缴的利润为公司购买货物提供资金。1813年后，当英国的自由贸易商人力图打破英国东印度公司的商业垄断时，这种私商正好被用来加强英国的商业利益。

　　为了找到更便利的海上通道，17 世纪，荷兰率先开辟了到达香料岛屿的更近航路，避免了绕道南亚的长距离航行。他们像 16 世纪60 年代的葡萄牙人打算做的那样，在开普敦建立了一个后勤补给基地，利用咆哮的西风带，从开普敦驶向澳大利亚的西海岸，然后北折到达爪哇。古代的香料航线在某种程度上被荷兰人所忽略，直到他们认识到，他们不能放弃印度洋内部环环相扣的航海贸易世界中自己的利益。另外，荷兰人很快就发现，他们像葡萄牙人一样也不能轻易地削弱马来人和中国人在海岛东南亚的贸易。尽管有时遭到屠杀，中国人从未被从海岛东南亚的商业中驱逐；而马来人的商业活动将存在到荷兰的大屠杀之后，直到 19 世纪资本主义扩展时才被彻底削弱。

　　17 世纪，为了取得把棉布和谷物出口到印度洋其他地区的贸易权，以便积累资金投资于从东南亚为欧洲购买香料和胡椒，葡萄牙、荷兰东印度公司和英国东印度公司在南亚进行了激烈的争夺。在这个世纪，荷兰东印度公司将葡萄牙人从与日本的贸易（取得黄铜和白银的重要来源）以及与马六甲、斯里兰卡和马拉巴尔海岸的贸易中驱逐，在印度东、西海岸都建立了贸易据点。不像葡萄牙那样，荷兰东印度公司不仅控制贸易据点，而且从具有战略意义的港口望加锡、雅加达（巴达维亚）、马六甲、科伦坡和科钦直接或间接地控制摩鹿加群岛、斯里兰卡沿海和马拉巴尔海岸的香料和胡椒产地。他们还一度占领了台湾，以之作为取得中国的黄金出口通路的一种手段。此外，英国东印度公司的贸易活动几乎完全被局限于印度沿海，它与荷兰东印度公司、日渐衰落的葡萄牙官方贸易组织及活跃的葡萄牙私商展开竞争。

虽然英国和荷兰结成反葡萄牙和西班牙的盟友而开启了他们在印度洋的冒险事业，但他们之间的联盟关系不久就破裂了。荷兰东印度公司在东南亚的垄断政策激怒了英国，英国发现自己在有利可图的香料贸易中受到排挤并被从一些工场逐出。

荷兰从许多领土上对葡萄牙人的成功驱逐无疑助长了荷兰人的傲慢和英国人的嫉妒。在南亚地区情形尤其如此，他们的竞争在那里仅仅受到强大的莫卧儿帝国的牵制。英国与荷兰的竞争还因为欧洲的事件而加剧。英国与荷兰在欧洲进行了一系列海战，法国支持荷兰，而英国则寻求与葡萄牙和西班牙结盟。到 17 世纪 60 年代，英国与荷兰之间的一致因为双方在欧洲和亚洲的冲突而破裂了。英王查理二世与葡萄牙布拉干萨王朝的凯瑟琳公主结婚，标志着英国与葡萄牙正式结盟。1661 年，葡萄牙把孟买转让给英国国王。这个新联盟在南亚孤立了荷兰，使之面临葡萄牙和英国的反对。葡萄牙和英国占领了从古吉拉特到孟加拉的一系列滨海贸易据点。英国东印度公司根据与莫卧儿帝国的协议，于 1650 年在孟加拉的胡格利建立了第一个贸易据点。

在这种竞争加剧的背景下，所有的欧洲贸易集团都参加了地区内的贸易或"邦际贸易"，搜罗各种货物以便为国王或股东带来利润。欧洲公司经过印度洋运回大量的南亚纺织品，还插手次大陆的稻米贸易，并将马尔代夫海贝和廉价的南亚棉布运输到西非，再从西非把奴隶运送到美洲。在这个过程中，荷兰东印度公司和英国东印度公司发现自己像葡萄牙人一样只能依赖当地商人的合作和善意。有趣的是，两大公司——特别是英国东印度公司——发现，要想进入当地的市场网络，与历史悠久的葡萄牙私商的合作是至关重要的。英国东印度公司和荷兰东印度公司的贸易活动让许多当地商人和葡萄牙的私商发了财。印度南部的情况更是如此。当地商人在海外、沿海和内陆的贸易以及在地方政府和税收中有多重的利益，他们都为以海岸为基地的欧洲人提供出口商品。[1]

到 17 世纪中期，荷兰东印度公司从印度洋的所有竞争对手中脱颖而出。它的财富依靠从古吉拉特、科罗曼德尔海岸和孟加拉到东南亚的南亚纺织品贸易和与日本的贸易，然后为印度洋其他地区和欧洲换取香料、胡椒、黄铜和白银。

荷兰曾经成功地在东南亚的香料贸易中排挤掉了英国东印度公司，迫使后者的活动集中于科罗曼德尔海岸，并在那里与荷兰东印度公司在南亚的纺织品贸易中进行竞争。荷兰东印度公司和英国东印度公司都没有从根本上改变由葡萄牙人创立的欧洲商业进入印度洋的类型。然而，通过把日本更紧密地与南中国海的贸易网络以及间接地与孟加拉湾的贸易连接起来，荷兰东印度公司扩大了亚洲内部贸易的范围。但是，欧洲经济的变化、更多的欧洲贸易公司的建立、英国和葡萄牙私商活动的扩张正在为强大的欧洲商业体系的崛起奠定基础，而这发生于欧洲资本在印度洋取得支配地位之前。

从 17 世纪晚期起，荷兰东印度公司和荷兰国家在全球范围内

185

1　Sanjay Subrahmanyam and C. A. Bayly, 1988, 401–424; Sinnapah Arasaratnam, 1986(a) & 1989.

的财富缩水，而英国的实力则处于上升之中。在安哥拉、西非、北美、印度西部和巴西，荷兰因一系列的陆战和海战失败而耗尽了财力和人力。荷兰建立由自己支配的全球政治和市场之企图的失败反映在荷兰东印度公司不断增强的商业保守主义之中，英国则随着国力的增强，积极采取重商主义政策。英国东印度公司并不愿意反映英国私人企业的活力，但与荷兰东印度公司不同，它被英国普遍的商业信心潮流所推动，这种商业信心到18世纪掩盖了它原有的保守和无效的商业活动的事实。到18世纪末，由于维持一系列贸易据点和常备舰队的开支增加，荷兰东印度公司的财政陷于枯竭的境地，而英国东印度公司却没有如此沉重的财政负担。

到1700年，从占领的据点和领土的数量看，荷兰是印度洋中占支配地位的势力，但它的优势并非无懈可击。荷兰东印度公司既不能控制印度洋地区的航海贸易，也不能消灭欧洲和当地的竞争对手。英国东印度公司虽然被排除于海岛东南亚之外（只留下不太重要的苏门答腊西海岸的明古鲁），但是它在南亚的孟买（1661年）、马德拉斯（1639年）、加尔各答（1696年）及马拉巴尔海岸拥有一系列像安金戈这样的小贸易基地和据点（它们接近荷兰的科钦），它还拥有在孟加拉、卡西姆巴扎尔、达卡及科罗曼德尔海岸的古德洛尔和圣大卫要塞。此外，英国东印度公司的航海贸易网络得到了印度洋上的英国和葡萄牙的私商和水手的支持，它还拥有一个全球市场网络。

荷兰东印度公司还面临印度洋当地商人激烈而持续的竞争。到1700年，荷兰东印度公司在海岛东南亚已经成功地开拓了一个领土帝国，但是它不能禁止中国和南亚在该地区的商业活动。像它的欧洲对手一样，荷兰东印度公司不得不在与当地竞争的日常现实中生存；然而，与它的对手不同的是，荷兰东印度公司不能以与当地集团合作作为其利用传统的航海贸易网络的手段。因此，它尤其不能很好地应付欧洲的经济和政治形势的变化，而这种变化将在 18 世纪急剧地改变欧洲与印度洋当地各民族之间的关系。

至于其他的欧洲人，葡萄牙人已经失去了他们对孟加拉、斯里兰卡和马拉巴尔海岸以及与果阿相连的小块土地的控制；孟买已经被转让给英国。到 1700 年，葡萄牙被排挤出波斯湾和莫桑比克以北的东非海岸。1620 年，丹麦人在科罗曼德尔海岸的德伦格巴尔建立了贸易据点。1674 年，法国公司在科罗曼德尔海岸的本地治里建立了主要的居民点。

到 1700 年，南亚已经变成欧洲商业在印度洋最有利可图的地区。南亚的物产和市场比印度洋沿岸其他地区更多、更大。17 世纪期间，当莫卧儿帝国扩张时，印度次大陆经历了一个政治相对稳定的时期。正如涉足航海贸易的当地商人集团得到了发展一样，欧洲各国也获益于南亚大多数地区的政治稳定和经济增长。

荷兰东印度公司和英国东印度公司都企图开展对中东和东非的贸易。虽然它们在波斯湾建立了贸易据点，对东非各港口进行袭击，但是这些行动的收效都不大。虽然奥斯曼帝国和波斯萨非帝国在中东的兴起使得该地区政治稳定、经济复苏，但是中东的印度洋贸易 187 从未恢复到以前的重要地位。来自印度西部各港口的当地商人保持了与波斯湾较少但活跃的贸易，但无论是荷兰东印度公司还是英国东印度公司都不能与该地区进行有利可图的贸易。此外，从 17 世纪 20 年代起，两个公司都在与也门的莫查咖啡市场进行有利可图的贸易，但这仅仅是由于欧洲人在中东的印度洋沿岸的贸易失败而显得更加突出而已。

东非沿岸的情况也是如此。来自阿曼、哈德拉毛和也门的商人与远及莫桑比克海岸的地方进行有利可图的贸易，排挤了葡萄牙人。但是，欧洲人极少参与这种贸易。索法拉的黄金贸易已成为历史。长期以来，它对欧洲人的吸引力很小，直到后来的奴隶和象牙贸易才引起他们对它前所未有的关注。

17 世纪末，欧洲人的商业进入了印度洋的许多地区。然而，这种商业仍然主要依靠现存的古代贸易网络和市场及与当地商业集团的广泛合作。印度洋与欧洲之间的直接贸易仍然主要包括香料、少数珍稀物品、一些棉织品以及印度洋内部贸易的一些利润。欧洲人只是从一种古老的经济体系的表面取得一些利润，他们还必须从根本上改变印度洋沿岸的经济结构和它们与欧洲经济的关系。

以海为生者

16 世纪，欧洲人来到印度洋，并在许多方面增加了对印度洋的兴趣。欧洲人从一个贸易据点或传教地转移到另一个贸易据点或传教地，吸引了越来越多的当地人群，如商人、水手、艺人和雇佣兵。

当葡萄牙企图在印度洋建立航海帝国时，他们极端缺乏人力。
188 他们从欧洲和印度洋各地的港口招募水手。结果，非洲和亚洲的穆斯林充斥于从索法拉到长崎的葡萄牙船只上。葡萄牙还通过鼓励印度洋沿岸的渔业社区改宗基督教来解决人手不足的问题。正如前面所提到的，其中之一便是马杜赖海岸的帕拉瓦渔业社区或保克海峡的"渔业海岸"。

帕拉瓦人的命运并非没有前例。在葡萄牙入侵之前，"渔业海岸"的印度教统治者就控制了渔民和采珠者的活动，以便对他们课税。此外，他们还和马拉巴尔海岸的印度教统治者一道鼓励由外来的穆斯林商人使渔民改宗，以建立当地的航海技能和商业知识的稳固基地，与繁荣的和正在扩展的伊斯兰贸易世界相联系。

然而，很少有人仅仅因为渔民的航海技术而注意他们。例如，帕拉瓦人就是因为他们与海洋的多方面关系而引起注意的。他们位于以印度南部和斯里兰卡为中心的印度洋东部与西部的主要海上贸易航线上，因此卷入了小规模的贸易和渔业活动。此外，他们从事保克海峡的珍珠和犬齿螺壳养殖。同样，拉克沙群岛和马尔代夫群岛由于出产海贝和干鱼而长期受到印度南部的商业和政治贵族的注意。印度洋沿岸其他地区的人，如巴林的采珠者、马六甲海峡的雅贡人、小巽他群岛的海参和马蹄螺壳采集者、望加锡的布吉人，都是时常受到陆上的商人和统治者的控制，后来受到葡萄牙人、英国人和荷兰人等欧洲人控制的例子。

有些渔民因其海产品而受到外界的注意，但其他的人，特别是居无定所的雅贡人和布吉人，则因其海盗活动和他们作为流动的商人、水手和士兵的技能而受到外界的注意。对于布吉人来说，海洋为他们提供了多种生存条件：海盗、商人和雇佣兵。较少引人注目的雅贡人的活动范围限于马来半岛的海上，他们偶尔也从事海盗活动，把劫掠的货物拿到特定的海岸市场出售。他们在马六甲海峡和新加坡岛周围特别活跃，长期以来吸引了当地人和欧洲人的注意，或被纳入海上贸易，或被禁止从事海盗活动。

葡萄牙人很快便不顾宗教隔阂而利用穆斯林水手。从 16 世纪起，其他欧洲船主也招募穆斯林水手，使印度洋的欧洲船只上充斥着穆斯林。

虽然当地的水手和渔民经常被纳入欧洲的航海和商业活动，但是当地商业集团的命运却千差万别。从孟加拉湾到马六甲的古吉拉特，穆斯林的活动被破坏了，虽然他们转移到波斯湾和东非的活动对此做了一些弥补。此外，印度南部和古吉拉特的印度教商人集团由于葡萄牙人需要他们的航海技术和当地市场知识而保持了与孟加拉湾过去的联系。然而，由于其处于葡萄牙在孟加拉湾和东南亚商业活动的边缘，所以从孟加拉、奥里萨、科罗曼德尔海岸到阿拉干海岸和海岛东南亚的穆斯林商业集团继续成功地开展贸易活动。

的确，16 世纪波斯帝国在萨非王朝统治下的复兴和奥斯曼帝国的建立体现在波斯人、亚美尼亚人和犹太人商业活动的扩张中。17 世纪，受到萨非统治者鼓励的波斯的亚美尼亚人和穆斯林在印度北部和中部与阿瑜陀耶的贸易中占有突出的地位。波斯商人从默苏利珀德姆出发穿过孟加拉湾，前往丹那沙林和丹老，为泰国的阿瑜陀耶宫廷服务。与此同时，波斯的亚美尼亚商人在莫卧儿印度和东南亚甚至是西班牙占领的马尼拉建立了商业据点。同样，美索不达米亚的犹太人获益于奥斯曼帝国恢复的伊拉克的繁荣。他们利用与地中海和南亚同宗者之间的联系，在孟加拉、孟买、马拉巴尔海岸和波斯湾与黎凡特之间建立了规模不大但都十分活跃的海上贸易联系。

190

虽然葡萄牙 1511 年攻陷马六甲时，古吉拉特穆斯林和丘利亚人被驱逐了，但是他们的敌人并未能完全消灭他们。古吉拉特人在南亚、中东与东非之间有利可图的贸易中得到了补偿。丘利亚人先后于葡萄牙和荷兰的监视所不及处，在印度东部、泰国、缅甸和马来半岛北部之间建立了一个航海贸易网络——主要从事南亚的棉布和马来半岛的锡贸易。丘利亚人散居于马六甲以北的丹老和普吉，以及他们控制的东南亚与科罗曼德尔海岸之间从事锡、棉布和烟草贸易的许多小港口。这些港口与纳格雷、纳格伯蒂纳姆、德伦格巴尔和科罗曼德尔海岸的马德拉斯之间的正常航行使这些民族的泰米尔穆斯林文化发展起来，但是他们也与当地的穆斯林集团大量通婚。

　　势力有限的现实迫使葡萄牙人在印度洋西部与穆斯林商业集团妥协。古吉拉特的印度教徒和穆斯林仍然航行到波斯湾和红海以及葡萄牙人控制的港口（如霍尔木兹和马斯喀特，那里在17世纪20年代失陷之前有大量南亚人居住）。这些商人也继续与东非进行贸易。有趣的是，他们在东非与葡萄牙人紧密合作，掠夺黄金和象牙，然后到南亚和波斯湾的市场交换棉布和胡椒。16、17世纪，南亚商人在葡萄牙人统治下的东非沿岸仍然占有突出的地位。当1698年葡萄牙控制的蒙巴萨被复兴的阿曼夺取，肯尼亚和坦桑尼亚的政权也被阿曼夺取时，这些南亚商人毫无困难地适应了新的统治者的需要。在此期间，斯瓦希里水手也在当地人和葡萄牙人的航海贸易中找到了适当的位置，为航行到东方的古吉拉特和斯里兰卡的商船服务。

　　像之前的其他商业集团一样，葡萄牙人在印度洋世界的许多地方也组建了贸易社区。从索法拉到摩鹿加群岛，葡萄牙人建立了许 191 多军事要塞、贸易据点和传教地。这些殖民地中的大多数，如索法拉、蒙巴萨、霍尔木兹、科钦和马六甲，都是较小的领土飞地，且多以武力取得，由果阿的葡属印度总督进行管理。葡萄牙只在果阿、斯里兰卡和莫桑比克沿岸建立了较大的领土基地。这些葡萄牙飞地与印度洋以前的商业殖民地不同，它们是凌乱的新政治机构的一部分。从活动范围和目的看，它们都是一种新兴的商业组织。大多数飞地以碉堡和教堂为中心，其居民则通常是由葡萄牙的士兵、艺人和官员与当地妇女通婚而形成的种族混杂的基督徒。

　　16世纪，除了变节者和腐败官员以外[1]，葡萄牙人并未像独立的商人那样在相对固定的地区进行贸易，而是成为国王垄断的代表。

1　G. D. Winius, 1985.

他们的活动从里斯本延伸到长崎。但是，葡萄牙人没有当地的亲信就难以开展贸易，而且他们的飞地包括来自印度洋所有传统商业社区的各民族人口，以及来自欧洲各地的人，如葡萄牙人、荷兰人、英国人、法国人、西班牙人、欧亚混血种人、新基督徒（改宗的葡萄牙犹太人）、当地的基督教改宗者和非洲的奴隶。到 17 世纪，国王认识到自己无法控制和支配航海贸易，因此把葡萄牙的私商纳入葡萄牙的印度洋官方商业活动之中。

由于葡萄牙人不能吸引大量欧洲人，所以他们越来越依靠欧亚混血种人和当地的基督徒，这些人在葡萄牙的飞地之间迅速地迁移。欧亚混血种人和南亚改宗的基督徒是从索法拉到帝汶的葡萄牙守备军队的主要组成部分，他们还被葡萄牙并不情愿地用来在莫桑比克河的河谷建立城镇和农场，葡萄牙徒然想把沿海与富产黄金的津巴布韦内地联系起来，建立自己的政权。[1]但这些希望因非洲人的抵抗而破灭，但其遗产是莫桑比克沿海和河谷的一系列葡萄牙定居点，这些定居点是由来自欧洲和南亚的定居者构成的。[2]

整个 16 世纪，许多欧洲人被吸引到印度洋新的边远地区。有些人在以印度公司为代表的体系内进行贸易，其他人则作为私商、传教士、海盗和为当地统治者服务的雇佣兵而散居各地。例如，在阿拉干海岸，葡萄牙的变节者建立了自己的海盗国家，直到被莫卧儿帝国的军队打败，俘虏被带到孟加拉充当奴隶。阿拉干海岸以东，天主教传教团在帝汶岛和其他印度尼西亚群岛的岛屿上建立了事实上的葡属殖民地，但是这些传教团经常与印度公司发生冲突，官方的需求与他们的利益存在分歧。即使在印度，"渔业海岸"的

1　K. McPherson, 1987.

2　E. Axelson, 1969.

传教团及其教徒反对在果阿的葡萄牙人政权，他们反对葡萄牙人的征税及干涉果阿的地方事务。印度洋沿岸的欧洲人口死亡率特别高，但从欧洲来的每艘船都载着不顾危险而渴望发财的新来者。

17世纪，英国人、荷兰人、丹麦人和法国人都进入印度洋贸易。像葡萄牙人一样，他们也在印度洋沿岸建立贸易据点。但是与葡属印度不同，这些新公司与印度洋之外的国际商业网络具有紧密的联系。它们的许多欧洲雇员周游了欧洲、美洲和亚洲，具有比葡萄牙人更广阔的世界视野，而葡萄牙人的活动范围在17世纪期间急剧收缩。

由于欧洲人的数量少，所以与当地人的合作对于他们在印度洋 193 的事业至关重要。然而，在一些地方，荷兰人和先于他们到来的葡萄牙人一样把消灭当地商人和船主作为加强商业垄断的手段。这在海岛东南亚尤其明显，荷兰东印度公司积极迫害爪哇的航海贸易集团，企图垄断马来半岛的穆斯林苏丹国家和阿瑜陀耶泰国的对外贸易。荷兰人在海岛东南亚的部分地区取得了成功，但是苏拉威西的布吉人等的商业集团占据海洋，成为武士商人，能逃脱毁灭；直到19世纪欧洲的技术、资金和军事力量称雄全球时，他们才被摧毁。

从16世纪起，当地的雇佣兵也在印度洋的变化中找到了适当的位置。葡萄牙和其他欧洲贸易集团不仅长期缺少水手，而且从一开始就缺少士兵；甚至阿尔布凯克在1511年攻陷马六甲时及以后在南亚、中东的战役中，也使用马拉巴尔雇佣兵。当地的许多统治者，特别是东南亚的统治者，也利用雇佣兵。波斯和南亚的穆斯林骑兵是东南亚的许多王宫卫队的核心。日本的武士和17世纪晚期日本政府禁止基督教后被流放的日本基督徒也是雇佣兵的来源之一。此外，葡萄牙人经常招募欧亚混血种人、当地的基督徒、南亚的印度教徒和穆斯林充当雇佣兵，守卫他们散布印度洋各地的基地。从 17 世纪起，英国和荷兰的公司也在南亚和东南亚招募当地士兵进行混战，或与从东非到摩鹿加群岛的地方政权作战。

退役的欧洲雇佣兵也受雇于印度洋沿岸各地。特别是欧洲的炮兵和铸炮工人在南亚各国大受欢迎，而其他的欧洲士兵则在当地的军队中充任军官。16、17 世纪印度洋沿岸的欧洲人人数难以确定，但是能适应当地气候和抵制疾病侵袭的不多。然而，虽然死亡率很高，但去往印度洋的欧洲人有增无减，正如欧洲的渗透对当地生活所产生的多方面影响一样。欧洲人把印度洋向更大的世界开放。16、17 世纪，欧洲的文化影响仅在于提高了当地的造船技术，增加了波斯和莫卧儿帝国的绘画和建筑风格，但是对其他方面则影响很小。

但在更深的层次上，紧接葡萄牙人而来的好战的基督徒对当地的宗教行为和忠诚产生了深远的影响。葡萄牙人在南亚的果阿、印度东海岸和斯里兰卡沿海平原等地建立了规模小但很活跃的基督教社区。虽然归附基督教并不意味着忠于葡萄牙的政治和经济野心，但是它对当地改宗基督教的人来说，确实意味着归附新的哲学，这使他们必然成为印度洋的混杂人群中的一个独特集团。

在东非、中东和东南亚，葡萄牙人的基督教传播更不成功。在东非和中东，扩张的基督教遇上了同样活跃的伊斯兰教。由于力量太弱，葡萄牙人在莫桑比克以北的斯瓦希里海岸和波斯湾的据点不能成功地传播基督教。东南亚的情况也是如此。马六甲以东（除了帝汶之外），葡萄牙的渗透受到当地政权的抵制。的确，在东南亚的岛屿和大陆，基督教与葡萄牙的野心的不幸联系不利于前者。这种联系反而鼓励了伊斯兰教在当地商业集团中的传播和对葡萄牙的经济和政治扩张的反对，刺激了忠诚的佛教国家缅甸和泰国对葡萄牙意图的怀疑。

虽然 18 世纪以前欧洲人的观念和知识在印度洋的传播相对缓慢，但是 16、17 世纪是欧洲人探索印度洋的时期。欧洲的行政官员、罗马天主教传教士、旅行家、水手、变节者和商人撰写了大量有关印度洋的书籍，绘制了印度洋的地图，它们激起了欧洲人的想象。想象开始让位于事实和科学的观察，使欧洲人具备了探索和开发印度洋沿岸的必要知识和技术。 195

葡萄牙水手和行政官员来自信奉天主教的欧洲各地，他们有关神奇的印度洋世界的报告必然缓慢地回流到欧洲的文艺复兴城市，如热那亚、安特卫普、阿姆斯特丹和伦敦。中世纪欧洲的一些旅行家开了这种文学的先河，这种记述进入了当时的传奇文学之中。到 16 世纪，方才形成了新的旅行见闻的模式，后者具有已在欧洲大部分地区广为流行的科学调查精神。

这种新的实地调查精神是在新的商业贸易方法的驱使下形成的。在商业活动中，信息对于商业决策和提高利润具有真实的价值。来自印度洋的消息可以转化成利润。葡萄牙人企图限制有关印度洋的地图知识和信息的传播时，但他们发现这是不可能的。到 16 世纪中期，葡萄牙发现亚洲的消息正在刺激着欧洲的贸易社区，甚至包括英国和波罗的海的汉萨同盟的各港口的胃口。

总而言之，欧洲人对印度洋当地各民族的活动、信仰和行为的影响在 16、17 世纪还特别悄无声息。欧洲人的经济、政治和宗教活动可能破坏和改变了当地一些民族的生活，但是从总体上看，欧洲人带来的这些破坏和变化必须被对比于伊斯兰教在当地社会内部的传播，以及奥斯曼、波斯萨非和莫卧儿等大国的兴起和扩张所引起的变化来得到衡量。欧洲的技术对印度洋地区贡献很小，欧洲人大多数处于当地生活和机遇的边缘，直到 18 世纪欧洲和亚洲的政治和经济的根本变化才打破了世界经济、政治的平衡并有 196

利于西北欧地区的发展。

　　直到 18 世纪，欧洲入侵印度洋对古代文明和文化交流的影响都很小。虽然葡萄牙、荷兰、英国和法国都在力图建立商业帝国，但是在奥斯曼、波斯萨非、莫卧儿和马六甲等地统治者的提倡和资助下，伊斯兰文化在从地中海到海岛东南亚的地区繁荣昌盛。在大陆东南亚，佛教文化在富庶的泰国和缅甸发展；在海岛东南亚，当荷兰与当地苏丹们为控制印度尼西亚群岛的主要岛屿而斗争时，伊斯兰教继续传播。在东非沿岸，尽管葡萄牙占领了主要港口，但是斯瓦希里文明仍然繁荣；而且，当阿曼把葡萄牙人逐出了肯尼亚和坦桑尼亚沿岸后，它又复兴起来。

　　虽然中东的经济到 18 世纪前就已经衰退，但是 16、17 世纪是穆斯林文化活动的全盛时期。从土耳其到伊朗都建立了巨大的纪念建筑。在帝国的赞助下，繁荣的造型艺术和伊斯兰的古典文学传统保留了下来。在奥斯曼和波斯萨非的统治下，经济得到复兴，但复兴没有普遍发生在印度洋边缘地区。结果，除了阿曼的利益延伸到了东非，17 世纪晚期（在荷兰占领的爪哇和后来葡萄牙占领的巴西种植咖啡之前）莫查的咖啡贸易经历过短暂的繁荣以外，中东、南亚和东非之间的古代航海联系并未得到显著的恢复。

　　在南亚，莫卧儿帝国在 16、17 世纪间建造了最大的纪念建筑，在伊朗、中亚和印度文明的影响下，创立了灿烂的宫廷文化；印度中部的穆斯林苏丹国在 17 世纪被莫卧儿帝国占领之前，吸收当地印度教徒和穆斯林的才华以及中东穆斯林移民的灵感，创立了同样活跃的伊斯兰文明中心。莫卧儿帝国的霸权带来了经济繁荣和对外贸易的发展，而使当地和欧洲的商人受益。

　　在大陆东南亚，阿瑜陀耶宫廷和缅甸仍然是佛教文化和文明的中心。统治者们在各地修建神庙和寺院，在都城发展了从绘画到音乐等的各种传统艺术。对外贸易仍由国王的代表进行，他们与各国的商品和商人打交道。实际上，17世纪时，当阿瑜陀耶的统治者投资于西式商船并且雇用欧洲人进行孟加拉湾贸易航行时，国王对航海贸易的兴趣增长了。

在海岛东南亚，葡萄牙人征服马六甲，使最昌盛的穆斯林文化中心迁移。但在印度尼西亚群岛，婆罗洲、苏拉威西和摩鹿加群岛的统治者继承了马六甲开辟的传统，伊斯兰教传遍各个岛屿。的确，虽然印度尼西亚16、17世纪遭到葡萄牙和荷兰的突然入侵，但这是现代印度尼西亚的伊斯兰文化的形成时期。当印度教—佛教文化的陆地中心一个又一个地屈服于伊斯兰教时，它融合了古典伊斯兰文明和当地的文化传统。在爪哇岛上，这种情况最为明显，它是印度尼西亚群岛中人口最多和经济最繁荣的岛屿。到17世纪，岛上最后一批印度教—佛教国家被来自海岸的穆斯林征服，但是这些宫廷的文化和礼仪被新统治者保留下来。他们与其说是破坏还不如说是保留了爪哇的传统文化。有趣的是，这发生于荷兰在爪哇沿海进行扩张、开始封闭内陆宫廷与外界的联系之时。

在这几个世纪中，这些文明之间的联系被海洋维系着。有时候，欧洲人使这种联系变得困难，但是哈只继续把伊斯兰世界联系在一起。穆斯林商人、知识分子、神学家和雇佣兵仍然从印度洋的此岸迁移到彼岸，在当地的许多宫廷中寻找好处或受雇的机会。这些宫廷在印度洋世界继续繁荣着。

第四章

从商业到工业资本主义

概　　览

从 17 世纪后期起，欧洲与印度洋世界各民族的政治和经济关198系发生了急剧的变化，最终导致了欧洲领土帝国的建立。这些变化是西欧经济生活的发展引起海外商业新形式出现的结果。欧洲对被用来交换贵金属和在印度洋世界内获取贸易利润的外国奢侈品的兴趣让位于对供欧洲大众消费的亚洲商品（如棉纺织品和茶叶）的兴趣。

欧洲需求的变化导致了欧洲对印度洋世界渗透的加强，因为在印度洋能找到欧洲市场需要的新货物。这种新的经济活动形式加速了印度洋经济被纳入正在出现的资本主义全球经济体系，刺激了欧洲商人使用政治手段和武力追求他们的商业目标。在这个过程中，印度洋的许多地区被置于欧洲的政治统治之下。此外，印度洋相对自给自足的经济被打破，转化为资本主义统治的全球经济的依附地区。

18、19 世纪欧洲经济利益和技术的新形式对印度洋地区的经济、文化和政治命运产生了不利的影响。欧洲经济入侵加强的同时，印度洋地区的大国如莫卧儿印度和波斯萨非则走向衰落，其形

199　成的权力真空正好被为了商业和战略利益转而以陆军和海军行动创
　　建领土帝国的欧洲国家所填补。印度洋地区的水手和商人在印度洋
　　航海贸易中与欧洲人的关系由平等地位逐渐下降为从属地位，与欧
　　洲对经济利益的追求进行协作。印度洋地区古老的联系和交流方式
　　被破坏了。

　　　　19 世纪，欧洲工业资本主义的发展彻底削弱了印度洋地区许多
　　传统的手工业生产，使印度洋地区的经济更依赖欧洲，成为欧洲的
　　原料产地和工业产品的市场。欧洲资本进入印度洋地区，与当地的
　　资本一起，完成了把印度洋地区的经济纳入资本主义占统治地位的
　　世界的过程。

　　　　到 19 世纪晚期，欧洲的经济和政治活动及其掌握的技术有效
　　地把印度洋地区置于欧洲的控制之下。印度洋的大多数地区被欧洲
　　国家直接统治，欧洲的交通工具和军事技术战胜了当地的航海体系
　　和政治与商业贵族，而欧洲的医疗技术的进步使更多的欧洲人能在
　　热带地区定居和生存。除了统治和重组当地的经济活动，欧洲人在
　　印度洋的许多地区还侵夺了当地的政治权力。他们把自己的文明强
　　加于当地，以之作为行为和进步的标准，摧毁了古代的文化交流
　　进程。

　　　　从 18 世纪中期起，欧洲人的活动对在印度洋旅行者的人数产
　　生了影响。在公海上活动的当地商人减少了，但是做其他的航海旅
　　行的人数大大增加了。其中，欧洲人和亚洲人使奴隶的迁移增加到
　　了不可胜数的程度，与之相伴地还有同样多的欧洲罪犯，以及迁移
　　到非洲的马斯卡林群岛、澳大利亚和东南亚的欧洲、南亚和中国的
　　契约移民和自由移民。与这些移民一道迁来的还有殖民地的文官、
200　欧洲的军人和当地的士兵、朝圣的虔诚穆斯林、欧洲的商人、迁移
　　到太平洋和美洲的自由的和签有契约的亚洲人。到 19 世纪晚期，

欧洲旅游者的数目仍在不断增加，他们一直乘坐海轮。直到 20 世纪 60 年代，飞机始成为跨越印度洋的主要载人交通工具。

除了改变了穿越印度洋的人类运动的形式外，殖民统治还打断了旧的文化交流进程。新的经济活动形式和为了欧洲的利益而非当地的利益而划定的殖民边界打破了古代的联系和交换形式，结束了各种文化交流活动。

到第一次世界大战末期，印度洋实际上成为英国的内湖和彻底的资本主义全球经济的依附地区。虽然殖民统治到 20 世纪晚期消失了，但是经济的依赖仍然存在，这使印度洋成为其他地区的利益和干预的焦点。殖民统治破坏了古老的经济和文化关系，用其外来的经济、政治和文化联盟和依赖取代了它们。

传统贸易时代没落了吗？

到 17 世纪的最后 10 年，欧洲在印度洋的商业活动形式出现了重要的变化迹象。虽然传统的贸易网络仍然活跃，运载传统的贸易货物仍然是欧洲大型贸易公司的主要活动，但是印度洋与欧洲之间的直接贸易出现了稳定增长。直到 17 世纪晚期，欧洲的大多数利润仍来自对印度洋内部的国际航海贸易的参与。但是，随着南亚的生产者直接为欧洲消费者运送的棉布和其他商品的利润的增长，这种情况将发生变化。

荷兰把越来越多的南亚棉纺织品从孟加拉和科罗曼德尔海岸销售到欧洲和西非市场。起初，英国东印度公司在这种贸易中落后了，但英国人彼时正在为印度洋之外的地区积极抢夺新货物和新市 201 场。荷兰东印度公司起初把南亚纺织品贸易当作从海岛东南亚获得香料的一种手段，因为海岛东南亚需要大量的进口棉布。但是从 17

世纪晚期起，欧洲对南亚纺织品的需求逐渐改变了欧洲在印度洋的商业活动性质。欧洲的贸易公司，特别是荷兰东印度公司和英国东印度公司，从印度洋传统贸易中不好对付的合伙者变成了这种贸易的主人，重新为印度洋地区以外的市场提供亚洲和非洲的商品。

　　航行于北欧与印度洋之间的公司的船只数量最能反映贸易中的这些变化。在 17 世纪的前 10 年中，葡萄牙、英国、荷兰和法国共派遣了 150 艘船到印度洋，其中最多的是葡萄牙；在 18 世纪的前 10 年中，共有 461 艘欧洲船只航行到印度洋，其中最多的是荷兰船只，英国船只也迅速地赶了上来。[1] 船只的载重量也增加了，从 17 世纪的 300 至 800 吨增加到 18 世纪的 500 至 1000 吨。这表明，运载的货物从轻便的香料、胡椒和各种奢侈品变成了较沉重和大宗的棉花、丝绸、瓷器和茶叶。[2]

　　印度洋与外部世界之间贸易的迅速增长是欧洲的机遇和市场发生的几个变化（来自美洲的金银流通的增加，欧洲和美洲对大众消费品需求的增加）的结果。另一个因素是胡椒贸易的下降。到 17 世纪后期，胡椒不再是欧洲在印度洋利益的中心，而只起压舱物的作用。它被靛蓝、硝石和最有利可图的棉纺织品所取代。

　　胡椒重要性的下降与几个因素有关。荷兰和英国的印度公司过多的供应使欧洲的胡椒价格下降，饮食习惯的变化也削弱了胡椒在欧洲生活中的重要性。18 世纪农业技术的提高和丰足的年成（特别是在英国），导致了更廉价和更充足的食品供应。食物的种类也增加了。更多的人比以前更容易得到新鲜食物，减少了对去除保管不良食品异味和改善食物味道的胡椒的依赖。

202

1　Niels Steensgard, 1970, 9; Holden Furber, 1976, 362, n. 32.

2　Jean Sutton, 1981, 43, 46.

虽然欧洲的需求对印度洋商品的地区外利益的暴涨起到了重要作用，但是世界其他地区的市场的影响也是重要的。西非巨大的奴隶市场和欧洲在美洲的殖民地也是对南亚纺织品不断增长的需求的中心，这些纺织品都由荷兰东印度公司和英国东印度公司提供。虽然起初主要由荷兰东印度公司满足这种新的需求，但是从长期来看，由于具有更灵活的组织，与美洲和加勒比的英国殖民地的联系更广泛，以及有被纳入它的体系之中的私商的活动，英国东印度公司是更大的获利者。相反，荷兰东印度公司仍保留着不灵活的商业结构和一个在失去美洲和西非殖民地以后不断衰落的由荷兰控制的内陆市场。此外，它仍然限制私商的活动，并继续局限于南亚和东南亚的香料贸易。

有趣的是，英国东印度公司虽然在香料和胡椒的贸易中无法与荷兰竞争，但是当棉布在欧洲取代香料和胡椒成为最有利可图的商品时，它就处于非常有利的位置了。它在南亚的纺织品贸易中取得了利益。为了排挤英国在东南亚的航海贸易，荷兰东印度公司迫使英国较早地发展了在南亚的利益，以至于当 18 世纪印度的棉布成为欧洲最有利可图的商品时，英国东印度公司处于将其从东南亚的 203 被逐转变为优势。

17、18 世纪，无论是英国东印度公司还是荷兰东印度公司，它们都不能无视当地商人和欧洲私商贩运棉纺织品的活动。例如，英国私商和当地商人在大陆东南亚的棉纺织品商业活动就瓦解了荷兰垄断贸易的企图。孟加拉和科罗曼德尔海岸的穆斯林和印度教商人与英国东印度公司一起联合英国和葡萄牙的私商成功地抵制了荷兰东印度公司在东南亚市场销售南亚商品的活动。同样地，在印度洋西部，莫卧儿控制下的古吉拉特港口苏拉特通过在波斯湾、红海和东非出售南亚的纺织品而带回可观的利润。直到这个港口在 18 世纪 50 年代衰落为止，当地和欧洲私商的船只都装载着纺织品，而荷兰东印度公司和英国东印度公司船只的装载量则较小。

总之，更广泛的企业活动有利于英国东印度公司。像荷兰东印度公司一样，它的主要活动集中于印度洋的一部分——南亚，而不是海岛东南亚。但是，它扩大了与英国统治下的世界其他市场的联系，也增加了金银收入。此外，与南亚的贸易为英国东印度公司提供了比荷兰东印度公司从海岛东南亚所得更多的有利可图的商品。

相反，在 18 世纪，荷兰东印度公司的运气不佳。从 17 世纪晚期起，公司与东亚的铜钱和金银币的贸易下降，特别是在中国政府 1655 至 1684 年间再次禁止对外贸易并把荷兰人从台湾驱逐之后。当 17 世纪晚期日本几乎把对外贸易的大门全部封锁后，它再也不能得到日本的白银。虽然到 18 世纪中期，荷兰东印度公司还能从日本得到黄金，但是从总体上看，到 17 世纪晚期，荷兰在亚洲的贸易中得到的金银还不够支付他们为欧洲运回南亚纺织品以及支持香料贸易的花费。荷兰人为了维持自己在南亚的纺织品贸易，不得不从尼德兰进口越来越多的金银。大约与此同时，荷兰东印度公司的香料贸易的利润在减少，公司在亚洲的进口受到英国东印度公司和欧洲私商越来越多的竞争。到 18 世纪 40 年代，获取暴利的日子一去不复返了，荷兰东印度公司陷入长期的财政赤字，直到 1799 年破产。而法国的印度公司不久前也遭到了同样的命运。

至少在另一个重要的方面，英国比它的对手荷兰更占优势。荷兰东印度公司积极地阻止荷兰私商的发展。有趣的是，由此滋生的是它的官吏的普遍腐败。而英国东印度公司由于从一开始就不太敌视私商的活动，所以它没有扼杀私人的首创精神；结果，它允许公司的官吏从事自己的贸易活动，还把一些私商作为自由商人纳入它的网络。通过与当地和葡萄牙的私商合作，特别是在 17 世纪 60 年代英国与葡萄牙消除了分歧以后，英国的私商率先在印度洋开辟了新市场。到 17 世纪 80 年代，英国和葡萄牙的商人在对中国的贸易中超过了荷兰的商人，而中国和葡萄牙的商人控制了中国与爪哇之间的贸易。[1]这种英国—葡萄牙的商业活动为英国的自由贸易奠定了基础。在英国东印度公司接着荷兰东印度公司在 18 世纪晚期破产以后，自由贸易将服务于英国的利益。相反，在荷兰东印度公司帝国的中心印度尼西亚群岛的私人贸易被转移到中国贸易者手中后，荷兰不得不越来越依赖后者。

17 世纪至 18 世纪初，英国东印度公司和荷兰东印度公司的贸易活动类似于葡萄牙人的贸易活动：虽然它们在敌人手中遭到了一连串的失败，但直到 19 世纪依然维持着大量的衍生商业活动。它们与欧洲的贸易商品仍主要是奢侈品，而欧洲在印度洋内部的贸易 205 越来越以大宗商品为主。

当英国东印度公司和荷兰东印度公司为了从正在萎缩的香料和胡椒贸易中榨取利润而展开激烈竞争时，欧洲的私商则不断排挤这两个公司和当地商人，在航海贸易中取得重大进展。为了维护他们的利益，欧洲的船只为当地商人运载货物，而且当地商人发现，欧洲的运输比当地的既更便宜又更安全。

此外，英国东印度公司和荷兰东印度公司都从印度洋搜寻新货物，并竭力开辟欧洲新产品出口的可能性——从印度西部的蔗糖，到英国的黄铜和宽呢绒（人们发现它是适宜做帐篷的材料）的再输出。更为重要的是，欧洲公司的兴趣从香料和胡椒转移到更复杂的商品上，包括新近流行的也门咖啡、中国的瓷器和丝绸（以满足欧洲对中国风的喜爱）、日本的黄铜、供制造火药的南亚硝石、染料、

1　J. E. Wills, 1974.

生丝和棉纺织品。马尔代夫的海贝在非洲的奴隶市场作为货币流通。在上述商品中，有一些是奢侈品，但是大多数已经变成大众消费的商品，后者以前不过被当作廉价的压舱物。

这种出口贸易得到更强化的"邦际贸易"特别是英国私商的支持，也得到从外地进口更多的新货物的企图的支持。荷兰东印度公司和英国东印度公司都广泛地开展香料、胡椒和纺织品的贸易（如果说最终无利可图的话），在波斯湾从正在衰落的奥斯曼帝国和波斯帝国的市场中榨取金银，为在这一地区的其他贸易提供资金。同样，两个公司与法国人、阿拉伯人、波斯人、南亚的印度教徒和穆斯林之间，为了分享有利可图的红海中的也门咖啡贸易、海岛东南亚与南亚之间的香料贸易而你争我夺。

206　在大陆东南亚，商人们为了取得与泰国阿瑜陀耶王朝的贸易权也展开了激烈的竞争。泰国国王的商业代表挑拨欧洲商人互相斗争，并反对中国和日本的商人，以取得奢侈品——如马匹、波斯的地毯、中国的织锦和印度的毛毯——贸易中的最大好处。

荷兰东印度公司也采取了相当残酷的手段，保护它与中国台湾和日本的贸易。它以金银交换中国和南亚的进口商品，直至其1662年失去了中国台湾的控制权；1688年，日本禁止白银出口。此外，英国东印度公司继续通过亚美尼亚的中间商与马尼拉的西班牙人进行南亚的纺织品贸易，从而获得墨西哥的白银。英国获得了更多的白银，提高了他们的购买力，促进了他们的贸易网络的扩大。

18世纪初，西欧正在发生一场商业革命，引起了社会、经济和政治的巨大变化。它反映于17世纪晚期运往欧洲和美洲的印度洋商品的变化之中，那时，南亚的纺织品取代胡椒和香料成为主要的货物。西欧正在崛起为商业资本主义的源泉，经济的繁荣为大众消费品开辟了市场。欧洲人在印度洋的竞争从印度尼西亚群岛移向南亚的孟加拉（棉纺织品的主要产地），棉纺织品成为印度洋沿岸在欧洲最有利可图的贸易商品。

欧洲控制印度洋贸易航线的发展，并非欧洲贸易公司的胜利的结果（它没能保证它们在亚洲内部贸易的获利可能性），而是欧洲私商活动的结果，他们中的许多人与当地的商人合作紧密。印度洋与外部市场的贸易以及印度洋内部之间的贸易越来越多地被欧洲私商所控制。英国东印度公司常常出现财政赤字，而荷兰东印度公司面临品类急剧减少、过时商品越来越多的衰退风险，以至于其在1799年破产。

然而，虽然欧洲商人正忙于争取航海贸易的支配权，但是许多 207 当地的经济在 18 世纪期间仍然繁荣。只有 19 世纪欧洲的经济和政治统治才对当地经济的发展和增长产生了不利影响。但是，如果说17、18 世纪欧洲的贸易活动对当地经济的影响被削弱了的话，那么前者对后者在军事和思想方面的影响则更加直接得多。

有学者曾认为，"工业革命前欧洲向世界其他地区主要出口的暴力、贵族、'征服者'、商人等（事实上）都是游牧战士，他们和蒙古人或莫卧儿人差别不大"[1]。这种观点长期被用来解释以下事实：在 18 世纪欧洲的贸易公司正在走向破产的时候，欧洲的政治权力却得到了真正的扩张。独立的欧洲贸易商人、欧洲的陆海军军官、不守本分的公司官员经常准备使用武力，以印度洋陌生的"国家利益"为借口加强他们的财政利益。类似的集团或态度在当地世界没有出现过。武力、贪婪和野心不是欧洲人独有的，但是它们之被附加于有关国家利益和国家海军战略的观念则是独特的。

欧洲入侵印度洋对人们的思想带来了更微妙和更具选择性的影

---

1 Geoffrey Parker, 1988, 115 & note.

响。印度洋世界被纳入了正在扩大的世界范围内的欧洲文化体系。在印度洋之内开展活动的欧洲人认为自己是在促进他们作为其中一员的民族国家的利益。带着这种感情，他们与当地的商人就具有不同的世界观；当地商人中的大多数根据古代的文化、宗教和经济边界来看待世界，而这种边界与印度洋的疆域大致吻合。从经济的角度看，它限制了当地商人的商业可能性；从政治和文化的角度看，208 它把统治者及其臣民局限于一个脆弱的体系，不准备对抗逐渐出现的欧洲的民族主义、资本主义、政治和文化的帝国主义。

商业革命

18 世纪，印度洋发生了商业革命，导致英国（包括英国东印度公司和英国私商）控制了印度洋的主要贸易航线及其对外海上联系。此外，与荷兰在印度尼西亚群岛一样，英国在南亚的印度洋沿岸建立了一个巨大的领土帝国。这场革命以三种商品为基础：南亚的棉纺织品、鸦片和中国的茶叶。

18 世纪，南亚棉纺织品在欧洲的市场迅速扩大，但是欧洲渐渐喜欢上了另一种更有利可图的亚洲商品：茶叶。当地和欧洲商人从事的南亚出口贸易被重新定向了：向东经过孟加拉湾到达南亚和东南亚市场。与这种发展相应的是，棉纺织品和孟加拉的新商品——鸦片——出口急剧增长。到 18 世纪 20 年代，孟加拉棉纺织品出口的价值和分量超过了科罗曼德尔海岸和古吉拉特的大港苏拉特。[1]

正如我们已知的，英国东印度公司和荷兰东印度公司于 17 世纪都在孟加拉设立了贸易据点，正是在这里而不是在科罗曼德尔海

1　Susil Chaudhuri, 1975.

岸，英国私商将使英国东印度公司比其对手稍占优势。到这时，追求私人利益是英国商业的一个组成部分，私人贸易利润已成为英国制定国家政策时考虑的因素之一。英国东印度公司鼓励英国私人成为自己的活动的辅助部分。随着 1757 年普拉西战役后英国东印度公司对莫卧儿帝国孟加拉行省的征服，以及对位于马德拉斯的基地周围的大片科罗曼德尔内陆腹地的征服，18 世纪中叶后，当英国东印度公司（尽管不情愿）作为南亚主要的地区性权力崛起时，情况尤其如此。当公司人员起着军事作用并使公司卷入南亚的政治动荡，以取得个人荣誉和难以估价的财富时，尾大不掉之势就形成了。他们的呼吁便成了国家的光荣。这表明，在来到印度洋的理由方面，他们的观念发生了变化：对领土的欲望代替了对贸易的欲望。

209

18 世纪中期，莫卧儿帝国式微，英国与法国之间在地中海和大西洋已趋于白热化的竞争又扩散到印度洋地区，然后蔓及正在没落的莫卧儿帝国。在帝国权威没落时，行省总督和军事贵族割据独立，建立小邦，为争夺帝国的遗产而互相斗争。在这个政治真空中，英国和法国从它们的沿海飞地出发，采取军事行动以保护和推进自己的利益，并试图彻底击败对方。英国与法国在印度洋西部和南亚进行了一系列海战，这些战争以英国东印度公司、法国军队及其当地盟友以及双方代理人之间在莫卧儿帝国各地的大规模军事冲突而告结束。欧洲列强之间如此广泛和协同进行的海战标志着印度洋地缘政治局势的新发展。从 18 世纪至今，印度洋一直是本地区之外的竞争与冲突的延伸之所。

英国东印度公司的董事长们可能不屑于以它的商业利益为军事胜利冒险，但西欧的政治家们则不这么看。1760 年，法国首席部长德·舒瓦瑟尔说得再明确不过了，在欧洲，"是殖民地、贸易，从而也是海上力量决定着势力的均衡"[1]。英国政治家无疑也具有这种情绪，特别是在他们失去美洲的殖民地，不顾一切地力图击溃法国在大西洋和印度洋的海上优势之时。

从事后看，因为英国与法国在南亚的斗争将持续到 18 世纪 90 年代，对孟加拉的征服才标志着英国东印度公司战胜荷兰东印度公司和法国公司。当它们都从正在没落的莫卧儿帝国那里夺取政治权威和领土时，这不仅是一个商业公司战胜了另一个商业公司，也是英国政治利益对法国政治利益的胜利。英国东印度公司现在从它征服的领土中得到了收入，而且这笔收入将超过其贸易所得。随着英国东印度公司帝国在南亚的建立，英国商人实际上已与政府结盟，政府的全球目标适合他们的活动和利益。从 17 世纪晚期始，法国公司与法国政府之间也存在着同样的关系。这种关系导致了 18 世纪灾难性的英法战争中法国的商业野心的衰落，这些战争使法国在大西洋和印度洋的海军、陆军和商业势力崩溃了。

与他们的欧洲对手相反，南亚的当地商人得不到友好政府的支持。那些以当地统治者的购买力为中心建构商业生涯的人如果不能针对贵族的衰落和欧洲的商业统治地位做出调整，他们就会变得默默无闻。18 世纪，成功的南亚商人逐渐从其直接参与的对外贸易中退出，集中精力于国内大众市场，成为欧洲公司在南亚的代理人和财务官。

到 18 世纪，与中国的贸易正在成为印度洋航海贸易的主要方向。在过去的三个世纪里，该贸易最显著的特征是古吉拉特—科罗曼德尔—马六甲轴心，其中心是南亚的进口市场和出口品产区。到 18 世纪中期，欧洲人比以前更急于得到中国出口的货物。南亚的

1　Geoffrey Parker, 1988, 82.

货物（特别是孟加拉的）现在被更多地运往东方，同利润较少的中东、非洲、美洲和欧洲市场的贸易被削弱了——在这些地方，欧洲工厂生产的纺织品正在取代南亚的手工棉纺织品。到 18 世纪晚期，欧洲的需求还在发生另一个变化，即中国已经成为印度洋海上贸易的主要中心。 212

通过加尔各答和达卡等港口，孟加拉提供了对中国贸易的主要货物。在当地商人和钱商的帮助下，南亚的棉纺织品和鸦片被销往东南亚换取白银和胡椒，然后被运往中国换取茶叶。然而，在 18 世纪的大部分时间里，孟加拉与东南亚的贸易主要指向印度尼西亚群岛，因此它们得面对荷兰的敌视——荷兰在欧洲常与英国的敌人法国结盟。英国东印度公司谨慎地避免激怒荷兰，把英国与海岛东南亚的贸易交予私商手中，后者敢于在荷兰的势力范围内进行贸易。英国的私商在孟加拉湾东海岸、缅甸南部与苏门答腊北部之间特别活跃。这种私商进行"邦际贸易"，经营各种各样的货物，创建了关于沿海的民族、政治和贸易商品的相当系统的知识。这种信息被传达给英国东印度公司的印度官员，后者越来越感到保护英国私商贸易以免于荷兰的傲慢与破坏行为的压力。

虽然欧洲人（特别是英国人）控制了大部分孟加拉与中国的贸易，但他们是与当地的商人和船主合作进行这种贸易的。直到 18 世纪的最后几十年，后者还控制了相当一部分贸易地区。例如，在 18 世纪的南中国海，中国和泰国的商人创建了出口大米到中国的利润丰厚的贸易，欧洲人一直未能打入这一繁荣至 20 世纪早期的贸易。中国的企业家和船主也控制了海岛东南亚的荷兰领土与中国之间的贸易。

随着货物被销往印度洋地区的每个角落和欧洲，18 世纪是孟加拉纺织品贸易的黄金时期。由于在孟加拉占领了大量土地，英国人

是这种发展的主要受益者。面临破产的荷兰东印度公司只能充当嫉
妒的旁观者。丹麦人把自己的利益与英国紧密相连，他们的公司最
终于 1808 年破产。只有法国人在 18 世纪晚期真正试图对英国在南
亚的商业和政治利益扩张提出挑战。法国人的企图被掩盖于与英国
争夺对印度南部的控制权的当地统治者（如迈索尔的蒂普苏丹和海
得拉巴的尼扎姆）的野心背后。这种干涉预示着最终的冲突。经过
在印度南部和中部的一系列英法战争，法国在南亚的政治和商业利
益在 18 世纪末被破坏。

　　18 世纪中叶后，莫卧儿帝国的迅速衰落和次大陆后继国家的不
稳定促进了英国在南亚的扩张。与此同时，南亚在印度洋海上贸易
体系中的经济重要性由于中东经济的急剧衰退而增强。至 18 世纪
晚期，随着萨非帝国在混乱中崩溃，奥斯曼帝国开始衰弱，红海和
波斯湾在商业上成为死水，中东经济的衰落更加明显。

　　讽刺的是，在 18 世纪晚期争夺莫卧儿印度的一系列变化着的
英国人、当地人、法国人的利益中，英国东印度公司竟然成为胜利
者。当时，南亚的商业活动仍然繁荣，农业经济兴旺，并且仍然是
许多商业资本和利润的来源。

　　到 18 世纪末，英国东印度公司不仅是现今印度东部和北部以
及孟加拉国大多数地区的主人和南亚纺织品对欧洲的主要供应者，
而且忙于从南亚的占领土地上榨取有价值的农业剩余产品和当地资
本。此外，最重要的是，正当因为英国棉纺织品生产的发展，欧
洲和美洲对南亚纺织品的需求开始下降时，它已为南亚的纺织品
和鸦片找到了更有利的市场，并可以通过这些市场控制中国的茶叶
贸易。

　　英国人，包括英国东印度公司和敌视英国东印度公司的垄断权
的自由贸易者，其在东南亚销售南亚货物的企图使他们与分别在印

度尼西亚群岛和菲律宾岛上拥有贸易垄断权的荷兰东印度公司和西班牙人发生了激烈冲突。

除了遭到欧洲对手的敌视外，英国人还遭到中国政府的敌视。中国政府反对在国内销售鸦片，并担心进口商品将使国内的白银枯竭。为了打入中国市场，英国东印度公司不得不把鸦片和纺织品输往海岛东南亚以换取白银、锡和胡椒，然后再运往中国交换茶叶。荷兰东印度公司极力反对英国利益的复活，并与西班牙一道抵制英国商人进入除英国东印度公司仍然占据的苏门答腊西海岸的偏僻港口明古鲁之外的海岛东南亚。马尼拉曾被英国短暂占领过，结果，英国与荷兰之间爆发了无休止的战争。

1786 年英国从吉打苏丹手中租借了槟榔屿之后，英国东印度公司最终在海岛东南亚取得了一个关键据点。槟榔屿被建成自由港，以吸引整个东南亚和印度南部的当地商人。通过槟榔屿，南亚的纺织品和鸦片被销往东南亚，以获得商品和白银，再到中国交换欧洲需要的茶叶和丝绸以及作为压舱物的大量瓷器。英国东印度公司在槟榔屿的代理人蓄意引导中国人、丘利亚人、爪哇人、布吉人和苏门答腊商人定居槟榔屿，以便进入当地的贸易网络。槟榔屿对当地商人的吸引力在于，作为一个自由港，英国东印度公司提供了免受荷兰东印度公司榨取的替代物——荷兰东印度公司正趋于垄断马来半岛的锡贸易，并使当地的苏丹陷入垄断性贸易协定的束缚。

但奇怪的是，英国占领槟榔屿使当地的许多港口（尽管并非全部）走向衰落。在一个或一个多世纪的时间里，荷兰东印度公司一直企图以武力抑制柔佛等港口的活动。而在荷兰的武力失败之处，英国的商业却告成功。在缅甸与泰国发生冲突、荷兰进行破坏的背景下，槟榔屿成为商业安全的绿洲，吸引当地商人离开孟加拉湾东海岸一线诸港口。事实上，从其初衷（即作为到中国的中间站）来 215

看，槟榔屿不是特别成功，因为从 19 世纪初起，英国越来越多地在其他地方寻找货物以支持对中国的贸易。然而，作为一个小区域的中转站，它为缅甸南部与苏门答腊之间的一系列次要港口服务，为中国商人提供基地以使之能够享有当地海上贸易的主要份额。槟榔屿确实是繁荣的。

然而，在它取得胜利之时，英国东印度公司剩下的日子已经屈指可数了。18 世纪，由于消费市场的迅速扩大，运往欧洲的香料已经被棉布和茶叶等大宗商品所取代。英国经济的变化带来了私人资本企业家时代。作为自由贸易者，私人资本企业家首先与公司制度合作，然后取代了这种与新的资本主义伦理相悖的、过时和低能的制度。到 18 世纪晚期，世界各地的英国商人都信奉自由贸易的原则。他们反对公司商人对亚欧贸易、中国贸易的重商主义式垄断，攻击它的特权，最终导致了它的废除。1813 年，英国东印度公司失去了对亚欧贸易的垄断；1833 年，又失去了对中国贸易的垄断。

当英国正忙于建立一系列贸易制度来攫取中国的茶叶时，法国和荷兰正在尝试新型的经济和贸易活动。18 世纪，马斯卡林群岛——毛里求斯、留尼汪和塞舌尔——由法国定居者和来自马达加斯加、东非和西非海岸的奴隶组成的殖民地居民建立起来，以经营种植园，起初种植香料，后来种植蔗糖、咖啡、香子兰和椰子，并出口到印度洋和欧洲的市场。同样，在爪哇，随着 18 世纪初其与也门港口莫查的咖啡贸易的崩溃，荷兰东印度公司成功地建立了咖啡种植园，以供应印度洋和欧洲的市场。然而，不论是荷兰还是法国，它们在印度洋都没有确立像英国那么大规模的私人贸易商势力。结果，它们都没有为欧洲从商业转向资本主义的经济活动做好准备。

216　　以奴隶为基础的马斯卡林群岛的殖民和开发突出了一种更黑暗

的贸易，它从最早的时期起就贯穿于印度洋的历史。奴隶贸易在印度洋世界各地进行，除了澳大利亚以外（直到 19 世纪，卡纳卡人——来自美拉尼西亚群岛——被拐卖到昆士兰的甘蔗种植园，原住居民事实上作为奴隶劳工在布鲁姆海岸采集珍珠，并在澳大利亚北部的牧场里放牧）。但是，随着欧洲人的到来，它迅速发展起来。从 17 世纪晚期起，欧洲人从莫桑比克和马达加斯加运输奴隶到马斯卡林群岛和美洲的种植园。

南亚棉纺织品和中国茶叶的大宗贸易，以及马斯卡林群岛和爪哇建立的为满足欧洲消费而生产热带作物的种植园，预示着欧洲与印度洋的经济关系的重大变化的来临，这种变化在 19 世纪期间将达到高峰。它也标志着印度洋海上贸易基本方向的变化。18 世纪，古吉拉特—马六甲轴心已被孟加拉—中国轴心所取代。然而，19 世纪，它又让位于亚—欧轴心——1869 年后改经新开通的苏伊士运河。

商业资本主义———体化还是变化？

直到最近，欧洲许多学者虽然同情非欧洲文明，但是通过与欧洲不断进步的文明和经济相比较，他们仍然倾向于简单地把后者的历史视为不复杂和不成熟的。欧洲通过文艺复兴从中世纪的混乱状态中挣扎出来，创立了现代资本主义世界。在这一进化的斗争中，非欧洲文明和经济被看作失败者，结果在欧洲企业与有魅力但过时的亚洲、大洋洲和美洲的原住文明和经济的斗争中成为弱者。

美国社会学家和历史学家伊曼纽尔·沃勒斯坦是这种观点的代表，他试图以西欧资本主义体系的发展为中心命题来解释世界历史。这种命题认为，西欧资本主义体系在 18、19 世纪的发展把包

217 括印度洋世界体系在内的许多孤立的世界体系纳入欧洲支配的资本主义世界经济体系之中。[1]沃勒斯坦声称，这种一体化只有当两种世界体系是以生活必需品（基本上是大众消费品）的互相交换为基础时才能发生，而至 19 世纪时情形已显然如此。[2]

就沃勒斯坦有关印度洋世界体系被纳入欧洲支配的世界体系的观点而论，还有先决条件和融合过程的时间的问题。虽然西欧在 18 世纪的确发展了占优势的资本主义制度，但是把到那时为止欧洲以外的贸易体系贬低为除了有限的奢侈品交易外彼此孤立的看法是过于简单化了。坚持这种看法，就忽视过去 2000 年连接欧洲、非洲和亚洲的古代活跃的经济交换，这反映了将那种贸易的性质过度简单化的倾向。

沃勒斯坦把印度洋世界体系与其他的世界体系之间的贸易看作少量、不成熟的和基本上以奢侈品为基础的。他把前现代印度洋世界体系与世界其他地区之间的香料、胡椒、贵金属、纺织品和陶瓷制品贸易界定为"奢侈品贸易"，因此他认为印度洋世界体系主要是孤立地发展的。沃勒斯坦也忽视了印度洋世界体系与东亚、中亚之间的贸易，它并非全部以他所谓的奢侈品为基础，而是包括棉纺织品、胡椒、食品、海贝、陶瓷制品和黄铜等商品——所有这些商品都被某些阶层视为生活必需品。

沃勒斯坦的观点还基于对必需品和奢侈品的简单解释，他缺乏
218 有关印度洋经济史、欧洲在该地区的早期活动的准确知识。他尤其没有解决区分必需品和奢侈品的问题。虽然沃勒斯坦把胡椒当作奢侈品，但是对欧洲、中东和北非的许多人来说，它显然是生活必需

1　I. Wallerstein, 1987.

2　I. Wallerstein, 1979, 16 and 1987, 222−253。关于沃勒斯坦（Wallerstein）的批评意见，参见 Michael Pearson, 1987(b), 23−31 and 1988, 455−472。

品。到 15 世纪，他们正在消费越来越多的印度洋产品。例如，在欧洲，胡椒被广泛作为实物租金和调料，商人和地主阶级把它当作日常消费品，这挑战了所有将它视为奢侈品的观点。同样，正如我们已知的，到 9 世纪，从印度洋以外地区进口的贵金属是印度洋世界经济所必需的——作为货币，它支撑着那里的国家运转。

当他认为 18 世纪的英国在印度洋占优势的经济扩张——印度洋世界经济体系被纳入全球经济——基于它对商业资本主义的掌控时，沃勒斯坦是有更可靠的理由的。对此，我还得加上军事优势。18 世纪，伴随着一场商业革命，英国的经济统治开始了。与之伴随的是其对亚洲航海贸易的掌握和对欧—亚贸易的控制，将国家目标调整为促进贸易的政客们使这些控制变得更加容易。[1]

在这个过程中，英国利用了南亚当地商人的技巧和资金。正是紧随英国的商业胜利，欧洲的工业资本才开始把印度洋的经济变成欧洲支配的资本主义全球经济的附庸。工业资本主义的发展当然加快了帝国主义扩张的步伐，但它不是主要原因。商业革命的发生，也同样是英国私商与当地商人合作的结果。这种合作将持续到 19 世纪，而且支持了印度洋地区资本主义企业的发展。

18 世纪末 19 世纪初，欧洲消费者的需求发生了急剧的变化。制造业的发展扩大了西欧大众消费必需品的市场，如前所未有的原料和供应城市工人阶级食品的市场。在 18 世纪末 19 世纪初的英国，以从美国进口的棉花为基础的棉纺织业的发展使对南亚棉纺织品的进口大大减少。棉纱取代棉纺织品成为南亚出口到英国的主要商品。与此同时，西欧迅速的人口增长和城市化刺激了对欧洲以外地区的粮食进口。19 世纪上半叶，锡、木材、棉花、黄麻、大米、²¹⁹

1　Pamela Nightingale, 1970, 236.

西米、棕榈油、蔗糖、兽皮、生皮、羊毛、生铁、黄铜、铅、锌、白银、黄金、云母、靛蓝、小麦、水果和肉类——以及后来的种植园生产的橡胶、茶叶和咖啡——等商品取代了此前更少见的名贵货物，成为欧洲在印度洋地区商业活动的主要目标。

印度洋地区进口的商品也发生了急剧的变化。西方的工业制造品潮水般涌入印度洋地区，取代了当地许多家庭手工业制品（包括棉纺织品），传统的西方金银流向印度洋的势头得到遏止。19世纪，随着欧洲廉价工业产品的涌入，其他的当地手工业崩溃了，过去增长迅速以满足欧洲需求的南亚纺织业萎缩了。另外的牺牲品就是欧洲的贸易垄断公司。度过它们的被利用和获利阶段后，它们被由欧洲私有企业组成的自由运作的资本主义世界所取代。

作为对这种发展的回应，印度洋的海上贸易经济开始对外部市场而不是内部市场的需求做出反应。它不像沃勒斯坦学派认为的仅仅是被纳入全球资本主义经济的事；更准确地说，它是随着工业资本主义的发展，印度洋世界体系的经济被边缘化和开始依赖于西欧经济的过程。西欧资本主义已经战胜并摧毁了印度洋世界相对自给自足的经济。18世纪，随着印度洋的货物被销往欧洲以外的地区（特别是美洲），这个过程开始了，廉价的南亚的布、苏门答腊的胡椒、马达加斯加和东非的奴隶在美洲拥有广阔的市场。正如我们所已知的那样，这一进程也伴随着欧洲贸易商品的变化，数量较少的香料和胡椒被更普通的大宗棉纺织品、茶叶和各种热带原料所取代。

作为最大的原料和大宗产品的供应者，南亚、东南亚和中国受这种变化的影响最大。中东和东非的经济或在衰落，或因为结构不适而使欧洲商人和投资者的兴趣不大。直到19世纪晚期，它们才完全暴露于外国资本主义的侵袭之下。

金融资源越来越集中于欧洲人之手，其纯商业购买力的扩大使区域性供给市场与外部消费市场的联系更加紧密，这两个因素对欧洲在印度洋的经济活动形式的变化极其重要。随着欧洲政治控制的扩张，航海贸易越来越为欧洲的经济利益服务，印度洋地区的经济向欧洲野心勃勃的企业家敞开。随着印度洋内部的商业活动让位于印度洋与其他地区的贸易，海上贸易开始沿着新的航路进行，许多传统的海上贸易路线迅速衰落。

19 世纪，印度洋地区的水手和商人的机遇减少了，其原因是多方面的。直到 18 世纪，欧洲与亚洲各大文明的技术和商业差距仍然较小。19 世纪上半叶，这种差距迅速拉开，使欧洲人能够用一系列新的科学和商业技术武装自己，超越世界其他地区。通信技术发生了革命性的变化，加速了商业活动的步伐，把欧洲以外的生产地区与欧洲市场更紧密地连接起来。新的医疗技术提高了欧洲人的存活率，从而增加了他们的人力资源。但是，这些技术——作为资本形式的一种——都不为非欧洲人所掌握，当地的企业家对此所知甚少，他们再也不能与欧洲人在新的经济秩序中进行激烈的竞争了。

除了科学技术外，还有其他原因导致了当地商业活动的衰落。以全球性银行和金融组织形式出现的欧洲商业技术战胜了非欧洲地区的货币和金融网络。随着 18、19 世纪当地国家（如莫卧儿帝国、波斯萨非帝国）的衰落和灭亡，随着当地商人从有利可图的市场被不断排挤出去，当地主要的金融资源被耗尽了。欧洲银行体系的迅速扩散，拥有雄厚资金的欧洲航运和贸易公司垄断活动的加强，进一步削弱了当地经济活动的基础。

当殖民政权立法以限制当地商人、船主和工业家的活动时，当地商人和投资者的发展更加受到限制——如果拥有足够的资金，他们将能够与欧洲商人和投资者展开竞争。例如，在不列颠印度，直到 20 世纪，印度投资者成立印度人所有的轮船公司的愿望都遭到阻挠。此外，印度投资者成功地建立了现代棉纺织业、煤炭和钢铁工业——它们起初是为了满足当地市场的需要。

从 19 世纪 30 年代起，欧洲在印度洋的资本除了被投资于贸易，还被用于控制原料生产。在这一进程中，当地商人、船主和投资者的独立行动已经变得很少了。自 15 世纪就驱使欧洲进行海外扩张的对贸易的优先关注，被扩展到包括以资本投资为基础的新经济利益。

虽然欧洲的殖民政府、商人、银行家和投资者联手限制可能会威胁欧洲经济和政治权力的当地资本家阶层的发展，但是欧洲人用于种植园、矿业和公共事业的一些资本就是来自当地的投资者。因此，有趣的是，当地的资金被用于加强欧洲控制的经济活动的扩张，并促进印度洋地区资本主义经济体系的发展。的确，当地的资本，尤其是印度的资本，对于欧洲资本主义在印度洋地区的发展和扩张十分重要，而且直到 19 世纪晚期西方货币市场支配世界金融为止。

18、19 世纪，印度人的商业资本导致了对东非和索马里的内陆地区的经济渗透。资助毛里求斯和纳塔尔的蔗糖工业、南亚的现代棉纺织业生产、桑给巴尔的奴隶和丁香贸易、莫桑比克的象牙贸易、波斯湾和红海的采珠业、莫查的咖啡贸易、波斯湾的和南亚与东南亚之间的贸易以及南亚与中国之间的鸦片贸易等，为欧洲的经济利益起了巨大作用。在整个 18 世纪及 19 世纪的很大一部分时间里，印度人的商业和金融集团作为金融家、商人、投资者和商业代理人控制了西印度洋的贸易。到 19 世纪晚期，印度的资本甚至开始在一些领域向欧洲的投资发起挑战，特别是在不列颠印度的煤炭、钢铁工业领域。

然而，直到 20 世纪，这些印度人集团从未能在印度洋以外的地区扩展它们的活动。它们基本上只是作为中介，资助和收集对西方的出口货物。它们中的有些人跟随英国人到达中国香港、西印度群岛和加拿大，但是它们仍然处于主要资本主义投资的边缘。

19 世纪晚期，殖民统治在整个东非的建立、奥斯曼权威在阿拉伯地区的恢复以及阿拉伯贸易集团在亚丁和阿曼的复兴，导致了印度人商业优势的下降，限制了他们的活动范围。在马来半岛和 1819 年英国建立的新加坡，情况也大抵如此。印度和中国在那里的经济活动起初受到欧洲统治确立的限制，欧洲资本不断增强的势力使其决定减少与当地人的合作，并在可能的情况下限制当地的经济活动，使之限于小型贸易和商品收集之类的领域。

资本来源和结构的这些变化得到一系列技术发展的支持，进一步刺激了欧洲投资者对印度洋地区的经济渗透。

到 18 世纪晚期，欧洲的航海技术超过了印度洋当地的同行。随着 19 世纪早期蒸汽轮船的发明，这种胜利是绝对性的了。全天候航行的欧洲轮船在长途海岸航行和越洋航行中比当地的帆船更大、更快、更安全可靠，特别是在 19 世纪六七十年代高效的蒸汽驱动和铁制的轮船发展之后。但是，这种胜利在短距离的航行和航道支线上并不十分明显。例如，在印度与斯里兰卡之间和东非沿岸，欧洲蒸汽轮船与当地的帆船发展了互相依存的关系。在波斯湾，悬挂英国旗帜的印度人的轮船在一些港口也保持了小额但有利可图的贸易，如从孟买到马斯喀特、特鲁西尔海岸、巴林和巴士拉。

到 19 世纪晚期，欧洲制造业技术的影响和兴起的关税保护壁垒也使印度洋地区受到打击。英国以关税保护壁垒取代了自由贸易思想，减少了对亚洲高质量手工业品的进口。机器大生产和工厂制度使欧洲的廉价工业品涌入印度洋市场，摧毁了当地的家庭手工业。例如，当地的高质量瓷器——除了中国瓷器仍能出口到东南亚市场外——都被苏格兰、英格兰、荷兰和德国的工厂产品所取代。

同样，用美洲和埃及的棉花、印度的棉纱在英国和美国织成的廉价纺织品被投放到世界的时候，印度纺织品在印度国内、印度洋地区和国际市场上的位置都被取代了。

224 欧洲用大量的工业品支付它从印度洋地区的进口，引起了当地市场性质的变化。印度洋沿岸人口的增长引起了当地市场的扩大，这些市场现在正被纳入由欧洲和北美的经济利益支配的世界范围内的原料和制造品的流通。此外，欧洲和北美供应的资本，如机器和铁路设备，使对原料的攫取变得便利，这又进一步促进了正在工业化的西方工厂的发展。在不列颠印度，铁路推动了当地人投资的煤炭工业而后是钢铁工业的发展。但这种工业仍然附属于帝国主义经济，它们的活动受到帝国主义统治的现实制约，即英国的利益凌驾于殖民地各民族的利益之上。

19世纪40年代，电报技术的发展使当地经济更紧密地与更广阔的世界联系起来。欧洲的经济需求现在能迅捷地被反馈到亚洲、非洲和大洋洲市场，使那里的经济活动更彻底地屈从于已工业化欧洲的意愿。与电报技术同时发展起来的铁路技术为渗透和控制内陆地区及其经济提供了另一种手段。铁路使商品运输的速度和成本都发生了革命性的变化，越来越多的商品被运往欧洲控制的市场。铁路不仅打垮了当地许多线路上的机械和人力运输，而且从沿岸航运业中吸引了许多货物。20世纪，载重汽车引进的后果可以与铁路对贸易的重要影响相媲美，载重汽车把更多的市场和生产中心纳入欧洲殖民政权控制的地区性大市场。

新的运输、通讯和医疗技术的影响，以及欧洲政治控制的扩大，都可以从港口活动的集中化中看出来。当越来越多的贸易通过较少的渠道进行时，许多以前繁荣的港口消失或变成了落后地区。其他港口，特别是最早建立欧洲殖民统治的港口，变成了新的运输、通讯、医疗技术中心。它们变成了由日渐减少的输出港提供服务的巨大中转站。蒙巴萨、卡拉奇、孟买、科伦坡、马德拉斯、加尔各答、仰光、新加坡和雅加达都是欧洲人到来之前大港口的继承者。然而，与它们的先驱不一样，它们以榨干印度洋地区小港口的商业血液为能事。 225

资本主义的胜利？

1869 年苏伊士运河通航，缩短了印度洋与欧洲之间的航行时间，降低了货物运输成本，使印度洋航海贸易网络与欧洲市场和产地更紧密地联系起来。在使用更先进的蒸汽轮船后，运输成本进一步降低。蒸汽轮船是这条新航线的主要获益者，帆船被用于绕过好望角运输价值低廉的大型货物和移民；而且在 20 世纪初，帆船被弃置不用了。

17 至 19 世纪，欧洲人在印度洋地区造成的变化将四个新地区——南非、马斯卡林群岛、西澳大利亚和东非——纳入区域经济和国际经济。欧洲在前三个地区的殖民活动产生了由欧洲投资者控制的殖民地经济。它们都变成了欧洲的原料和粮食供应地，但是没有一个被允许发展成主要的工业基地。这是欧洲、美国和后来的日本的特权。然而，虽然这些殖民地是为工业化欧洲服务并间接地为其他工业化国家服务的，但是它们起初并未失去与印度洋地区的联系，而都与印度洋其他地区发展了贸易关系。

荷兰在开普敦的殖民地与海岛东南亚和南亚的荷兰殖民地之间保持了紧密的联系，而法国占领的马斯卡林群岛与印度各小据点之间具有密切的贸易往来。地区性贸易对于英国在澳大利亚西海岸斯旺河流域的殖民地的生存也很重要。1829 年建立殖民地后的几十年中，斯旺河殖民地建造了船只，用粮食、木材（包括红柳桉木、

"斯旺河桃木"和檀香木）、战马与不列颠印度、新加坡、雅加达、毛里求斯和开普敦殖民地进行贸易。与此同时，苏拉威西的渔民经常到达澳大利亚西北海岸，采集海参和马蹄螺壳出口到中国。在英国占领约占澳大利亚三分之一大小的西澳大利亚以后，这种活动被限制了，直到 20 世纪才恢复。[1]

226

与印度洋贸易世界联系更密切的第四个地区是东非内陆，从北边的肯尼亚、乌干达到南边的津巴布韦、马拉维，以及非洲最南部从莫桑比克到开普敦的区域。17 世纪，荷兰东印度公司在开普敦建立了农场，葡萄牙和印度的基督徒则沿着赞比西河谷到达津巴布韦高地。大约 200 年以后，当英国殖民者和布尔人从开普敦和纳塔尔海岸向内陆地区进发时，欧洲人对非洲南部内陆的入侵增加了。从 18 世纪初起，莫桑比克以北东非沿岸的穆斯林由印度的印度教徒银行家提供资金，进入内陆的人数也增多了。穆斯林商人不满足于在海岸等待内陆贸易者的货物，针对东非沿海的桑给巴尔、奔巴岛、马斯卡林群岛和美洲扩张的种植园对奴隶需求的增加，以及对象牙的普遍需求，他们积极地做出回应。这种与当地市场网络连接起来的对非洲内陆的入侵，为 19 世纪晚期欧洲人沿着沿海穆斯林的足迹对非洲内陆的经济和政治渗透铺平了道路。

到 19 世纪初，除了上述四个地区外，印度洋南部海域（非洲、澳大利亚与南极洲之间）也被开发。欧洲和北美的捕鲸者在印度洋南端捕鲸，在凯尔盖朗群岛和其他岛屿上建立临时营地，为 20 世纪初开发世界上最后一块无人居住的大陆南极洲做好了准备。除捕鲸者外，欧洲殖民者以沿海大陆架渔业开发为基础，在南非和澳大利亚西部建立了渔业加工工业。

1　C. C. Macknight, 1976.

虽然欧洲资本在印度洋的统治地位部分地与技术和商业的变化　227
有关，但是它也与日益增强的欧洲人的政治统治密切相连。到18
世纪末，欧洲在印度洋地区占领的土地仍是有限的。英国占领了南
亚部分地区，在东南亚占有槟榔屿和明古鲁。荷兰占领了开普敦、
斯里兰卡沿岸、爪哇、马六甲和散布在印度尼西亚群岛上的飞地。
法国占领了马斯卡林群岛、科罗曼德尔海岸的本地治里、印度滨海
的其他几块小飞地。丹麦人占领了处于衰败中的马德拉斯南部港口
德伦格巴尔。葡萄牙人则据有莫桑比克海岸，印度的果阿、达曼和
第乌，以及帝汶岛的狭小土地。

1815年法国及其盟国的失败是一场长达二十多年的世界性战
争的结果，欧洲各国在印度洋的势力范围随之发生了变化。英国成
为南亚的主宰力量，它从荷兰手中夺取了斯里兰卡、马六甲和开普
敦，从法国手中夺取了马斯卡林群岛的大部分。法国被限制于留尼
汪岛和印度的一些小块飞地；荷兰仅被限于印度尼西亚群岛；葡萄
牙被容许拥有在印度的一些飞地、莫桑比克和帝汶岛。

法国战争把英国国内政府及其印度殖民政府的注意力重新拉回
到波斯湾。法国在波斯王宫廷的阴谋、拿破仑的叙利亚战役、俄国
势力向中亚和波斯北部边境的延伸，使英国意识到了中东地区对印
度殖民地的潜在威胁。此外，不列颠印度的商船和商人受到了波斯
湾地区各个集团的袭击。为了抵抗这些战略和商业威胁，印度的英
国殖民者于19世纪二三十年代开始更加密切地关注波斯湾的事务。
为了获得英国的保护，当地的统治者与英国签订了条约。它们实际
上保障了英国人的地位，结束了当地对不列颠印度商船的袭击。19
世纪，英国对波斯湾的关注使它首先更深地卷入波斯湾沿岸各国的　230
事务，它然后插手波斯和阿富汗事务，建立了以英国在印度的殖民
政权为基础、附属于帝国的势力范围。

也正是法国的威胁首次使英国建立起一个永久的据点，以保护其红海的门户。1799 年，英国占领了也门海岸的丕林岛。1839 年，当英国人注意到穆罕默德·阿里和他的法国顾问治下有潜在敌意的埃及的扩张政策时，他们又占领了亚丁。

19 世纪，英国完成了对南亚的控制。在 19 世纪的前 20 年，英国占领了印度中部和恒河流域；到 50 年代，信德和旁遮普被并入不列颠印度。虽然 20 世纪初英国与波斯和阿富汗分别取得了临时协定，但出于对俄国势力增强的担心，它还是极力阻止波斯和阿富汗的独立，以免俄国的势力在那里扩大。

到 19 世纪 80 年代，英国又占领了缅甸、马尔代夫、马来半岛大部分地区，并越出好望角控制了南非大部分地区。到 1900 年，英国成为红海和波斯湾的主宰势力，控制了苏伊士运河、从埃及到亚丁的红海海域以及从巴林到阿曼的波斯湾海域。此外，到 1829 年，英国占领了从太平洋到印度洋的澳大利亚大陆。19 世纪，荷兰巩固了对印度尼西亚群岛的统治。法国、德国和意大利步英国后尘，于八九十年代侵入非洲。法国占领了红海沿岸的吉布提、马达加斯加岛和科摩罗群岛（自 40 年代起，他们就在那里占有据点）；德国建立了坦噶尼喀殖民地；意大利从埃塞俄比亚夺取了红海沿岸的厄立特里亚，占领了贝纳迪尔海岸的各个港口，在英国殖民地旁建立了索马里殖民地。英国被意大利的举动震惊，于是在亚丁港对面海岸也建立了索马里殖民地，以确保对红海门户的控制。

这些扩张中的大多数都可以从经济利益的角度来得到解释。在一定程度上，政治统治确实是跟随着贸易而来的，但这也是由于害怕竞争者的欧洲的利益在印度洋地区的增长。相互竞争的欧洲列强对印度洋地区的侵入推动英国占领了红海、桑给巴尔、肯尼亚、乌干达、津巴布韦、马拉维和赞比亚。当其 1882 年占领埃及时，英国建立起从好望角到地中海的英国殖民地带，取得了在印度洋的支配地位。同样的担忧促使英国宣布保护波斯湾的阿拉伯酋长国、马来半岛的诸穆斯林苏丹国和科科斯群岛，该群岛直到 20 世纪 70 年代一直作为私人地产而被一个苏格兰商人家族所统治。

到 19 世纪末——从政治和战略上看——印度洋成了英国的内湖，其中点缀着荷兰、法国、德国、意大利和葡萄牙的一些飞地。在将厄立特里亚沿海拱手让予意大利之后，埃塞俄比亚一直是封闭的内陆国家，且在 20 世纪 30 年代被意大利短暂地占领过。伊朗和泰国通过灵活地挑拨帝国主义列强之间的互相争斗而保持了独立。虽然伊朗人将中亚的大片领土割让给了俄国，但它通过使俄国人和英国人在对自身的影响的争夺中互相制约，从而基本上保持了自己的独立。同样，泰国的马来半岛被英国占领，老挝和柬埔寨的部分领土被法国占领。但是，泰国能够通过挑起英、法之间的利益冲突而保持独立。

西方的——欧洲和北美的——商业势力现在得到了欧洲政治和军事力量的支持。当地的商人和投资者满足的也是欧洲商业和工业的需求，而非当地的需要。

虽然从 19 世纪晚期起，印度洋地区的当地资本工业得到了一定发展，但是大部分工业产品是采掘物和半成品（黄麻、棉纱／棉布、矿石、食品、橡胶、茶叶和咖啡），它们满足的是工业化西方的市场。工业活动的小部分是针对服务行业的。大多数工业产品依靠从欧洲、北美（后来从日本）进口。

到第一次世界大战时，欧洲完全控制了印度洋地区的主要海上 232 贸易航线。波斯湾、缅甸和印度尼西亚的石油，南非、津巴布韦、赞比亚和澳大利亚的矿石，印度和斯里兰卡的茶叶，马来西亚和印度尼西亚的橡胶、锡和一系列热带产品，澳大利亚和南非的小麦、羊毛、水果、葡萄酒和黄金，马斯卡林群岛的甘蔗，圣诞岛的磷酸盐，印度的矿石、热带原料、棉纱、食品以及许多更大宗的货物，都被运往欧洲。大多数奢侈品和调料已经被供给西方工业经济的大宗原料所取代，该贸易虽普通但有利可图。

印度洋的商品不仅因其在欧洲的价值而为欧洲人所称赞，而且也是与世界其他地区进行非常有利可图的贸易的通货。1842年，英国以武力打开中国大门并与之进行贸易后，不列颠印度的商品销往中国。同样，正如我们已知的，19世纪早期，印度的廉价棉布、苏门答腊的胡椒、东非的奴隶在美国找到了有利可图的市场。到20世纪，印度和印度洋地区的原料和制成品销往世界各地。然而，第一次世界大战后，欧洲在印度洋航海贸易中所占的比重急剧下降，而印度与亚洲其他地区、非洲、大洋洲、美洲的贸易则增长了。

随着欧洲对印度洋地区市场和生产资料的支配，欧洲还同样绝对地控制了通讯、运输体系及新的医疗技术。铁路完全由欧洲人控制，或直接被私人占有，或由殖民地国家占有。直到战后日本崛起前，电报和电话、航空系统也是如此，尤其是现代轮船航运更是如此。

19世纪新的科学技术也被欧洲人绝对地控制。19世纪医学的新发现、饮食的改善有助于延长热带和赤道地区的欧洲人的寿命，促进了欧洲妇女到那里定居、欧洲家庭的增加以及欧洲社区与当地人口之间更深的分离。欧洲的医学科学仅在当地居民中缓慢地传播，直到今天，当地人的死亡率一直比欧洲人的高。

在令人敬畏的西方科学技术大厦的下面，一些古代航海贸易结构被保留了下来。在一些短途航线上，当地的帆船仍在航行。它们收集货物至大港口集中以卸给外国大轮船，为当地消费者运输当地的产品，并把制成品运送到当地分散的小市场。

当地的许多商业集团也确实从西方经济和政治渗透的冲击中幸存下来。像 17、18 世纪一样，19、20 世纪，欧洲在印度洋地区的贸易依赖当地人的合作。虽然当地的许多商业集团已经消失了（包括波斯湾和印度西部的著名穆斯林商人、使马六甲成为一个大型港口的古吉拉特船队、18 世纪仍与泰国和菲律宾进行贸易的波斯人和亚美尼亚人），但是他们都被散居各地的当地新商人和企业家所取代。这些新商人和企业家在欧洲人建立的经济体系内进行商业贸易活动，他们既是收集货物的中间商，也是资本主义投资的资助者。殖民地印度、缅甸、毛里求斯、新加坡、亚丁、马来亚和印度尼西亚的经济由当地商业集团的强有力且十分重要的活动所维持，他们既从事其先辈的传统商业活动，也从事新式资本主义投资和投机。

当地的一些商业集团力图跻身于现代金融世界。如同印度教切蒂阿在斯里兰卡和东南亚所做的那样，中国在东南亚的定居者发展了广泛且相当成功的银行网络。虽然受到严格限制，但是当地企业家的风险投资从未完全消失过。

不仅欧洲人需要当地合作者，而且即使在欧洲政治和经济霸权 234 最盛之时，也有当地商人能从中取得可观利润的海上贸易。当地的商船继续定期往返于印度与斯里兰卡之间（以及沿波斯湾、孟加拉湾和东非的众多小支线），它们支持欧洲人控制的大中转港。与欧洲的大货轮相比，它们的货物运载量是少的；但是在较小的航线上，它们是更有利可图的。它们既为国内市场收集货物（例如来自南亚沿海和海岛东南亚的食品），也收集货物后通过大港口卸给外国人的轮船。此外，这些当地小船运载外国进口的商品深入印度洋各地的市场。

18 世纪和 19 世纪初，阿曼人正是以这种方式在阿曼、肯尼亚和坦桑尼亚海岸葡萄牙人定居点的废墟上建立起一个小型海上贸易帝国，从马斯喀特和桑给巴尔对该帝国加以控制。阿曼人控制了该地区的海上贸易，为南亚中间商提供象牙、奴隶和丁香，换取欧洲、北美和南亚的制成品，然后再销往非洲内陆和他们控制的非洲其他沿海地区。

19世纪和20世纪初，不列颠印度的金融家和哈德拉毛、波斯湾、印度的商船取代了阿曼人的利益。直到20世纪，通过波斯湾的中东石油出口引进了新的和占主导地位的各类运输方式。

在南亚以东，印度尼西亚和南亚的传统商船在孟加拉湾和荷兰统治的印度尼西亚被保留了下来。如果说蒸汽动力的外国轮船是远距离贸易巨兽的话，那么当地的帆船则是它们的附庸。当地的帆船与陆地运输体系相连，收集出口商品，把进口商品分发到印度洋地区的许多市场。

然而，尽管当地的海上商业活动保持到了20世纪，但是它的地理范围是有限的。殖民边界的强制确立、殖民地经济的规章使当地商人和水手陷入新的官方限制。陆地和海上边界、关税口岸、海军巡逻、护照限制和各国的关税等都破坏了传统的联系途径。古老的海上和陆地通道被殖民当局的规定和税收所毁坏，它们使许多航海贸易商人集团在他们的先辈航行过的港口和水域被认为是"外来人""海盗"和"侨民"。[1]

到20世纪初，欧洲人几乎拥有所有跨印度洋活动的蒸汽轮船，几乎垄断了越洋、远距离海岸和岛际贸易。然而，进入20世纪后，帆船在边缘和短途支线上继续成功地与蒸汽轮船展开竞争。从东非到印度尼西亚群岛，作为前现代世界遗产的当地的小船仍然设法在欧洲控制的新经济秩序中找到适合自己的位置。

1　Michael Pearson, 1979, 15–42; Esmond Bradeley Martin, 1979; M. AL-Qasimi, 1988.

　　尽管不少当地陆上和海上商业得以幸存，但是从 18 世纪起，印度洋地区内的基本贸易形式发生了根本的变化。直到 18 世纪，"印度洋贸易的规模和商品组成在很大程度上取决于农民……生产粮食和经济作物剩余产品的能力"[1]。季风左右了农业生产和贸易，决定了它们的周期和经济关系。但是，随着欧洲市场势力的加强，旧的经济周期和当地的自给自足经济都发生了变化。当地的经济活动服从外部市场的需求，甚至在出现了当地资本家阶层的地方，他们的经济活动范围也受到了与殖民当局利益一致的外部集团的限制。

　　然而，到 20 世纪，有迹象表明，当地的经济正在发生局部的调整。在不列颠印度，调整的迹象在 19 世纪末就已然显而易见。到第一次世界大战时，其出口商品的近四分之一由工业制造品构成。与此同时，英国对印度海上贸易的控制也迅速减弱。在一定程度上，其他工业化地区——欧洲大陆、日本和北美——的经济填补了英国在印度市场的位置。此外，印度与印度洋其他地区的海上贸易也同时增长了，印度总进口产品中的制造业原料的价值比重也增加了。[2]

236

　　第一次世界大战结束时，在夺取了德国的坦噶尼喀殖民地后，英国充实了其印度洋地区帝国。然而，30 年之后，几乎就在第二次世界大战结束后，印度洋地区迅速展开了非殖民化运动。

水手、商人和港口

　　17 世纪印度洋的人文世界与以前相比没有多大变化，虽然欧洲人的定居点散居其中。当地的海上商人和水手与其欧洲同行一起活跃于印度洋，当地旅客仍然乘各国船只旅行。但 18 世纪，当地人

1　K. N. Chaudhuri, 1985, 27.

2　Vera Anstey, 1929.

与印度洋的古老关系开始发生变化，欧洲人的商业活动开始把印度洋世界的经济纳入全球经济体系。该体系由欧洲商业利益支配，并在 19 世纪由在欧洲和北美兴起的工业资本主义支配。

印度洋所有的当地以海为生者和旅客都受到欧洲全球性霸权发展的影响。由于当地人在这几个世纪掌控的航运业的衰落，当地水手只能在欧洲人的轮船上充当劳工。在西方资本主义对作为世界经济一分子的印度洋地区展开的扩张中，当地的海上贸易商人由欧洲人的竞争者和合伙人变成了协作者。

19 世纪，随着欧洲人掌控航运业，当地水手的雇用和补充方式发生了急剧的变化。因为帆船让位于蒸汽轮船，所以航行需要新的技术。因为机械技术完全由欧洲水手掌握，所以当地的水手只能充当舱面水手、司炉、厨师、清洁工和乘务员等。欧洲列强对印度洋地区的政治瓜分改变了招募当地水手的方式，因为新的统治者只从自己的势力范围内招募廉价的海上劳工，为他们航行于世界各地的轮船服务。例如，英国轮船公司从孟加拉和孟买招募印度水手，从果阿招募厨师，从孟买和贡根海岸招募乘务员。新加坡是另一个廉价劳工的来源，它提供中国苦力做木匠、厨师和清洁工，其工资比欧洲同行低得多。荷兰以差不多的方式在印度尼西亚招募当地水手。印度尼西亚人在许多荷兰轮船上当不熟练劳工，而中国人则像在英国轮船上一样，从事中等技术和半技术性工作。

这些被招工方式和工作方式改变了的受害者，包括被限于低报酬工种的当地水手和在前现代时期提供水手的渔业社区。到 19 世纪，招募的海上劳工来自港口的水手社区，社区通过公社和村庄中间人的代理，与衰退的乡村地区产生联系。[1]

1　Frank Broeze, 1981; Conrad Dixon, 1980.

到 20 世纪晚期，当地水手的招工和工作形式又发生了变化。新的航行技术和轮船，加上海上旅客的减少，导致水手人数下降。20 世纪 40 年代晚期开始的非殖民化使各国都创建了海军，使之可以得到一定的弥补。然而，这些海军的规模不大，面向全国招募，且日益强调水手的技术水平。因为造船工业发生了深刻的变化，影响了所需水手的人数和种类，所以作为"海岸团体"的水手从印度洋的大部分地区消失了。

有趣的是，作为一个职业集团，当地渔民比当地水手的处境稍好，虽然他们仍然贫穷而且处于社会的底层。他们与海洋的联系仍然很强，但随着渔业变成由区域外的工业化国家投资的跨国工业，他们正在受到冲击。在印度洋的许多地区，传统的渔业集团被纳入由外国人投资的、不断商业化的工业，通常引起一些地区传统的社会、文化、经济联系和价值的不利变化。欧洲在南非和澳大利亚的殖民活动导致欧洲人与当地人一起从事新式海上工业。新工业的例子包括：开普敦、德班、弗里曼特尔和班伯里的捕鱼船队，南非和西澳大利亚港口的捕鲸活动，沿海岛屿上的鸟粪开发，西澳大利亚西北海岸布鲁姆的采珍业。

当地海上商业集团的命运在某种程度上与当地水手的命运是一样的。许多商业集团受到 18 世纪以来贸易方式变化的不利影响。正如我们已知的，将印度洋世界整合进由北半球工业化国家控制的全球经济体系，使当地商人在欧洲资本主义的扩张中由合伙人沦为协作者。

从最明显的层次看，18 世纪开始的欧洲在印度洋地区的霸权反映于港口活动的变化之中。许多古代港口和商人集团变得默默无闻。从南亚沿海到海岛东南亚，欧洲人建立了许多新港口——孟买、马德拉斯、加尔各答、吉大港、仰光、槟榔屿、新加坡和雅加达。在这些新港口中，军事要塞和工厂规划了欧洲人控制的市场，其周围居住着常常放弃更古老市场的当地商人、艺人和苦力。这些地方的欧洲区居住着欧洲的手工业者、店主、仆从、士兵、教士、律师、医生、妓女、旅馆老板和商人，它们常常是欧洲城镇的缩影。它们是与新式权力相连的新式市场，使当地传统的经济和政治活动转型并屈从于对区域外利益的进一步增进。

239　　　更重要的是，这些新港口是欧洲领土扩张的桥头堡，其经济和政治重要性的增长导致权力从内陆城市移向沿海城市。南亚和东南亚的情况尤其如此，古代内陆城市（拉合尔、德里、勒克瑙、康提、穆什达巴德、曼德勒和日惹）的权力和财富都移往欧洲人统治的港口（如卡拉奇、孟买、科伦坡、加尔各答、仰光和雅加达）。18、19世纪欧洲人控制的东非和红海沿岸城市（如德班、马普托、达累斯萨拉姆、蒙巴萨、摩加迪沙、吉布提、马萨瓦和亚丁等）都变成了欧洲经济、技术和政治权力的中心。不像古代斯瓦希里人的港口，它们统治而不是服务于内陆地区。

当地商业活动从竞争和合伙到从属和协作的变化是迅速的。例如，18世纪，中国人大量地自由迁移到东南亚，到爪哇经商，到婆罗洲采掘黄金和钻石，到马来苏丹国开采锡矿，作为普通商人迁移到泰国（特别是在1767年阿瑜陀耶王朝在与缅甸的交战中灭亡、泰王国在曼谷重建之后）。到18世纪后期，在泰国的中国商人曾建造过大型平底帆船队，与整个东南亚进行贸易。同样，在荷兰东印度公司在这一时期走向衰落、武装的蒸汽轮船使欧洲重新成为东南亚海域的主宰之前，印度尼西亚的短途货物和旅客运输一度复兴了。

利用欧洲的竞争对手和依附于这个或那个集团，其他的商业集团一直存续到18世纪。例如，如我们已知的那样，1786年，英国东印度公司正确地估计到，当地的统治者和商人将利用中转站逃避荷兰东印度公司的勒索和要求，因此在槟榔屿建立了一个基地。槟榔屿吸引了丘利亚人、布吉人、泰人、缅甸人、中国人、克林人、爪哇人和苏门答腊的商人和水手。其欧洲人口很少，且很快便拥有了大量南亚和中国的商人、手工业者和劳工，这预示着30年后建立的新加坡的命运。

到18世纪后期，乘船旅行的当地商人开始减少，其原因有两个。像在科罗曼德尔海岸之类的地区，商人把货物搭载在欧洲轮船上，由代理人负责照料，这使当地造船业和航运业迅速萎缩，也导致许多当地人控制的港口湮没而有利于欧洲人控制的港口。马德拉斯成为科罗曼德尔海岸的主要港口，虽然它的重要性至今还未受到冲击；古代港口如纳格雷、纳格伯蒂纳姆和默苏利珀德姆则变为为沿海运输服务的小停泊点。南亚其他地区的衰落情况也同样明显。这些变化尤其与次大陆加剧的政治混乱和投资资金的减少有关，这些资金中的大部分一直由正急剧消失的莫卧儿帝国贵族所提供。

以下进程与莫卧儿帝国的衰落相类似：18世纪波斯萨非帝国的灭亡；奥斯曼帝国苟延残喘到第一次世界大战的缓慢衰亡；东南亚伊斯兰国家权力的下降和财富的减少；欧洲在亚洲的主要殖民地的建立。伊斯兰教地区被这些发展瓦解，穆斯林海上旅行的范围收缩了。哈只的交通被保留下来并得到扩展，但是穆斯林雇佣军、神学家、知识分子、船队巨商都消失了。由于18世纪以后印度洋地区内部的衰落和欧洲商业活动的不利影响，印度洋的联动经济的主要部分正在发生重大变化。

但是正如我们已知的，当地航海商业活动衰落的步伐和范围被夸大了。当然，当地的航海商业在西印度洋的确缩小了，使以前的大港口如霍尔木兹、马斯喀特、巴林、亚丁、摩加迪沙、蒙巴萨和苏拉特衰落了——虽然由于成为欧洲殖民和政治活动的跳板，巴林、亚丁、摩加迪沙和蒙巴萨在19世纪后期将获得新生。

　　然而，非—亚、阿拉伯和南亚商人在阿拉伯海繁荣的奴隶贸易中仍然很活跃。此外，哈德拉毛商人在荷兰控制的印度尼西亚经济中占有一席之地。在跨孟加拉湾的线路上，在南亚、马来亚的港口，传统的帆船和当地商人仍然占据相当一部分交通。而18世纪后，丘利亚人、古吉拉特人、孟加拉人、耆那教徒、克林人和帕西人离开当地和葡萄牙控制的港口，投奔英国控制的港口。但总的来讲，在欧洲帝国主义的控制形成及蒸汽轮船获胜之前的时代的情况，就是当地航海商业交通的缓慢收缩。

　　19世纪，越来越少的当地商人穿越印度洋。他们更多地采用欧洲的商业原则和组织制度，并留在陆地，使用电报、外国港口的欧洲金融工具和联络机构。殖民国家政权和经济的建立最后终结了当地的海上贸易活动，以定居商人——当地和欧洲的商人——取代了旅行商人。他们利用垄断的新技术运输货物、传递信息、汇兑资金，消除了帆船和季风对航海贸易的决定性作用。

　　所有这些变化削弱了印度洋沿岸古代商人社区的必要性。虽然当地商人、手工业者和劳工可能仍在大海上旅行，但是他们现在多为移民，永久性地迁往外国的港口和定居点。更为重要的是，集权的殖民地政府的建立削弱了外国商人社区作为不同文化交流的潜在媒介的古老功能。新式政府以它对当地社会和经济生活的干预打断了文化和宗教交流的传统进程。为了自身的利益，殖民地政府现已成为不同文化之间的中介，因为外国统治者限定并塑造殖民地社会以适应他们自己的经济、政治和文化目标。

　　在所有的欧洲殖民地中，当地占支配地位的集团被其外国统治者的文化习俗所影响，以致破坏了印度洋地区内的古老文化交流。

在此过程中，商人间的联络、贸易与文化的交流被打断了，并为殖 242
民者与被殖民者之间的关系所取代。

新的文化生活和文化交流作为欧洲政治统治的结果被建立起
来。在显而易见的层次上，印度洋沿岸各个文化之间古老的海上贸
易联系的中断破坏了文化传播和交流的传统途径。在更隐蔽的层次
上，许多传统贵族的消失摧毁了资助制度，而资助制度曾经维持了
当地文明的许多价值和实践：建筑、音乐、绘画、雕刻、舞蹈和
文学。

殖民统治者在亚洲和非洲的殖民地推行欧洲社会的文化、语言
和哲学价值观念。行政、教育和商业语言都是殖民当局的语言，当
地的语言降到次要地位。殖民地各民族被反复灌输殖民者的价值观
念。到 19 世纪，殖民者沉浸于这样的信念中，即欧洲文明在精神
和技术上都是优越的。当地的知识精英被纳入其欧洲统治者的价值
体系，在文化上亲英国、法国、尼德兰或葡萄牙。虽然欧洲人擅长
记载当地文明的形成和历史，但是实际上，殖民政权并不保护或鼓
励当地文明，而是倾向于创造殖民地精英，后者的文化和价值观念
都与其欧洲统治者相连。

在最极端的层次上，这意味着，在语言和生活方式上，部分当
地人被期望成为殖民者的翻版，而另外一些人则被期望重塑他们的
社会——这部分人已吸收了欧洲人提供的优秀文化。在葡萄牙、法
国和荷兰的殖民地，殖民者强调的是使当地人同化，制造仿效者；
在英国的殖民地则较少同化，英国方式的优越性更多地以优秀的业
绩和行为来得到证明。

在欧洲所有的殖民地中，从 19 世纪起，基督教传教士的活动
宣扬西方文明的价值观。教会学校、孤儿院和医院是传播欧洲文化
和技术价值的中心，并倾向于拒绝考虑其本地信徒的文化传承。非

243 洲、南亚和东南亚都有一些人改宗基督教，但是从总体上看，基督教只是极少数人信仰的宗教。然而，我们不能因此而低估了教会学校的影响。到 19 世纪晚期，它已经取代外来商人社区而成为印度洋地区传播外国文化价值观念的渠道。除了教会学校，不列颠印度于 19 世纪晚期兴建了大学，以培养西化的本地官员阶层和职业阶层。20 世纪早期，英国南非领地和澳大利亚领地的欧洲定居者社区也都创办了大学。但是，这些教育机构并不对当地参与者开放，而是为了在散居外国远离欧洲的欧洲人居民团体中保持欧洲的文化价值观。

从根本上说，并不存在各殖民观念孰优孰劣的问题，因为它们都建立在欧洲文明之优越和当地文明之低劣的信念基础之上。它们都蔑视当地的文明，都希望重建当地社会，都只关心欧洲人的而不是当地人的利益。殖民政权都是以当地人的依赖而非独立为基础的。有趣的是，当当地人民开始期望平等对待和自由行动时，被灌输给当地人的许多欧洲价值观念报应了欧洲人，特别是有关自由的哲学和有关个人奋斗的价值观念。欧洲殖民者还不明智地撒下了民族主义的种子，他们精心地以欧洲文明价值观培养指导的许多精英集团最终挑战了他们的统治。

殖民地时期建立的集权政府在印度洋地区进行了彻底的政治革新。直到殖民政权建立之前，印度洋地区的政治体还不能被认为是高度中央集权的。前现代的联络体系和军事技术、强大的地方贵族和传统势力、分散化的经济都是高度中央集权的政权发展的障碍因

244 素。然而，在 19 世纪，所有这些都改变了。新的联络和军事技术以及导致世界经济形成的根本性经济变化，都促进了集权的殖民地政府的发展。其中，文化和经济差异都服从于由殖民统治者的需要左右的精英秩序。在这个过程中，文化和经济的差异以及地方必需

的——而非殖民政权所需的——经济和文化决策自由都得服从中央政府的决策。19世纪，随着行动和选择的自由开始变得必须服从新的统治精英的需要，集权的殖民地政府的发展破坏了古老的文化和经济交流方式。

新、旧旅行者

欧洲的入侵和欧洲贸易据点的建立带来了新的人员流通方式，也促进了印度洋地区的奴隶贸易。

葡萄牙曾经驱使大量的印度基督教徒（卡纳林人）到莫桑比克定居，荷兰东印度公司则把反抗的爪哇人和马拉巴尔人迁移到其贸易帝国的遥远地区，特别是开普敦和科伦坡。16世纪，在葡萄牙的统治下，雇佣兵的流通也增加了。在从蒙巴萨到马六甲的要塞，葡萄牙人以及后来的荷兰人、法国人、英国人都利用埃塞俄比亚人、马来人和当地的卡纳林军队（也称为拉斯卡林和西帕）以及德国和瑞士的雇佣兵。但从总体上看，他们的流通是不定期的，与突发政治事件相连。直到18世纪，在扩张的印度帝国内部，英国形成了对南亚军队相当大的依赖，并将其用于从斯里兰卡、印度尼西亚群岛驱逐荷兰人的战斗。19、20世纪，英国的南亚军队开赴世界各地为大英帝国作战。例如，1914至1918年，不列颠印度的军队在法国、坦噶尼喀、美索不达米亚和加利波利战场作战，而法国从非洲和印度支那募集的军队则在欧洲充当士兵或前线劳工。

从18世纪初开始，欧洲军队也定期进入印度洋和跨印度洋调动。英国东印度公司在南亚的军队包含欧洲的军官和军团，马斯卡林群岛和印度的法国军队也是如此。荷兰在所有主要海港都有欧洲守备军。这些欧洲人的死亡率特别高，但是后备兵力充足。

到 19 世纪晚期，印度洋地区的殖民地军队包括轮防的欧洲人军团和由欧洲人指挥的当地军队。欧洲人军团是欧洲殖民统治的显著象征，而当地人军队更往往是帝国主义统治和扩张的帮凶。军舰在英国、法国和尼德兰把欧洲军团运送到印度洋的殖民地，还穿梭般地把从殖民地征召的军队从欧洲的一个殖民地运往另一个殖民地驻防。印度士兵负责守卫巴林、科威特、亚丁、萨瓦金、柏培拉、蒙巴萨和达累斯萨拉姆，还为英帝国到中国、苏丹、阿富汗和波斯作战。荷兰殖民地的军队在荷兰对印度尼西亚群岛的统治中起了关键作用，19 世纪晚期，在荷兰征服亚齐和巴厘的过程中也起了同样的作用。

与 18 世纪当地商人和士兵的流通变化相对应，当地的自由和契约手工业者的流动也不断增加。这一进程始于 18 世纪 60 年代，从科罗曼德尔海岸的法国港口本地治里到马斯卡林群岛，这预示着大量南亚人口开始定居毛里求斯。

18 世纪，自由原住民和契约劳工从海上移民到欧洲人在印度洋地区的活动中心的现象不断增加，这预示着 19 世纪大规模的契约民流。除了 18 世纪中国人定居于荷兰控制下的爪哇、婆罗洲和大陆东南亚以外，南亚人也移民到马斯卡林群岛和东南亚，为欧洲殖民者提供了大量必需的技术和劳工。

246　　与此同时，欧洲居民也在缓慢增加。例如，在法国的殖民地马斯卡林群岛，直接从法国来的移民量小但很持久。伴随 18 世纪 90 年代来自安的列斯群岛的难民移入达到高潮，那时有几百人移居该群岛。18 世纪以前，在热带的欧洲人死亡率奇高的背景下，生活在印度洋其他地区的欧洲人也相当少。在印度洋西半部，迟至 1800 年，欧洲人口也不足 3 万。荷兰在开普敦的殖民地大约有 1.7 万名欧洲人，马斯卡林群岛约有 1 万名欧洲人，至于葡萄牙在东非海岸的殖民地则可能有不足 1000 名欧洲人，而更多的是梅斯蒂索人。[1]
在印度洋沿岸英国、法国、葡萄牙和荷兰的其他殖民地，欧洲人可
能稍多一些。在这些欧洲社区中居住着令人难以置信的通晓多语种
的人，包括大型贸易公司的代表，还有瑞士人、德国人、希腊人、
丹麦人、瑞典人、意大利人、西班牙人、犹太人和亚美尼亚人雇佣
兵、艺人、店主、商人、音乐家、教士、科学家、教师和艺术家。

　　总之，海上旅客中欧洲人的比重正在增加。18、19 世纪，随着
殖民帝国的发展，较商人人数更多的行政官吏和士兵加入进来。随
着上述人员的到来，来了一批兵营附属人员，包括他们的家属、教
士等各种人，最后还有最初出现的永久性欧洲定居者。这些都是
19、20 世纪大批欧洲移民的先兆。

　　19 世纪，欧洲人的活动从根本上改变了印度洋地区人员流动的
传统方式。19 世纪是英国人、荷兰人、葡萄牙人、法国人、德国人
和意大利人巩固他们的印度洋沿岸殖民帝国的世纪。欧洲殖民政权
的形成表现于从海上出入印度洋地区的人口数量的大量增加，以及
当地人利用印度洋的数量和方式的重大调整。

　　19 世纪欧洲人影响印度洋传统旅客交通最明显的例子也许是奴　247
隶贸易。直到 8、9 世纪，奴隶贸易仍然是断断续续的。但是，在
阿拉伯帝国处于鼎盛时期的 9 至 11 世纪，黑非洲的奴隶贸易繁盛
起来了。此后的几个世纪里，西起马达加斯加东至摩鹿加群岛的跨
印度洋奴隶贸易航线的网络正式发展起来。贸易的两个主要供货地
点是非洲和印度尼西亚群岛，东非、马达加斯加、苏丹、埃塞俄比
亚提供奴隶，经过红海和阿拉伯海运输到埃及、阿拉伯、美索不
达米亚、波斯和印度；其他地方也存在一条类似的奴隶贸易航线，

1　A. Toussaint, 1977; P. Curtin, et al., 1982.

以印度尼西亚群岛为中心，群岛的各个岛屿互相捕获对方的人口为奴。

这种贸易的早期规模难以确定。据估计，每年从东非、苏丹和埃塞俄比亚运出大约 1 万名奴隶。[1] 随着阿拉伯帝国的衰落，奴隶贸易也衰落了。但是 17 世纪中期，它又兴起了，起初是为了满足奥斯曼帝国和莫卧儿帝国增长的需要。18 世纪初，基尔瓦和佩特控制了奴隶贸易，每年从沿海和马达加斯加出口奴隶到波斯湾、莫克兰海岸和古吉拉特，然后再出卖给印度北部的王公贵族，以及远至孟加拉的欧洲殖民者。

东南亚存在着类似规模的奴隶贸易。巴厘岛、群岛东部岛屿以及南亚部分地区都是爪哇、苏门答腊和马来半岛奴隶市场的供应地。此外，苏禄的穆斯林操纵着以婆罗洲和菲律宾南部为中心的繁荣的奴隶贸易。

直到 17 世纪中期，欧洲人只是断断续续地参与奴隶贸易，葡萄牙船只偶尔从莫桑比克海岸运输奴隶到南亚、巴西和葡萄牙。荷兰人是欧洲奴隶贸易的急先锋。他们在海岛东南亚的雅加达（巴达维亚）经营着一个繁荣的奴隶市场，每年向菲律宾、马六甲、斯里兰卡和开普敦出口数千名当地奴隶。1673 年，巴达维亚的人口约为 2.7 万人，其中奴隶占一半强。[2] 在开普敦，不断扩大的荷兰居民社区从南亚、斯里兰卡、爪哇、马达加斯加和东非输入有技术的奴隶。总的来讲，荷兰的奴隶贸易的规模比当地人控制的从斯瓦希里海岸出发的奴隶贸易的规模小得多。例如，1800 年，也就是说，在其最早定居后的约 148 年，开普敦的奴隶数量只有 2.9 万名。[3]

1　André Wink, 1988, 14.

2　S. Abeyasekere, 1987, 19, 28.

3　P. Curtin, et al., 1982; R. M. Martin, 1839.

17 世纪末和 18 世纪初，欧洲在西印度洋从事贩卖奴隶活动的主要是海盗（其中以法国人居多），他们是把印度洋的奴隶定期贩卖到世界其他地区的先驱。这些奴隶贩子集中在马达加斯加，然后经过莫桑比克海峡从两条路线将奴隶卖到巴达维亚、留尼汪、英国和印度西部。法国的贩卖奴隶活动在他们占领了无人烟的马斯卡林群岛和印度各地的港口后更加猖獗了。起初，马斯卡林群岛的法国人从西非、马达加斯加、南亚和东南亚只输入少数奴隶作为农场的劳动力。但在 18 世纪 30 年代，欧洲人统治的美洲热带地区流行的奴隶种植园制度传播到马斯卡林群岛。1735 年，毛里求斯大约有 600 名奴隶；到 1839 年，就增加到约 3000 名。[1] 在此后的几十年里，由于欧洲海盗和马斯卡林群岛的商人与马达加斯加、科摩罗群岛和东非沿海的奴隶市场建立了经常的联系，所以奴隶人口增长得更快了。

与欧洲人加速参与奴隶贸易相应，当地奴隶贩子从东非贩卖到桑给巴尔种植园和中东奴隶市场的奴隶人数稳步增加，从 1800 年的每年 4000 名增加到 19 世纪 70 年代的每年 6000 名，然后突然减少。[2] 然而，18 世纪，随着购买非洲奴隶的当地贵族的衰落，贩卖奴隶到南亚的贸易也终止了。

18、19 世纪，奴隶贸易规模和方向的急剧变化的原因是多方面的。其中最主要的是巴西、美国和马斯卡林群岛种植园经济的扩张，以及西非奴隶价格的急剧上涨。这促使法国、巴西、西班牙和葡萄牙的奴隶贩子把奴隶从莫桑比克、基尔瓦、马达加斯加和科摩罗群岛贩卖到马斯卡林群岛和美洲。

1　R. R. Kuczynski, 1949, 752–753, 755, 787–789.

2　W. G. Clarence-Smith (ed.), 1989(a).

到 18 世纪晚期，马达加斯加和葡萄牙占领的莫桑比克海岸是印度洋西部出口奴隶的主要地区。18 世纪 80 至 90 年代，仅莫桑比克岛屿每年就有 5000 多名奴隶被法国和葡萄牙的船只合法地运走。[1]其中约一半可能被卖到美洲，其余的被卖到马斯卡林群岛。基尔瓦也为这些市场提供奴隶，但是那里的大多数奴隶被卖到赞比亚和中东。马拉加什各邦的统治者也积极参与奴隶贸易，俘获敌对部落的人以之作为奴隶，劫掠科摩罗群岛和东非海岸的人以之作为奴隶，把他们中的大部分卖到马斯卡林群岛。

东非和马达加斯加的奴隶贸易持续到 19 世纪之后的很长一段时期，仅 19 世纪就有大约 20 万名奴隶被运往西印度洋的种植园。[2]海岛东南亚的奴隶贸易掌握在荷兰人、西班牙人和当地的奴隶贩子集团手中，到 19 世纪初，他们每年贩卖数千名奴隶。

直到 19 世纪 50 年代奴隶贸易开始减少为止，奴隶是印度洋上的最主要人员往来。奴隶贸易的减少在很大程度上应该归功于英国政府的活动，随着 1833 年大英帝国境内奴隶的解放，它发起了世界范围内的废奴运动。然而，在东南亚，奴隶贸易直到 20 世纪初才最终绝迹。

250　　有趣的是，奴隶贸易促进了印度洋地区内新的文化交流进程。在中东和东南亚，奴隶似乎融入了当地的社会和文化，但当地的社会和文化并没有显著的改变。但是，在欧洲的殖民地，特别是在法国和英国占领的马斯卡林群岛，大多数人口是奴隶。他们发展了一种充满活力的非—欧文化，把非洲、法国和英国的风格融合成克越尔语言和文化。

1　E. A. Alpers, 1975, 185.

2　William Gervase Clarence-Smith, 1989, 10.

随着大英帝国奴隶制的废除，以及出于国内甘蔗种植园经济快速发展的需要，马达加斯加的默里那统治者决定限制奴隶出口。罪犯和契约劳工提供了现代奴隶制度。这种新的奴隶制使印度洋地区内外无数移民被卷入其中。

南亚的契约劳工和手工业者尾随英国人的统治到达斯里兰卡、马来亚、南非、毛里求斯、塞舌尔群岛、肯尼亚、乌干达、坦桑尼亚、新加坡、亚丁和缅甸，甚至远至斐济、西印度群岛和英属圭亚那，充当种植园劳工或建筑工人。1848 年法国留尼汪岛废除奴隶制后，作为奴隶的替代者，来自南亚和莫桑比克的数以万计的契约劳工也从 18 世纪 40 年代末起迁往该岛。中国契约劳工和自由人的迁移可以与南亚契约劳工的迁移相媲美。作为自由劳动力，他们来到新加坡、马来亚和印度尼西亚（还有少数移往马斯卡林群岛），在橡胶种植园或锡矿中劳作，或在船坞和铁路上干活。

这些契约劳工极少返回母国，他们在当地国家形成了独特的社区。在东南亚、东非和南非，移民与其母国保持了密切的联系，加强了这些移民社区的团体归属感。但是在马斯卡林群岛，移民与母国的联系就不太紧密了，而且有时候，南亚移民社区采取和适应了英国和法国文化的某些方面，以至于造成了语言同化和传统的内部差别如种姓和语言的模糊。罪犯劳工不那么普遍，但是英国殖民当局把印度的罪犯遣送到毛里求斯。而 19 世纪中叶，英格兰、威尔士、爱尔兰和苏格兰的罪犯则被遣送到澳大利亚西部，充当廉价的农业劳动力。

15 至 19 世纪，印度洋海上客货运输的性质和方向发生了重要变化。15 世纪初，航线主要由区际经济和政治因素决定。但在 18 世纪，欧洲人在印度洋地区的活动越来越重要，以至于印度洋古老的贸易与运输统一体瓦解了。到 19 世纪，印度洋地区欧洲经济和政治利益的增长已经改变了人员跨洋流动的传统方式，带来了并不必然与贸易相关的人员流动动力。欧洲人的兴趣和参与使航行人数增加了，打破了海上贸易与人员流动之间的联系。

虽然到 19 世纪，欧洲的干预已不可逆转地改变了贸易和人员往来的旧方式，但是航行的旅客大多数仍来自地区内部，并体现了一种重要的连续性，使印度洋地区古老的文化多样性得到强化。但是，19 世纪，在印度洋上航行的欧洲人也急剧增加了。

在欧洲的亚、非殖民地，临时性军事、行政、种植园主、采矿和商业性社区的规模扩大了。在重要的行政中心，永久性的欧洲人社区也扩大了。欧洲在印度洋的一些地方建立了永久性的居民殖民地。其中最早的，是可追溯到 17 世纪的荷兰人和胡格诺教徒定居的好望角。19 世纪 20 年代，英国人开始定居在南非的纳塔尔海岸和澳大利亚西海岸的斯旺河地区。英国在南非和澳大利亚的殖民地吸引了成千上万的欧洲人每年向那里迁移（有些是自由人，有些是依附者，有些是罪犯），开始了延续至 20 世纪 60 年代的新式人员流动。19 世纪晚期和第一次世界大战后，英国人、法国人、葡萄牙人和意大利人也移民到肯尼亚、坦桑尼亚、赞比亚、马达加斯加、厄立特里亚、莫桑比克和意属索马里，虽然其人数比到南非和澳大利亚的少得多。

19、20 世纪，当地人与大海的关系发生了重大的结构和数量上的变化，它将从根本上改变古老的以海为生的和利用印度洋的方式。作为精神和活动场所的分散的印度洋世界被融入资本主义文化和经济世界。与此同时，经济变化和运输革命深刻地影响了人类与海洋之间的互动的性质。欧洲人控制的蒸汽轮船排除了以各种风的周期为基础的航行技术和航程安排，削弱了当地船只和水手的作用。从这个角度来讲，它们对这些人类活动的变迁起了关键作用。

对迄至 20 世纪以海为生者的研究揭示出大量印度洋地区的经济和文化历史。以海为生者和旅客对经济活动和文化交流、对许多印度洋社会的形成和发展起了重要作用。然而，到 19 世纪末，人与海之间古老而密切的自然联系正在迅速变弱，到 20 世纪将被彻底打破。

20 世纪

20 世纪初，印度洋显然变成了英国的内湖：英国的蒸汽轮船——及与之竞争的其他欧洲轮船——把印度洋地区的港口与外部世界连接起来；英国和从帝国募集来的军队守卫着上百个军事基地；英国商人、行政官员和传教士是从南非到中国香港的弧形殖民地带的活跃和突出的人物。每年都有成千英国人、爱尔兰人到南非和澳大利亚以及正在扩展的非洲殖民地边疆——津巴布韦、赞比亚和肯尼亚——安家落户。在 20 世纪的头 10 年里，南非和澳大利亚都形成了新国家，白人殖民者为自己创立了英国式的议会民主制度，但是当地人被排除在外。以采矿（主要是南非和西澳大利亚州的金矿）、迅速扩展的小麦种植及放牧牛羊的白人农场为基础，两个国家都发展了繁荣的经济。英国资本源源流入这两个地区，有助于建立城市和交通基础设施、支持欧洲式的生活方式，并为欧洲市场提供原料和粮食。

在南非的白人——包括布尔语社区和英语社区——仍为少数。在澳大利亚，由于白人的蓄意屠杀和他所带来的疾病，原住民几乎灭绝。在津巴布韦（南罗得西亚）、赞比亚（北罗得西亚）和肯尼亚，英国殖民者的人数更少，只有拥有广大地产和种植园的地主阶层。

此外，法国人、葡萄牙人和意大利人也迁移到马达加斯加、莫桑比克、厄立特里亚、意属索马里，虽然人数并不多。在莫桑比克，葡萄牙殖民者包括贫穷的农民和主要集中在马普托（洛勒努马尔克斯）的大城市资产阶级。此外，在马达加斯加和意大利的殖民地，欧洲人倾向于形成一个由富有的种植园主、企业家和官僚组成的小阶层，他们主要居住在城市里。

20 世纪初，南非和澳大利亚都形成了受大英帝国约束的白人统治国家。它们都是重要的矿产、羊毛和粮食产地，它们的经济牢固地融合于英国的经济利益。虽然这两个国家的白人都自认为是大英帝国精英的一部分，但是它们与英国的经济关系基本上与印度洋地区其他英国殖民地与英国的经济关系相同。直到第二次世界大战时，南非和澳大利亚都没有建立重要的工业基础。甚至在那时，它们仍依靠工业化国家资本的不断投入，这些国家渴望确保其原料来源。

20 世纪初，欧洲人的兴趣被吸引到印度洋南端。澳大利亚、英
254 国、法国和挪威都到南极洲探险，声称拥有对这块没有人烟的大陆上的某一片土地的主权。这种探险活动在整个 20 世纪持续不断，但是直到 20 世纪晚期才被认为具有重要的价值。从 20 世纪 60 年代起，南极洲拥有的丰富煤炭和石油储存的可能性以及丰富的海洋资源加剧了竞争，竞争来自最早在此探险的国家以及希望分享财富的其他国家。只有当国际社会同意将它作为未遭破坏的自然保留地、作为人类阻止全球发生环境灾难的努力的一部分时，在南极洲建立据点的巨大需求才得以解决。

第二次世界大战期间，骄傲的欧洲帝国主义时代突然结束了。在此之前，虽然在不列颠印度和荷属东印度群岛，西方化了的殖民地精英正开始鼓吹民主权利和自治，但是欧洲的霸权没有受到任何严重的威胁。在印度洋地区，印度仍然是英国的军事堡垒，英国商

业在各海域的安全由大西洋和太平洋的帝国海军势力确保。20 世纪 20 年代，日本在太平洋崛起，引起了英国的一些警觉。英国在新加坡慢慢地修建强大的海军基地，以守卫从南中国海和太平洋进入印度洋的通道。然而，在印度洋的其他地区，英国没有采取多少措施来加强印度、斯里兰卡和南非已衰败的海军设施。到 30 年代，英国在该地区建立了空军，以及一些沿埃及、波斯湾、不列颠印度和新加坡延伸的小型基地。此外，由政府为邮政快递提供的补贴资助，大英帝国航空公司、澳洲航空公司和荷兰航空公司在印度洋与欧洲之间开通了首批商业航班。

新的空军力量出现得有点太晚了，以致其没能避免第二次世界大战的灾难。大战打破了欧洲军事不可战胜的神话。日本对英国、荷兰和法国的东南亚殖民地的占领，鼓舞了整个亚洲摆脱外来统治的民族主义运动。随着 1945 年日本战败，印度尼西亚的民族主义者拒绝接受荷兰的重新统治。当法国企图重建对越南的统治时，它也面临同样的难题。筋疲力尽的英国被迫承认缅甸和印度于 1947 年独立，虽然不列颠印度被划分为印度和巴基斯坦两个国家。 255

1948 年，斯里兰卡摆脱英国统治而获得独立。五六十年代，在亚洲、非洲剩下的英国、法国和葡萄牙殖民地，以及印度洋的各个岛屿，民族主义运动迅速得到加强。到 80 年代，所有的欧洲殖民地（除了两个主要的例外）都获得了政治独立。两个例外是法国占领的留尼汪岛（它在政治上已经被并入宗主国法国）和英属印度洋岛屿领地（查戈斯群岛）。

作为法国的省并在国民议会中拥有议员代表，留尼汪和几个更小的岛屿（如科摩罗群岛中的马约特）已经被合并进宗主国法国。法国保留了该岛屿上的海军基地。当毛里求斯获得独立时，查戈斯群岛被分离出来，群岛上的居民伊洛伊斯人被英国驱赶到毛里求斯，以便英国在其中的迪戈加西亚岛建立海军通讯基地。英国还以比较体面的方式放弃了其他两个小群岛：富有磷酸盐矿的圣诞岛的主权被转让给澳大利亚；经过联合国组织的全民公决后，科科斯群岛公民同意并入澳大利亚。在这两块土地上的混血亚洲人变成了澳大利亚的全权公民。

两个最后获得独立的欧洲殖民地是 1975 年独立的莫桑比克和东帝汶。它们都是葡萄牙的前殖民地，莫桑比克成立了共和国，东帝汶则于 1976 年被印度尼西亚占领。

许多新独立国家都存在于它们以前的殖民统治者所设立的边界内，这些边界割裂了古代的语言、文化、种族和经济统一体。因此，有趣的是，摆脱殖民统治进一步强化了欧洲帝国主义带来的地区分裂。

到 20 世纪 60 年代末，英国正在迅速地放弃苏伊士运河以东的
256 殖民地。1956 年，它最终彻底失去了对苏伊士运河的控制。尽管如此，其海上权力并未还给印度洋地区各国。40 年代末，马来西亚的共产主义起义军、冷战的发展、共产主义在中国的胜利等使列强继续密切关注这一地区。它们的利益既基于其全球战略考虑，又基于 20 世纪 40 年代以来中东石油对于西方经济增长的重要性。为了保护石油供应，英国和美国于 1952 年干涉伊朗，颠覆了伊朗的民族主义政权。1956 年，英国、法国和以色列联合出兵埃及，企图推翻纳赛尔民族主义政府，并重新控制苏伊士运河。虽然入侵失败了，但是它加剧了西方盟国与阿拉伯民族主义之间的对立，造成了中东地区的持久冲突。

冷战、西方对所谓"发展中世界"的共产主义影响加强的关注和中东的石油资源，迫使英国直到 20 世纪 60 年代还在印度洋地区保持海军和空军力量。英国起初在斯里兰卡、新加坡和亚丁保留了

重要的海军和空军设施，但是到 60 年代，英国放弃了斯里兰卡，在扼马尔代夫的环礁甘岛发展了空军基地，同时开始撤离新加坡和亚丁。到 60 年代末，甘岛也被放弃了，英国放弃了印度洋地区。但是，冷战又需要西方势力留在印度洋地区，所以英国在近似于殖民地的迪戈加西亚岛建立了军事基地，并把该岛出租给美国作为通讯和海军基地。该基地的建立，是为了应对苏联在前英国殖民地亚丁和摩加迪沙日益增强的海军力量。像 18 世纪时一样，欧洲和美洲的竞争扩展到印度洋，把新独立的国家纳入由冷战引发的大规模竞争和全球分裂之中。

　　追求政治独立常常伴随着尝试重建被帝国主义经济需要所扭曲的经济。这些往往具有反资本主义特色的行为，加剧了西方对印度洋地区许多政权的政治性质的怀疑，并导致了许多公开颠覆民族主义政府的公然干预。1952 年，伊朗的摩萨德政府在企图使石油工业国有化时被颠覆。1956 年，如我们已知的那样，埃及纳赛尔政权将苏伊士运河国有化后，英国、法国和以色列就联合出兵入侵埃及，企图颠覆纳赛尔政府。此外，印度和印度尼西亚因为被怀疑亲苏联而被许多西方国家视为不可接触者。尼赫鲁当政时，独立的印度试图建立自己的社会主义经济发展模式，引起了资本主义西方的警觉。20 世纪 50 年代，印度尼西亚对荷兰资产的国有化，得到尼赫鲁——和印度尼西亚领导人苏加诺——支持的不结盟运动，这些都使西方更加怀疑印度和印度尼西亚已经处于苏联的控制之下。

　　在中东地区，苏伊士运河、伊拉克成功的反西方革命和阿以冲突增加了西方的担忧，加剧了美国与苏联之间为了扩大影响而展开的斗争。在非洲，同样的干涉模式实现了。从埃塞俄比亚到莫桑比克，它们都普遍倾向于趋向社会主义，只有肯尼亚和南非仍然向西方资本主义靠近。到 20 世纪 70 年代和中东石油危机发生时，更多的印度洋国家都进行了不同程度的社会主义实践，以重建被殖民主义破坏了的经济。与之相对的是西方利益，由美国的海上势力和马来西亚、新加坡、澳大利亚及南非等资本主义堡垒所代表。

澳大利亚和南非是欧洲资本主义事业的突出代表。经过第二次世界大战几乎战败的打击后，澳大利亚坚定地忠于与美国的联盟。而南非确立了占人口少数的白人的统治，它支持种族隔离政策，把非欧洲人贬为二等公民，并使他们陷入贫穷的境地，禁止他们参与国家的政治生活。南非政权的性质使它断绝了与许多印度洋邻国的直接联系，但是澳大利亚的立场不太清晰。

直到20世纪60年代，澳大利亚顽固地禁止非欧洲人定居，原住居民被剥夺了公民权，被排除在政治生活之外。在国际上，澳大利亚忠于美国的世界观。然而，20世纪70年代，澳大利亚开始改变对其自身国际地位的认识。澳大利亚放弃了排他性的移民政策，东南亚人和南亚人作为第一批非欧洲人移民来到了澳大利亚，原住居民被给予了全面的公民权。澳大利亚继续支持美国动议的国际活动（如在美国对越南的战争中），但是在外交上，澳大利亚开始采取独立的路线，处理与印度洋邻国的关系。例如，经过近30年的紧张和漠视之后，它与印度尼西亚和印度恢复了外交关系。这部分地是由于经济的需要，因为随着欧洲经济共同体的形成，澳大利亚失去了欧洲市场；但是，这也部分地是由于许多澳大利亚人逐渐认识到，他们在政治和地理上都是印度洋的一部分。

到20世纪80年代末，导致冷战结束、苏联解体的国际形势的变化，使印度洋地区实际上摆脱了公开的外来军事影响（除了法国在留尼汪和美国在迪戈加西亚外）。但是，随着苏联的解体（也包括社会主义经济政策的黯然失色），20世纪90年代，大多数印度洋国家和地区的经济发展方向正在发生迅速的变化。另一个重要的变化是，南非废除了官方的种族隔离政策，恢复了与印度洋邻国的联系。

20世纪90年代，印度洋地区的大多数国家和地区仍然致力于消除殖民主义的经济后果。现在，印度洋地区的经济已经牢固地成为全球经济的一部分，但是它仍然处于从属地位——这体现于沃勒斯坦关于经济关系中的中心和边缘的观念。它们中的大多数的制造业基础薄弱，经济上继续依赖工业化国家，后者购买它们的原料并提供投资资本。地区性贸易和航行得到一定程度的恢复，新加坡和马来西亚等国家已经发展了制造业基础，但是其他大多数国家还有待于打破殖民地时期形成的经济模式。传统的印度洋自给自足的贸易世界已经一去不复还了，其恢复的可能性很小。

正如印度洋旧的贸易世界已经消失了一样，文明和文化交流的 259 传统方式也已经消失了。这些文明的许多形式，或被其殖民地经历所破坏（在泰国、埃塞俄比亚和伊朗等逃脱了欧洲的直接政治统治的国家），或被资本主义的进军所摧毁。由于西方的技术、制造业和商业活动渗透进了印度洋地区，资本主义慢慢地破坏了传统的文化习俗。工厂生产的产品取代了当地的手工业产品，电影和唱片摧毁了当地的戏剧、舞蹈和音乐，而且（欧洲和非欧洲的）殖民统治贵族都保护欧洲的文明形式。

虽然不是所有的旧价值都丧失了，但是印度洋地区诸文明间的联系被打断了。当不同的文化互相交流时，这些联系曾经是变化和革新的重要力量。但是，紧随殖民统治之后，这些文明彼此间孤立了，并与工业化西方的文明产生交流。当当地社会试图在一个分裂为民族国家并被工业大国支配的世界中建立自己的特性时，印度洋地区殖民统治的遗产就是经济不发达和文化混乱。

这种文化混乱因西方带来的另一个遗产即民族主义观念而加

剧。在前现代的印度洋世界，文化和文明不为民族国家所限，而且
具有开放和灵活的界限，拥有极大的内部多样性。并不存在一个独
特和排他的"民族特性"观念，而只有以各种方式被界定的部分重
叠的"诸世界"：根据宗教、文化习俗、地理和语言，而不根据是
否属于特定的政治单元和身份。

260 然而，随着获得政治独立，当地各民族继承了民族国家，因此
不得不建立明确的文化特性，并使之合法化，以区别于邻国。这种
特性常常由对历史所做的适合于精英集团的解读所界定，在地理上
由殖民地的边界所界定，但是它常常建立在新国家的合法疆域之内
占统治地位的宗教、语言和文化的基础之上。对于宗教、语言和文
化同质的国家来说，它并不构成什么大问题。但是，印度洋大多数
殖民地国家的宗教、语言和文化是多元的，这就引起了国内各个集
团争夺统治地位的斗争。这就常常会导致内战以及新国家的建立。
巴基斯坦的命运就是如此。操孟加拉语者与操乌尔都语者的语言分
裂压倒了二者共同的伊斯兰教信仰。结果，操孟加拉语者分离出去
形成了孟加拉国。类似的紧张关系仍然是印度、斯里兰卡、缅甸、
肯尼亚、坦桑尼亚、埃塞俄比亚、索马里和南非的重要难题，它反
映了殖民主义后果的延续性，持续的不发达和经济剥夺加剧了文化
分裂和孤立。

然而，在过去的 10 年里，印度洋地区出现了一些以国家集团
为基础、采取集体行动的动向：在东南亚，印度尼西亚、新加坡、
马来西亚、泰国和文莱已经结成了经济和文化联盟，即"东南亚
国家联盟"（ASEAN）；在南亚，印度、巴基斯坦、斯里兰卡、孟
加拉国和尼泊尔也形成了类似的组织，称为"南亚区域合作联盟"
（SAARC）；在中东，"海湾阿拉伯国家合作委员会"为海湾该各个
小国的集体行动提供了一个论坛。在国际层面上，印度洋国家在联

合国已经讨论了十多年建立"印度洋和平区"的问题，却无多少直接成效。这些组织都缺乏一个区域性中心，但是它们一起代表了印度洋地区人民通过集体行动而不是永久的民族差异来寻求问题的解决的努力。

虽然政治独立会使重铸某些区域内的联系成为可能，但是殖民地经历使当地人民与大海的关系发生了重大的结构性和数量上的变化，它们将根本改变古老的利用印度洋的方式和以海为生的方式。作为精神和工作场所的分散的印度洋世界被纳入一个文化和经济的资本主义世界。与此同时，经济变化和运输革命深刻地影响了人类与海洋的相互关系的性质。欧洲人控制的蒸汽轮船排除了古代以各种风的周期为基础的航海技术和航海日程安排，削弱了当地船只和水手的地位。从这个角度来讲，它们对这些人类活动的变迁起了关键作用。

到 20 世纪中期，印度洋地区人与海之间的交流出现了明显的下降。随着欧洲殖民统治者和技术塑造了新的陆海关系，古代海岸社会及其政策被迫改变了它们与海洋的关系。即使当它们取得独立时，新的运输和通信技术依然阻止了任何古代亲密的陆海关系的回归。许多人仍然从事捕渔业，正如该地区的当地商船和海军仍在增加一样。但是，现代技术和商业方法减少了需要航行者或直接以海洋为生者的人数。飞机、大型货轮、集装箱、卫星、无线电、电视和传真机导致了印度洋地区人与海洋之间的直接接触的减少，虽然现代旅游是跨地区联系的一种新手段。

20 世纪晚期，港口的功能发生了重大变化。大型货轮的发展、集装箱港的出现和集装箱化、旅客的减少都使与航海活动相联系的劳动力减少了。许多港口中的码头与周围人口的密切联系也减少了，这使码头及其功能与大多数港口居民的日常生活疏远了。作为工商城市的港口已经失去了它们的大都市特征，而与其他城市变得差别不大了。德班、蒙巴萨、亚丁、卡拉奇、孟买、科伦坡、马六甲、新加坡、雅加达和弗里曼特尔不再被其港口功能所塑造，而变成了沿海城市，码头只是其经济活动的一部分。

虽然失去了作为该地区各民族最普遍的联系渠道的重要性，但是印度洋在他们的生活中仍然扮演着重要角色——尽管与其先前作为大道的作用完全不同。不断增强的环境意识、对印度洋食品和矿产资源价值的认识使印度洋对沿岸人民有了新的价值。近海的石油和天然气如今引起了印度、孟加拉国、泰国、马来西亚、印度尼西亚和澳大利亚等的高度重视，正如其海底矿产资源引起了该地区其他国家的注意一样。国家的疆域向海洋推进了许多，宣布专属经济区这种行动表明了各国取得印度洋新的矿产资源和保护重要渔业资源的意图。印度洋在政治上根据沿岸的国家边界被划分，而且各国正采取措施发展法制以照顾这个新地区的政治和经济活动。

在人类历史上的大部分时期，印度洋主要被利用为和看作一个统一体，它有助于把遥远的社区连接成各种复杂的经济和文化体。但是到 20 世纪晚期，印度洋被看作一个重要的环境和经济统一体，它对人类生活的维持而言至关重要。

结　　论

在本书中，我已经探索了各族人民与印度洋之间关系的发展。这种关系开始于数千年以前首批澳大利亚人的祖先跨越狭窄的海洋，从东南亚进入澳大利亚大陆（当时包括了现在的新几内亚和塔斯马尼亚岛）。这首批移民大概出现在 7.5 万年前。在印度洋区域的其他部分或许还有更早的海上移民，然而他们没有留下踪迹。

在继后的数千年里，环印度洋的人类开始把海洋作为食物资源和交通工具来利用。这些最初的水手只是为了生存，将海洋的收获作为狩猎采集和最早的农业形式的补充。随后，当人类发展了更复杂的定居生活方式时，他们与海洋的关系也更复杂了。海洋成了连接分散的居民公社的一条公共大路。对某些居民公社来说，它是促进以物易物交换网络发展的一条大路；而对另一些居民公社来说，它促使复杂的陆上贸易网络延伸到公海上，连接起远方的市场和奢侈品的来源地。

5000 年以前的印度洋以运输奢侈品的海上贸易连接起了世界上早期的城市文明——美索不达米亚和印度河流域的。在继后的几个世纪里，这一贸易增长到包含沿索马里直到印度尼西亚的半月形地带的奢侈品和日用品的交易，一直到公元的开始。

这一扩展的海上贸易道路的发展是对陆地居民的需要做出的反应。国家的兴衰、自然灾害的影响、气候的变迁、疾病的流行和技术的进步共同形成了人同海洋亲近的历史。季风系统的发现打破了 264

在公元前 1 千纪之前公海对水手和商人的靠海岸航行的限制。在公元后的头几个世纪里，海上贸易跨越印度洋把非洲和亚洲紧密联系起来，促进了文化和技术的传播与交流。

直到 20 世纪，印度洋一直是一个人类活动的重要舞台。它不仅在地理上联结了一系列的经济和文化，而且是供渔人、水手、商人、朝圣者、奴隶、艺人、雇佣兵、艺术家、学者、迁徙民族、旅行家和征服者的海陆军通行的海上通道。这些来往的人有助于形成印度洋沿岸的各种文化。印度教、佛教、耆那教、伊斯兰教和基督教沿海上通道传播，促使宗教分布各地，导致了各种文化形态的混合，使从东非到西太平洋海岸的各种文明的复合体形成。在现代殖民地国家建立之前，环绕印度洋的商人社区作为各种不同文化的中介在活动。但从 18 世纪开始，殖民国家成了中介，古代以海洋为基础的文化联系遂告消失。

海上通道是陆上和河流通道的延伸，它们由许多既转运货物又转运思想的港口和市场相联系。陆上和海上的长途运输，在前近代时期是国际关系的基石。贸易十分重要，它促进交换使节、扩大选择贸易集团的权利，并由军事征服所保护。例如，中国在 2000 年前就沿丝绸之路深入中亚驻军，以保护从中东到东亚的商人；拜占庭皇帝查士丁尼在 1400 年前就礼遇阿克苏姆的基督教统治者，以作为包围萨珊波斯占主导的阿拉伯海贸易的手段。同一时期，东南亚各国的统治者和中国皇帝开始了历时达上千年之久的外交联系；注辇人、缅甸人和室利佛逝人为了穿越孟加拉湾的贸易而相互斗争。15 世纪，在马六甲港，南亚商人社团被赐予实际上超出其领域的特权，以保证他们参与其港口的贸易。

这个历经千年发展起来的自成一体的印度洋海上世界，直到 18 世纪明显还是自给自足的。至少在 2000 年以前，从印度洋陆地来的货物，特别是胡椒和香料，就在地中海和中国的市场上是抢手货；但反之则不然。1498年，葡萄牙人直接进入印度洋进行海上贸易。到17世纪，其他欧洲人也参与进来。然而，在18世纪之前，欧洲贸易还是主要被结合在印度洋的传统网络中，仍以欧洲人和当地商人的合作、运输传统货物为基础。到18世纪，欧洲人的海上贸易超越了当地的海上贸易，奠定了欧洲殖民帝国的基石。但直到19世纪，从西方来的货物不再是金银，从东方来的货物也不再是陶瓷和丝织品，它们方才开始影响印度洋地区的人民和经济，破坏了其古代经济的平衡和自给自足。

18世纪也标志着印度洋与世界地缘政治舞台相结合的开始。在这个世纪，英、法、荷继续其在印度洋的争夺，这场争夺实际上就是第一次世界性的大战，它们卷入了从美洲到太平洋的陆军和海军对抗。

19世纪时，完成于18世纪的欧洲人在政治和商业上对印度洋地区的统治，使资本主义企业的胜利和殖民帝国的形成变得十分容易，而这二者使得地区经济依赖于全球的资本主义统治的经济体系。这种胜利不仅使殖民地经济受制于跨区域的经济和文化，而且限制了当地商人和企业家可以利用的经济上的良机。他们活动的实际范围大受阻碍，而且陷入由区域外的市场力量驱动的发展中的资本主义体系。在以前的世纪中，印度洋区域的商业活动受区域经济体系和偶然事件的制约；但从19世纪起，这些商业活动或者消失，或者被合并于一个以西欧和美国的工业经济为核心的市场力量驱动着的全球资本主义经济体系中。 266

当19世纪的发展瓦解了旧的跨印度洋联系并重组了区域经济、破坏了对印度洋的古老依赖后，新发现的地区不再仅仅成为这一区域的地理部分。19世纪之前，南非和澳大利亚西部都不是印度洋区域的地理部分。但是，欧洲人的迁移、在 20 世纪仍存续着的区域之间的贸易联系和区域之间移民的发展，使南非和澳大利亚的现代民族更积极地参与了这一区域的事务和发展。

以上所述是我的故事的骨架，但故事并未完结。印度洋依旧是一个决定人类生活的基本节奏的实体，它过去对各民族的影响仍是历史学家争论的主题。

在过去的 200 年间，历史的写作受到了欧洲学者的巨大影响。欧洲对其他世界的经济和政治统治助长了一种认为欧洲历史是近代世界史的中心动力的偏见。亚、非、大洋、美各洲的历史被分成欧洲人到来之前和之后的两部分。这一划分决定于欧洲战胜其他诸洲的时间表，并且指出了"他们"（被征服者）和"我们"（征服者）的基本区别。西班牙、葡萄牙和以后的其他欧洲帝国向欧洲之外的扩张，被认为决定性地创造出了一个近代的联合起来的世界，超越和取代了古老的分裂的世界。

对这一过程及伴随这一过程的恐怖与不公正，许多欧洲人也有批评。但他们对这一基本理论却普遍接受，即主要是现代的欧洲经

267 济制度把基本上是非欧洲的分裂和原始的经济制度联合体排除了，把世界按照"他们"和"我们"的历史性差别一分为二。西欧浪漫主义者可能在诗歌、绘画、小说和历史中伤怀那消逝了的高贵的野蛮，但在他们伤感的意象中，却混合着更为傲慢的欧洲人的自信，即使是最高贵的非欧洲人也由于他或她不同于他们的欧洲观察者而被定义为一个具有异国情调的野蛮人。

理论还能细分。那种次理论也把欧洲分为"他们"和"我们"，特别是在提到现代西北欧、南欧和东欧的历史时。这一态度明显反映在英美作家对葡萄牙扩张的看法上。葡萄牙人被认为代表着最后的中世纪十字军（狂信的罗马天主教廷，海上堂吉诃德，凶暴的、

不合时宜的拉丁人），而与跟随葡萄牙人于 17 世纪进入印度洋的基本是现代的有计谋的英国人和荷兰人相区别。这一区别在事实上并非十分明显，在很大程度上是由英美 20 世纪的经济、政治霸权形成的骄横的幻想产物。

18 世纪的法国哲学家，19 世纪的马克思，20 世纪的许多自由派、社会主义和马克思主义史学家（以及他们保守的同党），都暗中接受了这种世界史的二分法和由欧洲决定的年代学，并且相信欧洲的暴力、资本和技术不可避免地超越了其他世界，因为其他世界是非近代的，因其与"我们"不相似。具有讽刺意味的是，由于接受了世界史的二分法，甚至对帝国主义最尖锐的批判也接受了沙文主义的观点（即欧洲之外的世界是不发达、历史地垂死的，不同于欧洲世界）。这些学者中的许多人已尝试发展出了新的模式与理论以包装或解释世界史，但许多人只是简单地拿新瓶装旧酒而已。然而，全世界有越来越多的学者用显示和欧洲接触以前的非欧洲社会的成就的办法，来对这一世界史的观点提出异议。这些工作使支持 268 把世界划分为"近代"和"前近代"、"他们"和"我们"的做法，以及有关现代帝国主义发展的许多假说破产。

在 18 世纪之前，欧洲商业企业在从东非到东南亚的印度洋区域的成功，依赖于其参与了古代的经济网络和系统。无疑，由于把印度洋海上贸易向欧洲、美洲和太平洋市场开放，欧洲企业使其贸易的数量和方向发生了巨大的变化，但欧洲人并未主导这一贸易。18 世纪时，英国政治和贸易利益的结合，使印度洋区域出现了以南亚为中心的不列颠领土帝国。到 19 世纪，英国的贸易统治发展为英国的资本统治。结果，它推翻了地方经济，使其服从于主要的欧洲工业经济。

在讲述这一史实时，我越来越感到还有一些问题需要回答。在我们关于印度洋上各民族的知识和对早期海上贸易的技术和技巧的理解中，仍有许多空白。我十分粗略地叙述了早期的海上贸易，但我十分清楚，我们迫切需要历史学家、考古学家和人类学家来揭示早期捕鱼和海岸农业公社的历史，如果我们想要理解首批海上企业的推动力的话。对于最早的海港、商人社区和他们经营的货物，我们的知识也有缺陷。非欧洲的海上贸易经常被贬低为一种运输奢侈品的小贩交易，但现在有足够的线索指明这种看法不正确。15 至18 世纪，它是一种复杂、精致的贸易体系，在印度洋区域是足以对抗欧洲人的商业。

还有，我们对和贸易相关的生产过程所知甚少。至少在 5000年以前，在埃及、美索不达米亚和印度河流域，已有工业点在为远方市场生产产品：陶器、玻璃珠、加工过的贝壳和象牙、铜铃、珠宝、彩釉陶器和棉纺织品等。但我们只有十分有限的线索，能在特定的人类环境中确定这些地点和生产过程。谁控制和从财政上支持这种生产？他们和统治集团的关系如何？有一种倾向想将 19 或 20世纪的政治理论（尤其是沃勒斯坦的）应用于这些经济活动。但由于我们知识的局限，这种倾向还应被避免。

论及利用印度洋的民族时，会有许多问题产生。主要的问题之一是，这些民族中的大部分没有记载下来的历史，其存在的确切细节很少留存下来，人们因此被迫根据几千年来极少数旅行家的特定记录而对其做出普遍概括。我们有一些以中世纪旅行家伊本·巴图塔和马可·波罗的回忆录和有关麦加朝圣的文学著作等为基础的引人入胜的历史，但在口述史学和欧洲人从 1498 年至 20 世纪在印度洋的活动留下的大量官方与非官方记录等领域，依然有许多工作需要历史学家和人类学家去做。另外的问题则涉及当代学者的偏见。印度洋区域的文明博大精深，对于那些考察特定文明的考古学家、人类学家和历史学家来说，它是一个无底的宝藏。只有少数学者考察了这些文明之间的联系。上述这些文明均非独立的实体，但人们往往如此看待它们。

19、20世纪，这一问题与引人注目和极其强大的欧洲殖民帝国之兴起相混合。这些帝国的雄伟面貌使那些集中精力研究其结构而非其基础的历史学家感到困惑而不知所措。如果考察一下它的基础，我们就会得到有关欧洲帝国在印度洋区域之兴起的新观点。很清楚的是，这些帝国是在与当地经济合作的基础上形成的。帝国的建立并不标志着当地经济企业的消失，而更经常的是当地和外来利益展开的紧密经济合作的结果。 270

对于上述观点，我在本书的主要部分已做了较详细的讨论。但最近读了《塞思·内奥莫尔·霍奇安德回忆录：1804—1878年》，我更肯定了自己的观点，即不能简单地将欧洲殖民地的增长斥为欧洲资本主义的胜利和当地经济企业的摧毁，它是以古代人类和经济的连续性为基础的。[1] 该回忆录的作者属印度信地家族，许多世代以来均从事跨阿拉伯海的海上贸易。这个家族在欧洲人统治之外的地区十分昌盛，连接卡拉奇、马斯喀特、巴林和巴士拉等地。但它也从欧洲人的商业活动中得益，将其活动和英国占领的印度港口孟买、加尔各答等联系起来：在这些地方建立分号，与欧洲官员共同经营欧洲人的船只，悬挂英国国旗到达中国香港。该书作者正赶上英国1843年征服信德，他成为征服的代理人并从资金上支持了这次征服。

这个故事对我的重要性在于，它描绘了，一个积极能动的当地商业系统正存在于英国组建其印度帝国的时代。这一帝国的组建有利于塞思·霍奇安德家族的财富，他在其中找到了自己的位置。霍

1　Seth Naomul Hotchand, 1982.

奇安德家族成功的故事把欧洲殖民帝国刚刚建立时为当地经济活动带来的新机会结合了起来。我说"刚刚"是经过深思熟虑的，因为一旦殖民帝国完全建立，工业资本主义开始作用于当地经济，则如霍奇安德这样的商人家族的经济作用就急剧改变了。

欧洲人控制的技术（特别是造船）的传播和商业活动的新形式破坏了当地商人集团的经济活动的范围。霍奇安德家族在19世纪初的几十年还拥有欧洲船只，但一代人的时间后还拥有船只的家族就是罕见的了，因为欧洲的轮船公司垄断了新的造船技术。霍奇安德家族虽然存续下来，而其身份是作为地主和帝国官僚的一员。作为资本家的其他本地商人家族的遭遇更好一些，但总的来说，与19世纪初之前相比，这些家族是在一个大受限制的范围内进行经济活动的。

这最后一点值得深入讨论。19世纪之前，许多当地显贵都是贸易上的积极伙伴。例如，印度南部的马拉巴尔海岸、马来半岛和印度尼西亚群岛的小的沿岸国家的统治者与海上贸易运作密切联系，用征税、仲裁和扩大保护等办法保证自己能分得贸易的利益。本地商人和这些统治者密切合作，一有可能即扩大自己的经济活动的范围和性质。等到殖民国家建立后，所有这些都改变了。许多当地的王室消失了。即使在王室仍然存在的地方（如英国的马来亚），旧的显贵阶层也丧失了其对贸易和相关技术的控制。游戏的规则改变了，这些规则现在由外国人来确定，他们创立了新的经济联系和忠诚观念。海上贸易的规模和复杂程度改变了，许多旧的统治显贵和本地商人集团被排斥在外。[1]其中一些商人集团也在新秩序中找到了一个位置，但大多数需要新的中介来与之商议新的制度。当地商人

1　Edwin Lee, 1978, 25-37.

从与欧洲人在商业上既是对手又是伙伴，到现在变成了一个受地区外命令支配的体系的婢仆。

霍奇安德家族和其他当地集团虽在新的政治、经济制度下得到了一席地位，但他们只是欧洲帝国主义的牺牲品，其生活、文化与未来均受到殖民统治之阻碍。但需要记住的是，帝国主义的行为不能轻易地按照这种或那种理论被有步骤地分类，也不能按"他们"和"我们"来分类。印度洋地区的历史学家可以通过更严密地考察当地航海人民的命运、1498 年以来他们和欧洲人之间关系的真正性质，来对世界历史做出更大的贡献。

本书的大部分，叙述的是海上贸易与文化交流和相互影响的关系。我主张，海上贸易是印度洋地区的各种本土文化的交流手段和媒介。一个人想要了解印度洋区域的文化交流与相互影响的历史，就应该了解海上贸易的过程，因为是海上贸易给予了前近代世界历史中的印度洋独特的人文特征。到 18 世纪，欧洲人的入侵开始破坏古代海上活动的模式，再加上欧洲人在本地区建立了领土帝国，于是就彻底地破坏了同样古老的文化交流和相互影响的模式。从文化和经济上看，欧洲人分裂了古代的印度洋世界，把它降为由北半球的工业化国家统治着的世界范围内的经济和文化体系中的一个附属区域。

作为一个印度洋区域的居民，我发现自己不可能写完我所叙述的故事。在 20 世纪，很明显，人类和海洋的关系有了重大的改变。现在很少有人作为一个渔夫、水手或旅行家来利用海洋，但更多的人认识到了海洋是我们未来的决定因素：既是我们的自然环境的决定因素，又是食物和原料的基地。邻海的现代国家拥有过去留给它们的宝贵遗产，其中文化和宗教的大部分是在古代环海洋的各民族文化的交流过程中形成的。欧洲殖民主义的经验造成了我们对区域外影响的关注，但当前的实际情况却是，假如我们想了解我们居住的区域，就必须考虑它在欧洲人到来之前的历史。

20 世纪 90 年代，以过去的殖民主义或由冷战支持的政治信条为基础的政治、经济形势开始瓦解。冷战在很多方面是一条歧途，它把注意力从非常实际的地方问题引向美国和苏联两方（及其盟国）的全球斗争。当从前的殖民地寻求援助以解决它们的迫切问题时，它们被引入了这场斗争。这样，它们就很少有自由来决定有关他们的未来的民族自决问题。但当从冷战中觉醒后，它们有一个机遇来着手处理经济发展、人口增长、大国势力之外的民族矛盾等问题。这种国际气候的变化鼓励许多印度洋区域的现代国家把注意力集中于本地区，特别是当 20 世纪两个大的帝国庇护者苏联和美国解决了它们的分歧，而把它们及其附从国区分开的巨大意识形态鸿沟出于一切实际目的而消失了时。

在 20 世纪曾对印度洋国家的政治具有巨大影响的区域外势力，现在不再直接参与本地区的事务——除了在那些它们认为自己的利益受到直接威胁的地方，如伊拉克和科威特冲突的例子。这就留下了一个权力真空，除了特殊情况外超级大国一般不愿干涉。于是，缺少帝国的直接庇护，迫使本地区国家重新评估其相互关系。甚至在澳大利亚，关于其在世界上的位置的新感觉、新的移民和贸易方式（特别是与印度尼西亚、印度、斯里兰卡、波斯湾国家、黎巴嫩、埃及、毛里塔尼亚和南非之间的）都使其和亚洲、非洲有了更强的联系，打破了该大陆和其邻居自古以来不相接触的局面。它现在必须学会和这些邻居来分享印度洋的过去和将来，而不再区分"他们"和"我们"。

参考书目

一、未出版资料

PALAT, R. A., 1988 'From World-Empire to World-Economy: Southeastern India and the Emergence of the Indian Ocean World Economy (1350–1650)' (Ph. D. thesis, Binghampton).

REEVES, P., 1992 'The Koli and the British at Bombay: The Structure of Their Relations in the Mid-19th Century', paper for the 9th Biennial Conference of the Association for Asian Studies of Australia, Armidale.

SIRISENA, W. M., 1969 'Ceylon and South-East Asia: Political, Religious and Cultural Relations from AD c. 1000 to c. 1500'(Ph. D. thesis, ANU).

VILLIERS, J., 1983 'One of the Especiallest Flowers in our Garden: The English Factory at Makassar 1613–1667', paper, XXXIst International Congress of Human Sciences in Asia and North Africa, Tokyo and Kyoto.

WINIUS, G. D., 1989 'The "Secret People" in Their Several Dimensions', paper, Fifth International Seminar on Indo-Portuguese History, Cochin.

二、已出版资料

BOS   Broeze. F. (ed.), *Brides of the Sea. Port Cities of Asia from the 16th–20th Centuries* (Sydney, 1989).

JMBRAS   *The Journal of the Malaya Branch of the Royal Asiatic Society.*

IESHR   *The Indian Economic and Social History Review.*

ICIOS   *International Conference on Indian Ocean Studies.*

ION   *Indian Ocean Newsletter*, 1980–87 (Centre for Indian Ocean

Regional Studies, Curtin University, Western Australia).

IOR   *The Indian Ocean Review*, 1987–present (Centre for Indian Ocean Regional Studies & Indian Ocean Centre for Peace Studies, Curtin University & The University of Western Australia, Western Australia).

JSAS   *Journal of Southeast Asian Studies.*

MAS   *Modern Asian Studies.*

MBRAS   *Malaysian Branch of the Royal Asiatic Society.*

SA   *South Asia* (Journal of the South Asian Studies Association of Australia and New Zealand).

UGHA   *UNESCO History of Africa.*

     A Relation of the Voyage to Siam Performed by Six Jesuits Sent by the French King, to the Indies and China in the Year 1685 (Bangkok, 1981: orig. published 1688).

ABDULLAH, T., 1989 'Islam and the Formation of Tradition in Indonesia: A Comparative Perspective', *Itinerario*, 1, XII, 17–36.

ABEYASEKERE, S., 1987 *Jakarta A History* (Singapore).

ABRAHAM, M., 1988 *Two Medieval Merchant Guilds of South India* (Delhi).

ABU-LUGHOD, J., 1989 *Before European Hegemony: The Worm System AD 1250–1350* (New York).

ADAM, P., 1979 'Le Peuplement de Madagascar et le Probleme des Grandes Migrations Maritimes', 349–53, *Mouvements de Populations dans l'Ocean Indien* (Paris).

ALAM, M., 1989 'Competition and Co-Existence: Indo-Islamic Interaction in Medieval North India', *Itinerario*, 1, XIII, 37–60.

AL-QASIMI, M., 1988 *The Myth of Arab Piracy in the Gulf* (London).

ALPERS, E. A., 1975 *Ivory and Slaves in East Central Africa* (London).

ANFRAY, F., 1981 'The Civilisation of Aksum from the First to the Seventh Century', *Ancient Civilisations of Africa*, *UGHA*, II (Berkeley), ed. G. Mokhtar.

ANSTEY, V., 1929 *The Trade of the Indian Ocean* (Cambridge).

ARASARATNAM, S., 1978 'Indian Commercial Groups and European Traders,

1600–1800: Changing Relationships in Southeastern India', *SA*, NS 1, 2, September, 42–53.

——1983 (a) 'Indian Merchants and the Decline of Indian Mercantile Activity: The Coromandel Case', *The Calcutta Historical Journal*, VII, 2, 27–42.

——1983 (b) 'Mare Clausum the Dutch and Regional Trade in the Indian Ocean 1650–1740', *Journal of Indian History*, LXI, Parts 1–3, April–December, 73–91.

——1984 'The Coromandel-Southeast Asia Trade 1650–1740', *Journal of Asian History*, 18, 2, 113–35.

——1986 *Merchants, Companies and Commerce on the Coromandel Coast 1650–1740* (Delhi).

——1988 'The Rice Trade in East India 1650–1740', *MAS*, 22, 531–49.

——'European Port-settlements in the Coromandel Commercial System 1650–1740', *BOS*, 75–96.

——1989 (a) 'Islamic Merchant Communities of the Indian Subcontinent in Southeast Asia', *Sixth Sri Lanka Endowment Fund Lecture*, University of Malaya, 11 October 1989 (Kuala Lumpur).

ARASARATNAM, S., 1989 (b) 'Coromandel Revisited: Problems and Issues in Indian Maritime History', *IESHR*, XXVI, 1, January–March, 1989, 101–10.

ASHTOR, E., 1980 'The Volume of Medieval Spice Trade', *The Journal of European Economic History*, 9, 3 (Winter).

AXELSON, E., 1969 *Portuguese in South-East Africa* 1600–1700 (Johannesberg).

BANDRANAYAKE, S., et al., 1990 *Sri Lanka and the Silk Road of the Sea* (Colombo).

BASSETT, D. K., 1958 'English Trade in Celebes, 1616–67', *JMBRAS*, XXXI, 1, May, 1–39.

——1971 *British Trade and Policy in Indonesia and Malaysia in the Late Eighteenth Century* (Hull).

BAYLY, C. A., 1989 *Imperial Meridian: The British Empire and the Worm 1780–1830* (London).

BAYLY, S., 1989 *Saints, Goddesses and Kings. Muslims and Christians in South Indian Society, 1700–1900* (Cambridge).

BEACH, D. N., 1980 *The Shona & Zimbabwe* 900–1850 (Marshalltown, USA).

BERNARD, J., 1972 'Trade and Finance in the Middle Ages', *The Middle Ages, The Fontana Economic History of Europe*, vol. 1 (London), 274–338, ed. Carlo M. Cipolla.

BIBBY, G., 1969 *Looking for Dilmun* (New York).

BLUSSÉ, L., 1986 *Strange Company: Chinese Settlers, Mestizo Women and the Dutch in VOC Batavia* (Dordrecht).

——1988 'The Run to the Coast: Comparative Notes on Early Dutch and English Expansion and State Formation in Asia', *Itinerario*, XII (1), 195–214.

BORSA, G., (ed.), 1990 *Trade and Politics in the Indian Ocean* (New Delhi).

BOUCHON, G., 1988 *'Regent of the Sea', Cannanore's Response to Portuguese Expansion, 1507–1528* (Delhi).

BOUCHON, G. and L. F. F. R THOMAZ (eds.), 1988 *Voyage dans les deltas du Gange et de l'Irraouaddy 1521* (Paris).

BOUCHON, G. and D. LOMBARD, 1987 'The Indian Ocean in the Fifteenth Century', *India and the Indian Ocean 1500–1800* (Oxford), 46–70, (eds.) Ashin Das Gupta and M. N. Pearson.

BOXER, C. R., 1965 *The Dutch Seaborne Empire 1600–1800* (London).

——1967 *Francisco Vieira de Figueiredo: A Portuguese Merchant-Adventurer in Southeast Asia, 1624–1667* (The Hague).

BOXER, C. R., 1969 *The Portuguese Seaborne Empire* (London).

——1985 *Portuguese Conquest and Commerce in Southern Asia, 1500–1750* (London).

BRADDELL, Dato Sir R., 1956 'Malayadvipa: A Study in Early Indianization', *The Malayan Journal of Tropical Geography*, 9, December, 1–20.

BRAUDEL, F., 1986 *The Structures of Everyday Life*, vol. 1, *The Wheels of Commerce*, vol. 2, *The Perspective of the World*, vol. 3 (New York), Civilisation & Capitalism 15th–18th Century.

BRAUDEL, F., 1972/73 *The Mediterranean and the Mediterranean World in the Age of Philip II*, vol. I (New York), vol. II (New York).

BROCKWAY, L., 1983 'Plant Imperialism', *History Today*, 33, July, 31–6.

BROEZE, F. J. A., 1978 'The Merchant Fleet of Java 1820–1850', *Archipel*, 251–69.

——1981 'The Muscles of Empire. Indian Seamen under the Raj, 1919–1939', *IESHR*, 18, 43–67.

——1984 'Underdevelopment and Dependency: Maritime India during the Raj', *MAS*, 18, 432–41.

BROEZE, F. J. A., K. I. MCPHERSON and P. D. REEVES, 1987 'Engineering and Empire: The Making of the Modern Indian Ocean Ports' in *The Indian Ocean: Explorations in History, Commerce and Politics* (New Delhi), ed. Satish Chandra.

CARSWELL, J. and M. PRICKETT, 1984 'Mantai 1980: A Preliminary Investigation', *Ancient Ceylon*, 5, 3–80.

CHANDRA, M., 1977 *Trade and Trade Routes in Ancient India* (New Delhi).

CHANG, P., 1989 'The Evolution of Chinese Thought on Maritime Foreign Trade from the Sixteenth to the Eighteenth Century', *International Journal of Maritime History*, 1, 1, June, 51–64.

CHAUDHURI, K. N., 1978 *The Trading World of Asia and the English East India Company 1660–1760* (Cambridge).

——1985 *Trade and Civilisation in the Indian Ocean. An Economic History from the Rise of Islam to 1750* (Cambridge).

——1990 *Asia Before Europe: Economy and Civilisation of the Indian Ocean from the Rise of Islam to 1750* (Cambridge).

CHAUDHURI, S., 1975 *Trade and Commercial Organisation in Bengal 1650–1720* (Calcutta).

CHITTICK, N., 1979 'Sewn Boats in the Western Indian Ocean and Survival in Somalia', *The History of Commercial Exchange & Maritime Transport*, Section III, *ICIOS*, I (Perth).

CLARENCE-SMITH, G., 1989 (a) 'Indian Business Communities in the Western Indian Ocean', *IOR*, 2, 4, December.

CLARENCE-SMITH, G., 1989 (b) (ed.), *The Economics of the Indian Ocean Slave Trade in the Nineteenth Century* (London).

COATES, W. H., 1911 *The Old 'Country Trade' of the East Indies* (London).

COLLESS, B. E., 1969 'The Early Western Ports of the Malay Peninsula', *The Journal of Tropical Geography*, 29, December, 1–9.

CONNAH, G., 1987 *African Civilisations: Pre-colonial Cities and States in*

Tropical Africa: An Archaeological Perspective (Cambridge).

CONTENSON, H. DE., 1981 'Pre-Aksumite Culture', *Ancient Civilisations of Africa, UGHA*, II (Berkeley), ed. G. Mokhtar.

CORREIA-AFONSO, J., 1991 'The Second Jesuit Mission to Akbar (1591)', *Indica*, 28, 2, September, 73–93.

CURTIN, P. D., 1984 *Cross-Cultural Trade in World History* (Cambridge).

CURTIN, P., et al., 1982 *African History* (London).

DAS GUPTA, A., 1967 *Malabar in Asian Trade: 1740–1800* (Cambridge).

——1974 'Presidential Address: The Maritime Merchant, 1500–1800', *Proceedings of the Indian History Congress*, 35th Session, Jadavpur, 99–111.

——1979 *Indian Merchants and the Decline of Surat c.1700–1750* (Wiesbaden).

DAS GUPTA, A. and M. N. PEARSON (eds.), 1987 *India and the Indian Ocean 1500–1800* (Delhi).

DE SILVA, C. R, 1978 'The Portuguese and Pearl Fishing off South India and Sri Lanka', *SA*, NS 1, 1, March, 14–28.

——1989 'The Portuguese Impact on the Production and Trade in Sri Lanka Cinnamon in Asia in the Sixteenth and Seventeenth Centuries', *Indica*, 26, 1 & 2, March–September, 25–38.

DHARMASENA, K., 1980 *The Port of Colombo 1860–1939* (Colombo).

——'Colombo: Gateway and Oceanic Hub of Shipping', *BOS*, 152–172.

DHAVALIKAR, M. K., 1991 '4000 Year Old Merchant Traders of Western India', *IOR*, 4, 4, December, 10–13, 20.

DIGBY, S., 1984 'The Maritime Trade of India', in *The Cambridge Economic History of India*, vol. 1 (Delhi), 125–62, eds. Tapan Raychaudhuri and Irfan Habib.

DISKUL, M. C. S., (ed.), 1980 *The Art of Srivijaya* (Unesco).

DISNEY, A., 1978 *Twilight of the Pepper Empire, Portuguese Trade in Southwest India in the Early Seventeenth Century* (Cambridge, Mass.).

——1989 'Smugglers and Smuggling in the Western Half of the Estado da India', *Indica*, 26, 1 & 2, March–September, 57–75.

DIXON, C., 1980 'Lascars: The Forgotten Seamen', *Working Men Who Got*

Cold (St John's, Newfoundland), 265–81, eds. R. Ommer & G. Pantma.

DOMENICHINI-RAMIARAMANANA, B., 1988 'Madagascar' *Africa from the Seventh to the Eleventh Century, UGHA*, III (Berkeley), ed. M. El Fasi.

DUNN, R. E., 1989 *The Adventures of Ibn Battuta: A Muslim Trader of the 14th Century* (Berkeley).

EARLE, T. F. and VILLIERS, J., (eds. & trans.), 1990 *Albuquerque. Caesar of the East* (Warminster, England).

FAGAN, B. M., 1970 'Early Trade and Raw Materials in South Central Africa' in *Pre-colonial African Trade. Essays on Trade in Central and Eastern Africa Before 1900* (London), 24–38, eds. R. Gray and D. Birmingham.

FAIRBANK, J. K., 1969 *Trade and Diplomacy on the China Coast: The Opening of the Treaty Ports 1842–1854* (Harvard).

FAROQMI, S., 1990 *Herrscher Uber Mekka. Die Geschichte der Pilgerfahrt* (München).

FELDBAEK, O., 1969 *India Trade Under the Danish Flag 1772—1808* (Copenhagen).

FLORES, J. M., 1990 'The Straits of Ceylon and the Maritime Trade in Early Sixteenth Century India: Commodities, Merchants and Trading Networks', *Moyen Orient & Ocean Indien*, VII, 27–58.

FLORES, J. M., (ed.), 1991 'The Asian Seas 1500–1800. Local Societies, European Expansion and the Portuguese', special issue of *Revista de Cultura* (Macau), 13/14, January/June.

FORBES, A. D. W., 1979 'Southern Arabia and the Islamicisation of the Central Indian Ocean Archipelagoes', *Cultural Exchanges & Influences*, Section V, *ICIOS*, I (Perth).

——1982 'Tenasserim: The Thai Kingdom of Ayutthaya's Link with the Indian Ocean', *ION*, 3, 1, June, 1–3.

FURBER, H., 1948 *John Company at Work* (Harvard).

——1976 *Rival Empires of Trade in the Orient* (Minneapolis).

GABRIEL, T. P. C., 1989 *Lakshadweep: History, Religion and Society* (New Delhi).

GALLA, A., 1987 (a) 'Comments on the Writing of the Early History of the Indian Ocean Region', *ION*, VIII, 2, July, 16–18.

——1987 (b) 'Towards a Reinterpretation of the Early History of the Regions of the Indian Ocean', *Review* (Asian Studies Association of Australia), 11, 1, July, 15–22.

GEERTZ, C., 1971 *Islam Observed: Religious Development in Morocco and Indonesia* (Chicago).

GERBEAU, H., 1979 'The Slave Trade in the Indian Ocean', *The African Slave Trade from the Fifteenth to the Nineteenth Century* (Unesco).

GIBSON-HILL, C. A., 1950 'The Indonesian Trading Boats Reaching Singapore', *JMBRAS*, XXIII, 1, February, 108–38.

GLAMANN, K., 1958 *Dutch Asiatic Trade 1620–1750* (Copenhagen).

——1974 'European Trade 1500–1750', *The Sixteenth and Seventeenth Centuries, The Fontana Economic History of Europe*, vol. 2 (London), 427–526, ed. Carlo M. Cipolla.

GLOVER, I. C., 1990 *Early Trade between India and South-East Asia: A Link in the Development of a World Trading System* (Centre for Southeast Asian Studies, Hull, 2nd edition).

GREEN, J., 1990 'Maritime Archaeology in Southeast and East Asia', *Antiquity*, 64, 243, June, 347–63.

GROOM, N., 1981 *Frankincense and Myrrh: A Study of the Arabian Incense Trade* (London).

GUNAWARDANA, R. A. L. H., 1987 'Changing Patterns of Navigation in the Indian Ocean and Their Impact on Pre-colonial Sri Lanka', *The Indian Ocean. Explorations in History, Commerce & Politics* (New Delhi), ed. Satish Chandra.

GUY, J. S., 1988–89 'The Vietnamese Wall Tiles of Majapahit', *Transactions of the Oriental Ceramic Society*, 3, 28–46.

——1989 '"Sarasa" and "Patola": Indian Textiles in Indonesia', *Orientations*, 2, 2, January, 48–60.

——1990 *Oriental Trade Ceramics in South-East Asia: Ninth to Sixteenth Centuries* (Singapore).

HALL, K. R., 1980 *Trade and Statecraft in the Age of the Colas* (New Delhi).

——1982 'The Indianization of Funnan: An Economic History of Southeast Asia's First State', *JSAS*, XIII, 1, 81–106.

——1985 *Maritime Trade and State Development in Early Southeast Asia* (Sydney).

HASAN, M., 1977 'Tipu Sultan's Commercial Activities in the Persian Gulf (1783–1799)', *Aspects of Deccan History* (Hyderabad), 40–51, ed. V. K. Bawa.

HAWKINS, C. W., 1977 *The Dhow* (London).

——1980 *Argosy of Sail* (Auckland).

——1982 *Praus of Indonesia* (London).

HEESTERMAN, J. C., 1989 'The "Hindu Frontier"', *Itinerario*, XIII, 1, 1–16.

——1991 'Warriors and Merchants', *Itinerario*, XV, 1, 37–50.

HEIMANN, J., 1980 'Small Change and Ballast: Cowry Trade and Usage as an Example of Indian Ocean Economic History', *SA*, NS, vol. II, I, June, 48–69.

HERCHELHEIM, F. M., 1960 Review. *Journal of Economic and Social History of the Orient*, 111, 108–10. See Polanyi, et al.

HOGENDORN, J. and M. JOHNSON, 1986 *The Shellmoney of the Slave Trade* (Cambridge).

HORRIDGE, A., 1978 *The Design of Planked Boats of the Moluccas* (Greenwich).

——1981 *The Prahu: Traditional Sailing Boat of Indonesia* (Kuala Lumpur).

——1987 *Outrigger Canoes of Bali and Madura, Indonesia* (Honolulu).

HOTCHAND, S. N., 1982 *Memoirs of Seth Naomul Hotchand 1804–1878* (Karachi, original published, 1915).

HOURANI, G. F., 1951 *Arab Seafaring in the Indian Ocean in Ancient and Early Medieval Times* (Princeton).

HOYLE, B. S., 'Maritime Perspectives on Ports and Port Systems: The Case of East Africa', *BOS*, 188–206.

HUNTINGFORD, G., (ed.), 1980 *The Periplus of the Erythraean Sea* (London).

IRELAND, J. de C., 1986 'Chinese Voyaging in the Indian Ocean Before the European Influx', *ION*, VII, 3, November, 6–7.

JOHNSTONE, P., 1980 *The Sea-craft of Prehistory* (London).

JUMSAI, S., 1989 *Naga: Cultural Origins in Siam and the West Pacific* (Singapore).

KAEMPFER, E., 1987 *A Description of the Kingdom of Siam 1690* (Bangkok, original published, 1727).

KAY, G., 1975 *Development & Underdevelopment: A Marxist Analysis* (London).

KENNEDY, K. A. R., 1975 *The Physical Anthropology of the Megalith-builders of South India and Sri Lanka* (Canberra).

KENT, R. K., 1979 'The Possibilities of Indonesian Colonies in Africa with Special Reference to Madagascar' in *Mouvements de Populations dans l'Ocean Indien*, 93–105 (Paris).

KESTEVEN, G. L., 1949 *Malayan Fisheries* (Singapore).

KIDWAI, A. H., 'Port Cities in a National System of Ports and Cities: A Geographical Analysis of Indian Ports in the Twentieth Century', *BOS*, 207–22.

KIENIEWICZ, J., 1986 'Pepper Gardens and Market in Precolonial Malabar', *Moyen Orient & Ocean Indien*, 3, 1–36.

KING, B. B. and M. N. PEARSON (eds.), 1979 *The Age of Partnership: Europeans in Asia Before Dominion* (Honolulu).

KOBISHANOV, Y. M., 1981 'Aksum: Political System, Economics and Culture, First to Fourth Century', *Ancient Civilisations of Africa*, *UGHA*, II (Berkeley), ed. G. Mokhtar.

KUCZYNSKI, R. R., 1949 *Demographic Survey of the British Empire* (London), vol. II.

LAHIRI, N., 1990 'Harappa as a Centre of Trade and Trade Routes: A Case-Study of the Resource-Use, Resource-Access and Lines of Communication in the Indus Civilisation', *IESHR*, 27, 405–44.

LEE, E., 1978 'Trade and Migration in the Malay World', *Berita Anthroplogi*, X, 35, June, 25–37.

LEUR, J. V. van, 1955 *Indonesian Trade and Society* (The Hague).

LIMA CRUZ, M. A., 1986 'Exiles and Renegades in Early Sixteenth Century Portuguese India', *IESHR*, 23, 249–62.

LY-TIO-FANE, M., 1970 *The Triumph of Jean Nicolas Cere: Mauritius and the Spice Trade* (Paris).

——1976 *Pierre Sonnerat* (Mauritius).

MACADAM, H. I., 1990 'Dilmun Revisited', *Arabian Archaeology and Epigraphy*, I, 2/3, December.

MACKNIGHT, C. C., 1976 *The Voyage to Marege: Macassan Trepangers in Northern Australia* (Melbourne).

MANDEL, E., 1968 *Marxist Economic Theory* (London).

MANGUIN, P. Y., 1980 'The Southeast Asian Ship: An Historical Approach',

JSAS, XI, 2, 136–71.

——1984 'Sewn-Plank Craft of South-East Asia. A Preliminary Study', *Maritime Studies*, vol. E, *ICIOS*, II (Perth).

——1985 'Late Medieval Asian Shipbuilding in the Indian Ocean', *Moyen Orient et Ocean Indien*, 2, 2, 13–15.

——1986 'Shipshape Societies: Boat Symbolism and Political Systems in Insular Southeast Asia' in *Southeast Asia in the 9th and 14th Centuries* (Singapore & Canberra), 187–214, eds. D. G. Marr and A. C. Milner.

MARR, D. G. and A. C. MILNER (eds.), 1986 *Southeast Asia in the 9th and 14th Centuries* (Singapore & Canberra).

MARSHALL, P. J., 1976 *East Indian Fortunes: The British in Bengal in the Eighteenth Century* (Oxford).

MARTIN, E. B., 1979 'The Geography of Present-day Smuggling in the Western Indian Ocean: The Case of the Dhow', *The History of Commercial Exchange & Maritime Transport*, Section III, *ICIOS*, I (Perth).

MARTIN, R. M., 1839 *Statistics of the Colonies of the British Empire...* (London).

MASAO, F. T. and H. W. MUTORO, 1988 'The East African Coast and the Comoro Islands' in *Africa from the Seventh to the Eleventh Century*, *UGHA*, III (Berkeley), ed. M. El Fasi.

MATHESON, V., 1975 'Concepts of State in the "Tuhfat AI-Nafis"', *Pre-colonial State Systems of Southeast Asia*, Monograph of *MBRAS*, no. 6 (Kuala Lumpur), 12–21, eds. A. Reid and L. Castles.

MCNEILL, W. H., 1976 *Plagues and Peoples* (New York).

MCPHERSON, K., 1984 'Processes of Cultural Interaction in the Indian Ocean: An Historical Perspective', *The Great Circle*, 6, 2, 78–92.

MCPHERSON, K., F. J. A. BROEZE and P. D. REEVES, 1986 'Imperial Ports in the Modern World Economy: The Case of the Indian Ocean', *Journal of Transport History*, 3rd serv., 7, 2, 1–20.

MCPHERSON, K., 1987 (a) 'A Secret People of South Asia. The Origins, Evolution and Role of the Luso-Indian Goan Community from the Sixteenth to the Twentieth Centuries', *Itinerario*, XI, 2, 72–85.

MCPHERSON, K., 1987 (b) with F. J. BROEZE, P. D. REEVES and J. WARDROP, 'The Social Experience of the Maritime World of the Indian Ocean;

Passenger Traffic and Community Building, c. 1815–1939' in *Maritime Aspects of Migration* (Cologne), 427–40, ed. Klaus Friedland.

McPherson, K., 1988 (a) 'Maritime Passenger Traffic in the Indian Ocean Region', *The Great Circle*, 10, 1, April, 49–61.

——1988 (b) with F. J. Broeze and P. D. Reeves, 'Maritime Peoples of the Indian Ocean: Changing Occupations and Industries Since c. 1800', *Mariners Mirror*, 74, 3, August, 241–54.

——1990 'Chulias and Klings: Indigenous Trade Diasporas and European Penetration of the Indian Ocean Littoral' in Giorgio Borsa (ed.), *Trade and Politics in the Indian Ocean* (New Delhi), 33–46.

Meilink-Roelofsz, M. A. P., 'The Structure of Trade in Asia in the Sixteenth and Seventeenth Centuries', *Mare Luso-Indicum*, IV, 1–43.

Mekouria, T. T., 1988 'The Horn of Africa', *Africa from the Seventh to the Eleventh Century*, *UGHA*, III (Berkeley), ed. M. El Fasi.

Michalowski, K., 1981 'The Spreading of Christianity in Nubia', *Ancient Civilisations of Africa*, *UGHA*, II (Berkeley), ed. G. Mokhtar.

Minchinton, W., 1990 'Corporate Ship Operation from the Late Sixteenth to the Late Eighteenth Century', *International Journal of Maritime History*, II, 1, June, 117–54.

Mookerji, R., 1912 *Indian Shipping: A History of the Sea-Borne Trade and Maritime Activity of the Indians From the Earliest Times* (London).

Morais, J., 1988 *The Early Farming Communities of Southern Mozambique*, Studies in African Archaeology 3 (Maputo & Stockholm).

Munro-Hay, S., 1979 'The Foreign Trade of the Aksumite Port of Adulis', *The History of Commercial Exchange and Maritime Transport*, Section III, *ICIOS*, I (Perth).

——1984 'An African Monetarised Economy in Ancient Times', *Maritime Studies*, vol. E, *ICIOS*, II (Perth).

Murphey, R., 'On the Evolution of the Port City', *BOS*, 223–46.

Nightingale, P., 1970 *Trade and Empire in Western India 1784–1806* (Cambridge).

Oliver, R. and Atmore, A., 1981 *The African Middle Ages 1400–1800* (New York).

Ottino, P., 1979 'Mythe et Histoire: Les Andriambahoaka Malagaches et l'Heritage Indonesien', *Cultural Exchanges & Influences*, Section V, *ICIOS*, I (Perth).

PAGE, W. J., 1987 'The Lakato Hypothesis: Summary of a Recent Inquiry into the Origins of the Fijians', *ION*, VIII, I, March, 8–11.

PAGE, W. J., 1989 'Afro-Indonesian Contacts', *IOR*, 2, 2, June, 6–8.

PARKER, G., 1988 *The Military Revolution* (Cambridge).

PEARSON, M. N., 1976 *Merchants and Rulers in Gujarat* (Los Angeles).

——1979 'Corruption and Corsairs in Sixteenth-Century Western India: A Functional Analysis', *The Age of Partnership. Europeans in Asia Before Dominion* (Honolulu), 15–42, eds. Blair B. Kling and M. N. Pearson.

——1985 'Littoral Society: The Case for the Coast', *The Great Circle*, 7, 1, April, 1–8.

——1987 (a) *The Portuguese in India* (Cambridge).

——1987 (b) 'Maritime History Theory and Empirical Testing', *Review* (Asian Studies Association of Australia), 11, 1, July, 23–31.

——1988 'Brokers in Western Indian Port Cities Their Role in Servicing Foreign Merchants', *MAS*, 22, 455–72.

PINA-CABRAL, J. de., 1989 'The Mediterranean as a Category of Regional Comparison: A Critical View', *Current Anthropology*, 30, 3, June, 399–406.

POLANYI, K., 1981 *The Livelihood of Man* (New York), ed. Harry W. Pearson.

POLANYI, K., C. M. ARENSBERG and H. W. PEARSON, 1957 *Trade and Market in Early Empires* (Glencoe, Illinois). See F. M. Herchelheim.

POUWELS, R. L., 1987 *Horn and Crescent. Cultural Change and Traditional Islam on the East African Coast, 800–1900* (Cambridge).

PRAKASH, OM, 1988 *The Dutch East India Company and the Economy of Bengal 1630–1720* (Delhi).

PRASAD, P. C., 1977 *Foreign Trade and Commerce in Ancient India* (New Delhi).

PTAK, R., (ed.), 1987 *Portuguese Asia: Aspects in History and Economic History* (Wiesbaden).

PTAK, R. and ROTHERMUND, D., (eds.), 1991 *Emporia, Commodities and Entrepreneurs in Asian Maritime Trade, c. 1400–1750* (Wiesbaden).

PUTNAM, G. G., 1924–1930 *Salem Vessels and Their Voyages*, Series I–IV (Salem).

QUIASON, S. D., 1966 *English 'Country Trade' with the Philippines 1644–1765* (Quezon City).

RATNAGAR, S., 1981 *Encounters. The Westerly Trade of the Harappa Civilisation* (Delhi).

RAY, ASIM, 1984 *The Islamic Syncretistic Tradition in Bengal* (Princeton).

RAY, H. P., 1986 *Monastery and Guild. Commerce Under the Satavahanas* (Delhi).

——1989 (a) 'Early Maritime Contacts between South and Southeast Asia', *JSAS*, XX, 1, 42–54.

——1989 (b) 'Early Historical Trade: An Overview', *IESHR*, 26 (1989), 437–58.

RAY, H., 1987 'China and the "Western Ocean" in the Fifteenth Century' in *The Indian Ocean. Explorations in History, Commerce and Politics* (Delhi), 109–124, ed. Satish Chandra.

RAYCHAUDHURI, T., 1962 *Jan Company in Coromandel 1605–1690* (s' Gravenhage).

——1984 'Inland Trade' in *The Cambridge Economic History of India*, vol.1 (New Delhi), 325–59, eds. Tapan Raychaudhuri and Irfan Habib.

REEVES, P. D., 1985 'The Past of Our Future: Indian Ocean Influences in Australian History' (The Peter Eldershaw Memorial Lecture, 1985) in Tasmanian Historical Research Association, *Papers and Proceedings*, 32, 3, 82–94. Reprinted in *ION*, 7, 1, 1986, 1–5 and 16.

REEVES, P., BROEZE, F. J. A. and McPHERSON, K., 'Studying the Asian Port City', *BOS*, 29–53.

REID, A., 1980 'The Structure of Cities in Southeast Asia, Fifteenth to Seventeenth Centuries', *JSAS*, XI, 2, 235–50.

REID, A., (ed.), 1983 *Slavery, Bondage and Dependency in Southeast Asia* (St. Lucia).

REID, A., 1988 *Southeast Asia in the Age of Commerce 1450–1680* (Yale).

——'The Organisation of Production in the Pre-colonial Southeast Asian Port City', *BOS*, 54–74.

RICHARDS, J., (ed.), 1983 *Precious Metals in the Later Medieval and Earty Modern Worlds* (Durham, North Carolina).

ROONEY, D. F., 1987 *Folk Pottery in South-East Asia* (Singapore).

SAID, E., 1985 *Orientalism* (Melbourne).

SANDHU, K. S. and WHEATLEY, P., 1983 *Melaka* (Kuala Lumpur), 2 vols.

SCAMMEL, G. V., 1988 'The Pillars of Empire: Indigenous Assistance and the Survival of the "Estado da India", 1600–1700', *MAS*, 22, 473–89.

SCHRIEKE, B., 1966 *Indonesian Sociological Studies* (The Hague).

SEDLAR, J. W., 1980 *India and the Greek World* (New Jersey).

SENTANCE, D., 1979 'Ships and Their Significance in the Re-appraising of Indian Ocean History', *The History of Commercial Exchange & Maritime Transport*, Section III, *ICIOS*, I (Perth).

SHEPHERD, G., 1982 'The Making of The Swahili', *Paideuma*, 28, 129–47.

SHERIFF, A. M. H., 1981 'The East African Coast and Its Role in Maritime Trade', *Ancient Civilisations of Africa*, UGHA, II (Berkeley), ed. G. Mokhtar.

SILVER, M., 1985 *Economic Structures of the Ancient Near East* (London).

SINGH, M. P., 1985 *Town, Market, Mint and Port in the Mughal Empire 1556–1707* (Delhi).

SITWELL, N. H. H., 1986 *Outside the Empire: The World the Romans Knew* (London).

SPENCER, G. W., 1983 *The Politics of Expansion: The Chola Conquest of Sri Lanka and Sri Vijaya* (Madras).

STEENSGARD, N., 1970 'European Shipping to Asia, 1497–1700', *Scandinavian Economic History Review*, XVIII, 9.

——1972 *Carracks, Caravans and Companies: The Structural Crisis in the European-Asian Trade in the Early Seventeenth Century* (Copenhagen).

STEIN, B., 1989 *Vijayanagara* (Cambridge).

SUBRAHMANYAM, S., 1984 'The Portuguese, the Port of Basrur, and the Rice Rrade, 1600–1650', *IESHR*, 21, 4, 433–62.

——1985 'Staying on: The Portuguese of Southern Coromandel in the Late Seventeenth Century', *IESHR*, 22, 446–63.

——1986 'The Portuguese Response to the Rise of Masulipatnam 1570–1600', *The Great Circle*, 8, 2, October, 127–31.

——1988 (a) 'Persians, Pilgrims and Portuguese: The Travails of Masulipatnam Shipping in the Western Indian Ocean, 1590–1665', *MAS*, 22, 503–30.

——1988 (b) Review. 'Asian Trade and European Affluence? Coromandel, 1650–1740', *MAS*, 22, 179–88.

——1988 (c) 'The Tail Wags the Dog or Some Aspects of the External Relations of the Estado da India, 1570–1600', *Moyen Orient & Océan Indien*, 5, 131–60.

SUBRAHMANYAM, S., 1989 (a) Review. '"World Economies" and South Asia, 1600–1750: A Sceptical Note', *Review* (Fernand Braudel Centre), XII, 1, Winter, 141–48.

——1990 (a) *The Political Economy of Commerce: Southern India 1500–1650* (Cambridge).

——1990 (b) 'Rural Industry and Commercial Agriculture in Late Seventeenth Century South Eastern India', *Past & Present*, 26, February, 76–114.

——1990 (c) *Improvising Empire: Portuguese Trade and Settlement in the Bay of Bengal 1500–1700* (Delhi).

——1990 (d) 'Rural Industry and Commercial Agriculture in Late Seventeenth-Century South Eastern India', *Part & Present*, 125, February, 76–114.

SUBRAHMANYAM, S. and L. F. F. R. THOMAZ, 'Evolution of Empire: The Portuguese in the India Ocean During the 16th Century', *The Economics of Merchant Empires* (New York, forthcoming), ed. James Tracy.

SUBRAHMANYAM, S. and C. A. BAYLY, 1988 'Portfolio Capitalists and the Political Economy of Early Modern India', *IESHR*, 25, 401–24.

SUTHERLAND, H., 'Eastern Emporium and Company Town: Trade and Society in Eighteenth-century Makassar', *BOS*, 97–128.

SUTTON, J., 1981 *Lords of the East. The East India Company and its Ships* (London).

TALIB, Y., 1988 'The African Diaspora in Asia', *Africa from the Seventh to the Eleventh Century*, *UGHA*, III (Berkeley), ed. M. El Fasi.

THOMAZ, L. F. F. R., 1991 'Factions, Interests and Messianism; The Politics of Portuguese Expansions in the East, 1500–1521', *IESHR*, 28, 97–110.

——*In the Shadow of Melaka: Essays on the Portuguese in 16th Century Asia* (forthcoming).

TIBBETTS, G. R., 1979 *A Study of the Arabic Texts Containing Material on South-East Asia* (Leiden & London).

——1981 *Arab Navigation in the Indian Ocean Before the Coming of the Portuguese* (Oriental Translation Fund, New Series vol. XLII) (London).

TOUSSAINT, A., 1968 *A History of the Indian Ocean* (London).

——1977 *A History of Mauritius* (London).

TREGONNING, K. G. P., 1953 'The Elimination of Slavery in North Borneo', *JMBRAS*, XXVI, 1, July, 24–36.

VERIN, P., 1981 'Madagascar' in *Ancient Civilisations of Africa, UGHA*, II (Berkeley), ed. G. Mokhtar.

VILLIERS, A., 1952 *The Indian Ocean* (London).

——1958 *Give Me a Ship to Sail* (London).

——1969 *Sons of Sinbad: The Great Tradition of Arab Seamanship in the Indian Ocean* (New York).

VILLIERS, J., 1981 'Trade and Society in the Banda Islands in the Sixteenth Century', *MAS*, 15, 723–50.

——1982 'De um caminho ganhar almas e fazenda: Motives of Portuguese Expansion in Eastern Indonesia in the Sixteenth Century', *Terrae Incognitae*, 23–39.

——1986 'Caravels, Carracks and Coracoras: Notes on Portuguese Shipping in the Indian Ocean, the Malay Archipelago and the South China Sea in the Sixteenth and Seventeenth Centuries', *Kapal dan Harta Karam (Ships and Sunken Treasure)* (Kuala Lumpur), 40–52.

VITHARANA, V., 1992 *The Oru & The Yatra: Traditional Out-Rigger Water Craft of Sri Lanka* (Dehiwela).

WAGSTAFF, J. M., 1985 *The Evolution of Middle Eastern Landscapes. An Outline to AD 1840* (London).

WAKE, C. H. H., 1979 'The Changing Pattern of Europe's Pepper and Spice Imports, ca. 1400–1700', *The Journal of European Economic History*, 8, 2, Fall, 361–403.

WALLERSTEIN, I., 1974 *The Modern World-System*, 1 (New York).

——1979 *The Capitalist World Economy* (New York).

——1987 'The Incorporation of the Indian Subcontinent into the Capitalist World-Economy', *The Indian Ocean: Explorations in History, Commerce and Politics* (Delhi), 222–53, ed. Satish Chandra.

WARMINGTON, E. H., 1974 *The Commerce between the Roman Empire and India* (London, rev. edn).

WARREN, J. F., 1981 *The Sulu Zone 1768–1898. The Dynamics of External*

Trade, Slaver, and Ethnicity in the Transformation of a Southeast Asian Maritime State (Singapore).

WATSON, A. M., 1977 'The Rise and Spread of Old World Cotton' in *Studies in Textile History. In Memory of Harold B. Burham* (Toronto), ed. Veronica Geevers.

——1981 'A Medieval Green Revolution: New Crops and Farming Techniques in the Early Islamic World', *The Islamic Middle East 700–1900. Studies in Economic and Social History* (New Jersey), 29–58, ed. A. L. Udovitch.

WATSON, I. B., 1980 *Foundation for Empire: English Private Trade in India 1659–1760* (New Delhi).

WHEATLEY, P., 1980 *The Golden Khersonese* (Kuala Lumpur).

WHITE, W. G., 1922 *The Sea Gypsies of Malaya* (London).

WILDING, R., 1987 *The Shorefolk: Aspects of the Early Development of Swahili Communities*, Fort Jesus Occasional Papers No. 2 (Mombasa).

WILLS, J. E., 1974 *Pepper, Guns & Parleys: The Dutch East India Company and China, 1662–1681* (Cambridge, Mass.).

WINIUS, G. D., 1985 *The Black Legend of Portuguese India* (New Delhi).

WINK, A., 1987 'The Jewish Diaspora in India: Eighth to Thirteenth Centuries', *IESHR*, 24, 4, October–December, 349–66.

——1990 *Al-Hind. The Making of the Indo-Islamic World*, vol. 1 (Leiden).

WOLF, E. R., 1982 *Europe and the People Without History* (Berkeley).

WOLTERS, O. W., 1967 *Early Indonesian Commerce: A Study of the Origins of Srivijaya* (Ithaca: Cornell University).

WOLTERS, O. W., 1970 *The Fall of Srivijaya in Malay History* (Ithaca: Cornell University).

WONG, L. K., 1960 'The Trade of Singapore 1819–1869', *JMBRAS*, XXXIII, 4, December, 5–315.

索　引

（索引条目后数字为原书页码，即本书边码）

I

P

译后记

在我们同心合力译完此书后，我们越发领悟到这本跨洲际、国界的史书蕴藏文化内涵之丰富。这虽给翻译带来一些困难，但却拓展了译者的知识领域。如在"造船技术"一节中，作者举出当今在印度洋沿岸尚能见到的许多地方船只，其名称都是本土方言，特别是南亚地区的。为此，我们请教了中国社会科学院亚太研究所通晓泰米尔语言的张位钧先生，才得以解决。有鉴于此，限于译者的学识，译文中的错谬当属不少，敬请读者批评指正。

翻译分工如下：序、导言、第一章，耿引曾译；第二章，李隆国译；第三、四章，施诚初译、李隆国复校；结论，耿引曾译；注释中的人名及索引，李隆国译。耿引曾通读了全书译稿，并对译名做了统一工作。

译者

区域国别史丛书

第一辑